庐陵文化概论

主编◎邓声国 丁功谊

江西高校出版社
JIANGXI UNIVERSITIES AND COLLEGES PRESS

南昌

图书在版编目（CIP）数据

庐陵文化概论／邓声国，丁功谊主编. -- 南昌：
江西高校出版社，2025.4

（井冈山大学人文学院汉语言文学省一流专业建设
丛书／刘晓鑫，龚奎林主编）

ISBN 978 - 7 - 5762 - 4585 - 1

Ⅰ. ①庐…　Ⅱ. ①邓…　②丁…　Ⅲ. ①文化
史 - 吉安 - 高等学校 - 教学参考资料　Ⅳ. ①K295.63

中国国家版本馆 CIP 数据核字(2024)第 023743 号

策 划 编 辑　陈永林　　责 任 编 辑　肖　颖
装 帧 设 计　王煜宣　　责 任 印 制　李香娇

出 版 发 行　江西高校出版社
社　　　址　江西省南昌市新建区工业二路 508 号
邮 政 编 码　330100
总编室电话　0791 - 88504319
销 售 电 话　0791 - 88511423
网　　　址　www. juacp. com
印　　　刷　江西新华印刷发展集团有限公司
经　　　销　全国新华书店
开　　　本　700 mm×1000 mm　1/16
印　　　张　12.5
字　　　数　216 千字
版　　　次　2025 年 4 月第 1 版
印　　　次　2025 年 4 月第 1 次印刷
书　　　号　ISBN 978 - 7 - 5762 - 4585 - 1
定　　　价　68.00 元

赣版权登字 - 07 - 2024 - 142

目 录
CONTENTS

第一章　庐陵与庐陵文化概说　/001

　第一节　庐陵的概念与名称由来　/001

　第二节　庐陵文化的概念、内容及特征　/002

　第三节　庐陵文化的兴衰及时代意义　/009

第二章　庐陵正气　/013

　第一节　正气与庐陵正气　/013

　第二节　浩然正气文天祥　/015

　第三节　庐陵人的忠义爱国　/024

　第四节　庐陵人的清正廉明　/036

第三章　庐陵教育与科举　/042

　第一节　庐陵教育发展简史　/042

　第二节　庐陵崇文重教的传统　/046

　第三节　庐陵教育的模式与途径　/052

　第四节　庐陵教育的成就及影响　/057

第四章　庐陵文学　/061

　第一节　唐宋时期的庐陵文学　/061

第二节　元朝的庐陵文学　/084

第三节　明朝的庐陵文学　/087

第四节　清朝的庐陵文学　/097

第五章　庐陵史学　/100

第一节　灿若星汉的史学名家和卷帙浩繁的史学著作　/100

第二节　求是创新的史学思想与多元深厚的史学渊源　/103

第三节　文史兼通的史学特色与内涵丰富的史学价值　/106

第六章　庐陵心学　/117

第一节　儒学的演进　/117

第二节　庐陵心学的社会文化基础　/120

第三节　王阳明与吉安　/122

第四节　群星璀璨　/124

第五节　庐陵心学的传播:讲会与书院　/132

第六节　教化社会,流风久远　/137

第七章　吉州窑与庐陵艺术　/140

第一节　陶瓷艺术与吉州窑　/140

第二节　歌舞艺术　/153

第三节　绘画、书法与碑刻　/158

第八章　庐陵民俗　/166

第一节　庐陵民俗概述　/166

第二节　岁时节俗　/168

第三节　人生礼俗　/177

第四节　庐陵灯彩　/184

第一章　庐陵与庐陵文化概说

第一节　庐陵的概念与名称由来

一、庐陵的概念

庐陵，现今主要是作为历史地理名词而存在。所谓历史地理名词，就是历史上使用过的地名，可能沿用至今，也可能已经消亡，即使继续使用，它的内涵和外延也可能发生变化。庐陵，作为历史地理名词时，它代表着吉安的古称，既是古代县的名称，又是古代州郡的名称。庐陵文化中的"庐陵"，更多取的是"古庐陵郡"这个意义。

"庐陵"一词作为旧有县名，最早出现在西汉初年。值得注意的是，目前已知的先秦文献中未发现"庐陵"一词，《史记》中亦无从考据。目前已知最早的出处为《汉书·地理志》。"庐陵县"从出现到消亡，历经两千多年，直到民国三年(1914)才为"吉安县"所取代。《汉书·地理志》中记载："豫章郡，高帝置。莽曰九江。属扬州。户六万七千四百六十二，口三十五万一千九百六十五。县十八：南昌，莽曰宜善。庐陵，莽曰桓亭。"上文所载"县十八"，代表江西最早的十八个古县，它们分别是：南昌、庐陵、彭泽、鄱阳、历陵、余汗、柴桑、艾、赣、新淦、南城、建成、宜春、海昏、雩都、鄡阳、南壄、安平。与庐陵县有关系的，主要有两个古县：古新淦县和古安平县。其中，古新淦县即今新干县，古安平县在今安福县境内东北方向。其实，与古代庐陵县有关的还有长沙国的古安成县。《汉书·地理志》载："安成，庐水东至庐陵，入湖汉。"而到了三国时期，吴国就在安成设郡，其治所在今天的安福县，也意味着安成自此归庐陵所辖。

关于旧郡名"庐陵"的起源，历史上有四五种说法，笼统地说便是在东汉末年。古庐陵的郡治最早在泰和的西北面，后来迁至吉水的醪桥，距今1300多年的唐高宗永淳年间迁至现在的吉安。隋、唐两代，吉州与庐陵郡两称呼交替使用，宋代甚至因为置吉州庐陵郡军事而有"吉州庐陵郡"之称。不过，宋代的庐陵文人学者在称自己家乡的时候，一般称"吉州"为少，称"庐陵"为多，如欧阳修在《醉翁亭记》中，就自称"庐陵欧阳修也"。到了元代，庐陵身上才失去了郡的标签，彻底变成一个县。之前的庐陵郡则更名为"吉安"，其所辖范围大致为今天的吉安市再加上 1992 年划归萍乡市的莲花县，这就是庐陵文化的空间概念。

二、庐陵名称的由来

庐陵名称的由来，自古说法不一，至今尚无定论。《元和郡县志》卷二十九载庐陵"因庐水为名"。万历版《吉安府志》卷之十二《山川志》记载："庐萧山，山顶二水，潇水南流下洞庭，泸水东流趋彭湖。又传卢、萧二道人结庐峰顶，故名。"此后雍正年间所修《江西通志》以及《大清一统志》中，虽然与《吉安府志》一样，只是对庐萧山（又作泸潇山、卢萧山）进行解释，并没有准确说明庐陵名称的由来，但人们大多把庐水（又作泸水）流域的山岭地带称为庐陵。由此可知，庐陵的名称与庐水颇有渊源。

第二节　庐陵文化的概念、内容及特征

一、庐陵文化的概念

什么是文化？广义的文化概念，有二分说、三分说与四分说。二分说是指人类在社会历史进程中、实践创造中的物质财富和精神财富的总和。三分说是指物质文化、制度文化、精神文化。四分说是指物质文化、制度文化、行为文化、心态文化。狭义的文化，则特指意识形态所创造的精神财富。从外延上讲，文化还是很宽泛的，包括宗教信仰、风俗习惯、道德情操、学术思想、文学艺术、科学技术、管理制度等。

可以肯定的是，文化是一种社会现象。所谓社会现象，就是为大家所公认的人的活动，没有人就没有文化。文化也是一种历史现象，历史现象是变化的，是社会历史发展积淀的产物。各个民族、各个国家、各个区域、各种不同的社会形态，都有与之相对应的文化。地理、血缘、进化历程等多方面的差异，会形成不同的文化。因此，文化具有多元性、群体性、历史性。文化影响着人的思维方式和价值观念，所以文化还具有吸引力和凝聚力。当下，文化更是衡量综合国力的一个重要因素,一个国家的兴盛,离不开文化的繁荣,文化的重要性不言而喻。

那么,什么是庐陵文化呢? 我们认为,庐陵文化就是以古代庐陵郡治为中心形成的一种区域文化,是古代庐陵人共同创造的物质文明与精神文明的总和,是赣文化的重要支柱。

二、庐陵文化的内容与特征

庐陵素称"文章节义之邦"。庐陵文化源远流长、博大精深,内涵极为丰富。具体来说,庐陵文化包括以新干大洋洲商墓为代表的青铜文化,以吉州窑为代表的陶瓷文化,以白鹭洲书院为代表的书院文化,特别是以欧阳修、文天祥、杨万里、解缙为代表的名人文化,还有古代农耕科技文化、民居文化、民俗文化、古代庐陵艺术,等等。庐陵文化的主要特征可以概括为:崇科举、尊文教,蓄道德、能文章,重传承、贵创新。

(一)庐陵文化的具体内容

1. 可与中原文化相媲美的青铜文化

1989 年,新干大洋洲商墓的发掘,震惊海内外。大洋洲商墓出土商代中晚期青铜器 475 件、陶瓷器 139 件、玉器 754 件(颗)。其中,青铜大钺被誉为"中华钺王",兽面纹鹿耳四足青铜甗、乳丁纹虎耳青铜方鼎、伏鸟双尾青铜虎等已被列为国宝。青铜犁和镰,在我国均属首次发现。据考证,墓葬中的青铜器大多为本地铸造,说明当地的采矿、冶炼、铸造等工艺,可与中原地区媲美。新干大洋洲商代大墓青铜器的发现,改写了江南文明史,被评为我国"七五"期间全国十大考古新发现之一,也被列入"中国 20 世纪 100 项考古大发现"。

2. 以吉州窑为代表的陶瓷文化

吉州窑因位于吉州境内得名,又因烧造地点在永和镇,故亦称永和窑。吉州窑始建于晚唐,兴于五代、北宋,极盛于南宋,衰于元末,现已发掘古窑遗址 24 处,是我国目前保存完好的古代名窑遗址之一,已被列为国家级重点文物保护单位。

吉州窑是我国久负盛名的综合性窑场,也是古代黑釉瓷的生产中心之一。吉州窑的陶瓷产品种类繁多、工艺考究,有青瓷、乳白瓷和黑陶。其中,木叶天目、彩绘、兔毫斑、剪纸贴花等工艺,位居当时世界领先水平。此外,吉州窑的陶瓷也是宋、元时期我国重要的出口商品之一。世界各地的许多博物馆和收藏家,至今都藏有吉州窑的名贵陶瓷器物。

3. 以白鹭洲书院为代表的书院文化

自唐至清末,庐陵建有书院270余所,历史悠久。其中创建于唐、五代的就有永丰皇寮书院、吉水登东书院、泰和匡山书院、吉安光禄书院等。而宋代的白鹭洲书院为江西著名三大书院之一。

白鹭洲书院由吉州知州江万里于南宋淳祐元年(1241)创建,次年聘请欧阳守道任山长。宝祐四年(1256)科考,书院生员文天祥高中状元,同榜进士43名,宋理宗亲书"白鹭洲书院"匾额以示褒奖。700多年来,书院历经沧桑,屡遭水患,毁而复修,衰而再振,为庐陵人才培育与学术繁荣奠定了坚实的基础。

白鹭洲书院在从事讲学、藏书、著述、学术研讨等活动的同时,还从事刻书印刷。2007年,上海图书馆历史文献中心古籍书库展示了一部南宋嘉定十七年(1224)白鹭洲书院刻印的《汉书集注》,震惊海内外。江西在宋元时期是全国重要的刻书基地,而吉州刻书在江西举足轻重,以精品著称。周必大晚年不遗余力倡导刻书业,亲自主持出版153卷的《欧阳文忠公文集》,又历时四年刻成《文苑英华》1000卷,堪称当时我国创世纪的出版工程。

4. 以农耕技术为代表的古代科技文化

北宋泰和人曾安止撰写的《禾谱》一书共5卷,详细记载了当时吉州50多个水稻品种的名称、特征、栽培技术、耕种方法。这是继北魏贾思勰《齐民要术》之后的又一部重要的古代农业科技著作。100多年后,其侄孙耒阳令曾之谨续写《农器谱》一书,共3卷。明代,安福人欧阳必进发明了我国第一台人力耕地机。此外,北宋永丰人曾民瞻改制的计时晷漏,明代龙泉(遂川县古称)人郭维经发明的木材计量"龙泉码",清代新淦人洪金鼎撰写的《医方一盘珠》,以及宋元的庐陵刻书业、明清的庐陵造船业等,都是庐陵古代科技先进发达的实证。

5. 古韵犹存的民居文化

庐陵古村落中保存完好的,有吉安市青原区的渼陂,吉安市吉州区的钓源、卢家洲,吉水县的湴塘、燕坊、双元,泰和县的大江、爵誉等。

渼陂古村位于青原区文陂镇,被誉为"庐陵文化第一村"。村庄始建于南宋绍兴年间,现有保存完好的明清建筑367栋,包括祠堂、书院、牌坊等。梁氏宗祠"永慕堂"气势恢宏,始建于南宋初年。村宅依山傍水,布局错落有致。村内凿有28口池塘,取二十八星宿之意。所有古建筑的门楣、藻井、窗棂、门柱、影壁、山墙,或为书画,或为雕刻,内容不同,风格各异。渼陂古村已被评为中国历史文化名村,成为全国获此殊荣的 36 座古村之一。

钓源古村位于吉安市区以西 17 千米,历史上曾有"小南京"之称。村落布局外圆内方,似一枚圆形方孔钱图案,表达祈富求财的愿望。建筑布局呈太极八卦形,宛如迷宫。村内至今保存有明清风格的古建筑 150 余幢,屋角皆为弧形,大门斜立。村内有七口水塘,取七星伴月之意。古建筑内外有木雕、石雕、木刻、石刻、彩绘和镏金字画。居家院内多设曲水、鱼池、盆景、花台,充分反映栖居者的生活态度和审美情趣。21 世纪初,香港城市大学将钓源古村列为中国南方古建筑教学示范点。

6. 风情独特的民俗文化

民俗与民间艺术反映地域性格,是民族世代相传的文化遗产。庐陵民俗艺术独具风情,灿烂辉煌。例如:盾牌舞、狮子舞、蚌壳舞、竹马舞、鲤鱼灯、三角班等。其中,永新盾牌舞更是被列入第一批国家级非物质文化遗产名录。盾牌舞是一种集武术与艺术于一体的民间舞蹈,9 名武士表演两军对垒,互为攻守,场面悲壮,阵型变化多端,音乐极具感染力。新中国成立初期,永新盾牌舞就被搬上舞台赴朝鲜及苏联演出,后又被搬上银幕向全世界推广。此外,源于吉安县固江镇棚下村(今芦西村委中州村)的吉安鲤鱼灯,曾随周恩来总理出访苏联演出,引起一时轰动。

7. 丰富多彩的庐陵艺术

庐陵艺术璀璨多彩,音乐以宫廷女歌手许和子为代表。唐人段安节于《乐府杂录》记载:"开元中,内人有许和子者……既美且慧,善歌,能变新声……遇高秋朗月,台殿清虚,喉啭一声,响传九陌。明皇尝独召李谟吹笛逐其歌,曲终管裂,其妙如此。"唐人王仁裕于《开元天宝遗事》同样记载:"宫妓永新者,善歌,最受明皇宠爱。每对御奏歌,则丝竹之声莫能遏。帝常谓左右曰:'此女歌直千金。'"

除音乐外,古代庐陵还涌现出一批艺术家,如宋代陶瓷艺术家舒翁、舒娇,明代画家郭诩,清代画家王铉同、郭仪霄,等等。他们以高超的书画技艺给庐陵文化增添了浓厚的艺术色彩。

8. 彪炳史册的名人文化

名人文化是庐陵文化的灵魂与核心。庐陵人杰地灵,自古人才辈出,宋、明两代更是名人荟萃。庐陵名人在不同领域各领风骚,共创庐陵文化辉煌。

(1)政界名宦

庐陵政界名宦中,有宋齐丘、刘沆、周必大、文天祥、杨士奇等朝廷辅弼大臣。"一门三进士""隔河两宰相""五里三状元""十里九布政",传为千秋美谈。

(2)忠臣义士

自北宋欧阳修始,庐陵人学文章,讲节义,张扬人格,激浊扬清,忠昭日月,义耀乾坤。有宋一代,"庐陵五忠一节"名闻天下:欧阳修、周必大谥"文忠",文天祥谥"忠烈",杨邦乂谥"忠襄",胡铨谥"忠简",杨万里谥"文节"。此外,宋代还有刚正爱国的王庭珪、直言敢谏的孙逢吉,明代有"打不死的李时勉"、"铁石肝肠"的刘球、直节大臣罗伦、宁折不弯的邹元标,清代有侠肝义胆的才女刘淑(刘淑英)、"天下清官第一"的王言,等等。

宋代周必大《庐陵县学三忠堂记》载:"文章天下之公器,万世不可得而私也;节义天下之大闲,万世不可得而逾也。吉为江西上郡,自皇朝逮今二百余年,兼是二者得三公焉。"三公即欧阳修、杨邦乂、胡铨。元代刘岳申《文丞相传》中记载:"稍长,游乡校,见欧阳文忠公、杨忠襄公、胡忠简公、周文忠公、杨文节公祠像,慨然曰:'没不俎豆其间,非夫也!'"可见三公对当地文人士子的影响。

(3)文坛群星

两宋时期是庐陵文学的繁荣期,庐陵籍的著名文学家有欧阳修、临江三孔(孔文仲、孔武仲、孔平仲)、周必大、杨万里、王庭珪、胡铨、杨炎正、刘过、罗大经、刘辰翁、王炎午、文天祥等。活跃在明代文坛的著名文学家有杨士奇、解缙、李昌祺等。各种版本的《中国古代文学史》中"宋代文学"部分,涉及十多位庐陵作家。又据统计,《四库全书总目》辑录庐陵人著述381种,《全宋诗》辑录庐陵诗人166人,《全宋词》辑录庐陵词人54人,这些足以显示庐陵文学的突出成就。

(4)学苑大家

黄宗羲《明儒学案》为27位江右王门学者立传,其中16位是吉安府人。《明儒学案》卷十六《江右王门学案》说:"姚江(王阳明)之学,惟江右为得其传。东廓(邹守益)、念庵(罗洪先)、两峰(刘文敏)、双江(聂豹)其选也,再传而为塘南(王时槐)、思默(万廷言),皆能推原阳明未尽之意。是时越中流弊错出,挟师说以杜学者之口,而江右独能破之。阳明之道赖以不坠。盖阳明一生精神,俱在江右。"

（二）庐陵文化的主要特征

1.崇科举、尊文教

从唐宋至明清，庐陵先后出了 17 位状元（仅次于苏州）、16 位榜眼、14 位探花、2823 位进士（全国之冠），仅明朝就出了进士 993 位，特别是明建文二年（1400）的庚辰科和永乐二年（1404）甲申科，一甲三人均为吉安人，这种连续两届包揽前三的现象在中国科举史上绝无仅有。因而，吉安自古多名宦，担任过宰辅的有 19 人。可以说，庐陵文化的鲜明特色之一，就是崇科举、尊文教。

关于庐陵人尊崇文教，宋代不少庐陵学者都有记载，如周必大《咏归亭记》载："吉为大邦，文风盛于江右。"王陶《泰和县公厅记》载："序塾相望，弦诵相闻。"杨炎正《州学上梁文》载："由六一公之乡里，家有诗书；以数万户之井廛，人多儒雅。"由此可见，当年庐陵之地文教之风极盛行。

2.蓄道德、能文章

庐陵文化最重要的特征，就是对中原儒家文化的继承和发展。儒家传统的"三不朽"思想，强调为封建王朝"立功"，更强调个人的"立德"与"立言"。立德即树立高尚的道德，立言即提出真知灼见，也泛指著文章。

节义是道德观念的外在表现。庐陵"节义"，受益于颜真卿。永泰元年（765），颜真卿为吉州司马，修学舍，倡儒学，后官至吏部尚书、太子太师，封鲁郡公。建中四年（783），李希烈叛乱，颜真卿前去劝降，受到威逼不屈服，并斥责李希烈，被害于狱中。死后，唐德宗下优恤诏书，称颜真卿"出入四朝，坚贞一志"。

庐陵历来建有颜鲁公祠，以纪念颜真卿。后来还发展到四忠祠、五忠祠。欧阳守道在《颜鲁公祠记》中列举了庐陵的忠臣烈士，将他们与颜真卿相对照，来说明庐陵深受颜真卿影响。"此州之君子，皆颜鲁公之流风遗俗也。鲁公事君有犯无隐，愠于群小，之死不回，此州之君子立朝不如此乎？鲁公远谪，所至安之，流落复归，终不惩艾，此州之君子去国不如此乎？鲁公八十元老，殒于贼手，高风劲节，谁其俪之？乃有誓为赵鬼者，天子闻而哀之，直以鲁公为比。此州俗化，受鲁公之赐多矣。"《江西通志》记载："唐颜真卿从事吉州，铿訇大节，诵慕无穷。至欧阳修一代大儒，开宋三百年文章之盛，士相继起者，必以通经学古为高，以救时行道为贤，以犯颜敢谏为忠，家诵诗书，人怀慷慨，文章节义，遂甲天下。"由此可见，吉州志士仁人，以文章节义著称于天下，受到颜真卿的深刻影响。

庐陵"文章"，获益于唐代的杜审言。杜审言，杜甫的祖父，唐初"文章四友"之一，也是近体诗的奠基人之一。他在吉州做过司户参军，任上在州郡创立"相山诗社"，大兴文教。因此，他也为庐陵历代文人士大夫所推崇。例如，宋代的《舆地纪胜》中写道："诗人堂，在司户厅。卢篆以唐诗人杜审言曾居是宫，故名。有杨万里铭，周必大篆。"元朝李祁的《吉安路诗人堂记》如是说："诗人之有堂，旧矣。自杜审言为吉州司户参军，及其既没，而后人遂以司户厅为诗人堂，此堂之所由始也……斯堂之建，所以祀诗人也，而历代之忠节在焉，是邦之士，登斯堂也，则思所以慕其人，慕其人则思所以景其行。"《大清一统志》也有这样的记载："诗人堂，在府治西城隍冈。唐杜审言为司户时，置相山诗社。宋卢象(篆)建诗人堂，有杨万里铭，周必大篆。"由此可见，杜审言受到庐陵历代文人士大夫的敬仰与缅怀。

正是在杜审言、颜真卿等人的深刻影响下，庐陵文化形成了以"道德文章"著称的鲜明特色，也涌现出一大批历史文化名人。

3. 重传承、贵创新

庐陵人重传承、贵创新的精神在文学领域得到充分的反映，而又突出地体现在欧阳修这位一代文宗身上。欧阳修思想活跃，富有创新精神。创新是宋朝的时代精神之一，欧阳修是首创其风气者。他以自己的卓越才华、创造性思维，为宋人提供了许多新观点，开启了许多新门径。他在创新的同时，守"正"辟"怪"。其为人为政，为学为文，深深地影响了时人，尤其是影响了庐陵人。王安石的《祭欧阳文忠公文》高度肯定了欧阳修："如公器质之深厚，智识之高远，而辅学术之精微，故充于文章，见于议论，豪健俊伟，怪巧瑰琦。其积于中者，浩如江河之停蓄；其发于外者，烂如日星之光辉。其清音幽韵，凄如飘风急雨之骤至；其雄辞闳辩，快如轻车骏马之奔驰。世之学者无问乎识与不识，而读其文则其人可知。"

欧阳修既重视对文学遗产的批判继承，又力求创新；既反对因袭模仿，又反对刻意标新立异。对于古文派"太学体"的险怪文风，欧阳修利用嘉祐二年(1057)知贡举的机会对其予以沉重打击，从而推进诗文革新，奠定了平易流畅的宋代文风。欧阳修倡导的诗文革新，以批评西昆体拉开帷幕。他反对内容空洞、堆砌典故、晦涩难懂的西昆体，但对西昆体并不是一概排斥，而是肯定了西昆体在宋初诗歌演变中的历史作用,认为"偶俪之文,苟合于理,未必为非,故不是此而非彼也"。他也一再称颂杨亿、刘筠等西昆体代表人物"以文章擅天下","真一代之文豪也"。为此,明人张绽在《刊西昆诗集序》中指出:"杨、刘诸公倡和《西昆集》,盖学义山而过者。六一翁恐其流靡不返,故以优游坦夷之辞矫而变之,其功不可少,然亦未尝不有取于昆体也。"

欧阳修的词"疏隽开子瞻,深婉开少游",同样开风气之先。欧阳修的文更具创新性,对整个封建社会后半期的散文创作产生了深远影响。他在骈文中融入散文笔法,确立了宋代四六文的标准。他以散文手法创作《秋声赋》,开创"文赋"新传统。他的《六一诗话》创立了一种随笔式的诗歌评论新形式,开宋代诗话先河。他的《归田录》《试笔》等随笔,开创宋人笔记小品新文体。

此外,欧阳修同样是一位"立德""立言"的杰出代表。《宋史》高度肯定了欧阳修人格对宋代士大夫忠义之气的培育造就之功:"士大夫忠义之气,至于五季,变化殆尽……真、仁之世,田锡、王禹偁、范仲淹、欧阳修、唐介诸贤,以直言说论倡于朝,于是中外搢绅知以名节相高,廉耻相尚,尽去五季之陋矣。故靖康之变,志士投袂,起而勤王,临难不屈,所在有之。及宋之亡,忠节相望,班班可书,匡直辅翼之功,盖非一日之积也。"可以说,欧阳修为后世庐陵人树立了人格典范,做人就要像欧阳修那样刚正不阿、维护公平正义、坚持文化创新。

第三节　庐陵文化的兴衰及时代意义

一、庐陵文化兴盛的原因

庐陵虽远离黄河与中原,远离中华传统文化中心,但庐陵文化在宋、明两代崛起绝非偶然,大致有以下几个方面的原因。

(1)北民南迁,给庐陵带来大量的劳动力和先进的生产技术

西晋永嘉之乱、盛唐安史之乱、北宋靖康之变,政治动乱及气候变迁,使大量北方汉人南迁,给蛮荒之地的庐陵带来大量的劳动力和先进的生产技术。庐陵大片的土地得到开发,丘陵、山坡成为梯田,小农经济得以发展。唐人皇甫湜《吉州刺史厅壁记》载:"自江而南,吉为富州。"苏轼在《李琮知吉州》中也说:"庐陵之富,甲于江外。"发达的区域经济,为庐陵文化兴盛奠定了坚实的基础。

（2）相对稳定的政治环境，保障庐陵经济文化顺利发展

三国两晋南北朝，北方长期动荡不安。尤其是唐代安史之乱后，中原藩镇割据，兵燹不已，而南方相对政治稳定。唐代诗人张籍在《永嘉行》中写道："北人避胡多在南，南人至今能晋语。"位于赣江中游的庐陵，成为中原南迁人流、物资、信息的集散地。庐陵安定的政治环境和良好的生存条件吸引了大量北民落户定居。

（3）便利的交通，促进南北经济文化交流

古代庐陵的地理位置可以用"吴头楚尾"来形容。唐开元四年（716），张九龄开凿大庾岭，将中原与"两广"连接起来，原先偏于一隅的庐陵，迅速成为南北交通要道。皇甫湜称庐陵"骈山贯江，扼岭之冲"，后又有"咽喉荆广，唇齿淮浙"的说法。事实上，庐陵文化的兴盛离不开便利的交通条件。庐陵因赣江而兴，赣江在庐陵境内河段近三百千米，素有"黄金水道"之称，南北往来商船、漕船络绎不绝。万历版《吉安府志》卷之十四《建置志》载："螺川递运所，在府城南。五云递运所，在万安县西南赣江滨……漕船九十八只，运米三万五千五百一十九石。"此外，庐陵境内这条"黄金水道"见证了很多名人南下或北上的轨迹。据史料考证，唐代王勃去交趾探父便是经庐陵（当时称吉州）的赣江水道至虔州（今赣州）而后过南岭往南；北宋苏轼被流放岭南，过庐陵、大庾岭，最后到惠州；宋末文天祥人生最后的旅程同样是从广州出发，经过家乡庐陵北上大都（今北京）。这些名人路过或驻足，也在一定程度上将中原文化南传，使南北文化碰撞，促进了庐陵文化的繁荣。

（4）书院教育的繁荣，促进庐陵文化发展

唐宋以降，在名宦颜真卿、江万里等倡导下，庐陵先后大兴书院、学馆270余所。以白鹭洲书院为例，书院的规模据记载有"文宣王庙、棂星门、云章阁、万竹堂、六君子祠"等，可容学生数百。书院在教学方面十分讲究，一是延请名师讲学，所聘多为庐陵名士大儒，如刘南甫、欧阳守道等；二是择生入学，书院"聚合郡俊秀，受业其中"，"凡所取录，必多英才"；三是采用启发、互动、讨论式学习的教学方法，教育成果显著，博得了人们的赞许。正如《白鹭洲书院志》所说："吾郡夙号材薮，自文忠创书院，而后制科飙举，名硕云蒸，几当宇内之半。"千余年间，庐陵的各大书院培养了大量人才，成为庐陵文化繁荣的直接原因。

二、庐陵文化衰落的原因

进入清代以后，庐陵文化开始衰落，逐渐失去昔日的光辉，清中叶以后，庐

陵远远落后于文化发达的地区。封建社会末期,庐陵没有出现过一流的文学家、艺术家、思想家,政治上也鲜有举足轻重的人物。中国文化的总趋势在封建社会后期走下坡路,庐陵文化却滑落得更快。究其原因,大致有以下几个方面。

(1)长期的战争破坏

清兵入关后,江西人举起"反清复明"的旗帜。吉水人刘同升受南明王朝的诏命募兵勤王,抗清斗争在赣中蓬勃兴起。军事失利后,清统治者对吉安人进行了残酷的镇压。康熙年间,"三藩之乱"又使吉安陷入战火。吴三桂叛军与地方反清武装,同清兵展开了长达 6 年的拉锯战,绵延的战火令赣中一片萧条。康熙《江西通志》云:"自遭诸逆变叛,人民死徙,田土荒芜,伤残蹂躏之状,荡析仳离之惨,什倍他省。"咸丰元年(1851),太平天国运动爆发。泰和的邹思隆等人于 1853 年 7 月聚众万余响应,与清军血战。1855 年,太平天国翼王石达开率数万军队进入江西,并于次年 3 月攻占吉安城。此后 8 年间,太平军与清军在吉安地区反复争夺,作为双方主要的军饷和粮食征收地,吉安又一次长时间陷入战乱,生灵涂炭,何暇文化?

(2)交通地位的衰落

鸦片战争后,中国被迫开放通商口岸,千年来连接中原与岭南的赣江水道及大庾岭商路式微。京汉铁路与粤汉铁路的修通,赣江的淤塞,使江西的交通地位进一步下降,吉安也由过去的"黄金水道"变成交通"死角",变成远离政治、经济、文化中心的偏僻之地。近代的先进思想和民主科学之风气,主要由岭南沿着海边向北推进。由于受闽、粤、湘三面高山的阻挡,吉安人很难及时吸纳先进的新思想,近代庐陵文化无可奈何地处于长期封闭并日渐衰落的境地。

(3)思想观念的封闭保守

这是庐陵文化近代衰落最主要的原因,也是主观方面的原因。庐陵文化建立在小农经济生产方式上,属于农耕型、伦理政治型文化,其思想体系以儒学为核心。因此,明中叶以来的资本主义萌芽、清末洋务运动的蓬勃兴起和维新改革的潮流涌动,都为庐陵人所摒弃。庐陵人徜徉在旧文化体系中,思想观念适应不了转型的社会,文化自然落伍。庐陵文化受封建传统思想禁锢,处于新文化、新思潮的对立面,不可避免地走向衰落。

三、庐陵文化的时代意义

庐陵文化在江西文化中占据重要地位,是赣文化的重要支柱之一,也是中华优秀传统文化中的绚烂之花。其内容广泛,以崇文重教、兼收并蓄、自强不息为鲜明特征,反映了庐陵人共同创造的物质文明和精神文明,对吉安乃至江西的文化传承发展具有重要意义。

庐陵文化中的崇文重教传统,启示我们要重视教育、培养人才。庐陵地区自古重视文化教育,培育了众多先贤名臣和文人墨客。在当代社会,我们同样应该注重教育的发展,提高人们的文化素养和综合素质,为国家和社会培养更多的人才。

庐陵文化中的忠臣义士、清官廉吏的事迹,启示我们要坚守正义、廉洁奉公。这些历史人物的事迹和精神,是庐陵文化的瑰宝,也是我们当代社会的宝贵财富。我们应该学习他们的精神,坚守自己的信仰和原则,做到清正廉洁、公正无私。

庐陵文化中的书院文化,启示我们要注重文化传承和创新。白鹭洲书院等著名书院不仅是庐陵文化的发源地,也是中国古代书院文化的杰出代表。在当代社会,我们应该注重文化的传承和创新,保护和利用好文化遗产,推动文化的繁荣发展。

第二章 庐陵正气

庐陵正气,绵延千年,是庐陵文化的主要内容之一,是区别于其他地域文化的重要特色,也是中华优秀传统文化的一部分。庐陵正气现在已成为新时代吉安城市精神之一,必将进一步得到传承发扬,辉映天地。

第一节 正气与庐陵正气

正气,从词性上看属于褒义词,是与歪风邪气相对的一种精神状态和思想境界,特指人体现出来的一种堂堂正正、光辉俊洁的人格精神和道德风范。庐陵素称"节义之邦",这个"节义"包括"气节与操守",正是"正气"的一种表现形式。

一、正气

关于"正气"的概念,《汉语大词典(第一版)》中有如下义项。一、充塞天地之间的至大至刚之气,体现于人则为浩然的气概、刚正的气节。如《楚辞·远游》:"内惟省以端操兮,求正气之所由。"二、指光明正大的作风或纯正良好的风气。如罗大经《鹤林玉露》卷二:"欧公文非特事事合体,且是和平深厚,得文章正气。"三、正派,正经。如《儒林外史》第九回:"先年东家因他为人正气,所以托他管总。"总之,正气在古代指孟子所谓的"浩然之气",化为刚正不阿的处事风范、忠义为公的爱国情操、清正恤民的为政之道。近现代以来,正气指包括上述义项在内的高尚的思想道德境界、积极正派的思想作风、光明磊落的胸襟抱负。

二、庐陵正气

庐陵正气特指古代庐陵地区涌现的那种忠言直谏、刚正有节的意志精神,爱国恤民、心系百姓的道德情怀,清正廉洁、一心为公的人格风范。这三个方面是衡量一个人的有机统一体。

三、庐陵正气的形成与发展历程

庐陵正气源远流长。秦汉以来,随着庐陵州郡的建立和中原儒家文化与本地文化的交融,一种以儒家忠义刚正为核心的人格精神就开始在庐陵大地扎根生长,其中一些人的以身示范直接促进了庐陵正气的形成与发展。

颜真卿影响了庐陵正气的形成。颜真卿(709—784),字清臣,京兆万年(今陕西西安)人。开元进士,官至吏部尚书、太子太师,封鲁郡公,世称"颜鲁公"。颜真卿向来忠贞刚烈、勇于直谏、清正廉洁,曾被宰相杨国忠排挤出朝,后在李希烈叛乱事件中壮烈殉国。永泰元年(765),颜真卿因事被贬为吉州司马。在庐陵为官期间,他以宽简爱民、传播儒学为著,深得庐陵士民爱戴。颜真卿离任后,为了纪念这位忠节有为之士,继任者在当地士绅的倡议下修建颜鲁公祠一座,以教化官民。颜真卿刚正有节的风范对庐陵正气影响深远。万历版《吉安府志》载:"或谓吉州多忠节士,盖鲁公流风遗俗云。""自唐颜真卿从事吉州,铿訇大节,诵慕无穷。"

欧阳修推动了庐陵正气的发展。欧阳修(1007—1072),字永叔,号醉翁、六一居士。祖籍庐陵县欧桂里(今吉安市吉州区兴桥镇),出生于四川绵州(今绵阳市)。天圣八年(1030)进士,官至参知政事。谥号"文忠"。今永丰县有其父母墓葬及祠堂。欧阳修不仅是一位政治家、文学家,还是一位史学家、爱国者。他一生以正言直谏、士风刚正闻名,是端正北宋中期一代士风的重要领导人物。王安石在《祭欧阳文忠公文》中评欧阳修"果敢之气,刚正之节,至晚而不衰"。王闢之在《渑水燕谈录》中认为欧阳修"文章道义,天下宗师"。

在颜真卿、欧阳修流风遗泽的影响下,庐陵忠节有为之官、刚正有节之士、恤民有爱之人络绎不绝。最著者如五代的宋齐丘、陈乔,宋代的杨邦乂、胡铨、文天祥,元代的肖泰、刘鹗、罗复仁,明代的杨士奇、金幼孜、解缙、胡广、李时勉、邹守益、宋仪望、邹元标,清代的王言、周埙一、欧阳衡、龙起涛,等等。

由上可知,自五代至宋代为庐陵正气形成的第一个高潮期,正气风范之士遍出庐陵境内,尤以欧阳修、杨邦乂、胡铨和文天祥为著。明代,庐陵正气迎来第二个高潮期,刚正之风、忠勇之气更加浓郁,治世能臣、忠节名宦甚多。仅《白鹭洲书院志》卷一"理学坊""忠节坊""名臣坊"三坊记载的配祀的人物,有明一代就有七十余人。进入清代,尽管庐陵地域科举衰落,但正气始终没有衰退,正义刚直之士从官场上的能臣干吏转为民间的英雄义士,俟时机成熟便会再次爆发。近现代,吉安各地涌现出的革命志士即是庐陵正气的集中表现。

总览庐陵正气的发展历程,唐五代为其始,宋明为其壮,清代稍有低落,而迨至近代吉安又风起云涌,志士辈出。

第二节　浩然正气文天祥

文天祥是庐陵正气的典范。文天祥(1236—1283),字履善,一字宋瑞,号文山,南宋吉州庐陵富川(今吉安市青原区富田镇文家村)人。南宋德祐元年(1275)正月十三,文天祥在赣州接到勤王诏书后,"即建旗移檄,以列郡守",开始了为期四年的艰苦卓绝的勤王壮举。元至元二十年(1283),勤王兵败的文天祥在大都(今北京)菜市口从容就义。"天地有正气,杂然赋流形。下则为河岳,上则为日星。于人曰浩然,沛乎塞苍冥……"他的《正气歌》流传至今,令人肃然起敬。

一、文天祥浩然正气的形成

文天祥浩然正气的形成是多重合力影响的结果。

首先,从正气本身来源看,文天祥的浩然正气是对孟子养气说的继承与转化。孟子在《孟子·公孙丑上》中说:"我知言,我善养吾浩然之气。"何谓浩然之气? 孟子说:"其为气也,至大至刚,以直养而无害,则塞于天地之间。其为气也,配义与道……"孟子认为,这种充塞于天地之间的刚节之气与道相合则形成一种无私无惧、奋力前行的英勇果敢之气。孟子的"知言养气"今天多用于强调作家要加强自己的人格修养,才能写出好的文学作品。然而,这种人格修养的形成在于内在的至大至刚的精神品格和浩然之气的建构,因此"知言养气"最初用来评价历史人物凛然不可侵犯的崇高的人格风范和精神气度。

文天祥临死不惧、视死如归的浩然之气还与孟子的舍生取义思想相吻合。孟子说:"生,亦我所欲也;义,亦我所欲也;二者不可得兼,舍生而取义者也。"1283年,文天祥走上刑场,人们后来在他的衣带中发现绝笔,曰:"孔曰成仁,孟曰取义,惟其义尽,所以仁至。读圣贤书,所学何事,而今而后,庶几无愧。"文天祥自始至终将孔孟的取义成仁视为人生的终极目标,取义成仁也是养成他一身正气的重要支撑思想。

其次,文天祥的浩然正气与家庭教育分不开。文天祥的父亲文仪,生于嘉定八年(1215),字士表,号革斋。文仪是一位生性豁达、酷嗜诗书、重义轻财、乐善好施的乡绅,在当地颇有影响,人称"有德君子"(文天祥《先君子革斋先生事实》)。文仪行为节俭,劲直有声,平生酷爱竹子,并时常以竹子不屈不挠的风格教育儿子们,希望儿子们能像竹子一样有节、不屈不挠。文仪平时还常常注意以古代和庐陵先贤的文章道德来督促文氏兄弟求学上进,将来出人头地,考取功名,报效国家。文天祥在《己卯十月一日至燕越五日罹狴犴有感而赋》诗中回忆自小受父亲督促一幕道:"儿时爱读忠臣传,不谓身当百六秋。"文天祥的母亲曾德慈也是出身于书香门第,他的外祖父曾珏性格开朗,为人爽快,颇有"古君子之风"。曾德慈颇有大家闺秀的风范,嫁入文家后,侍奉公婆以孝道,相夫教子以勤俭,身体力行,为文家后人的成长做出榜样。在入塾教育上,曾德慈不惜贱卖自己的陪嫁物来弥补费用的不足。后来文天祥毁家纾难起兵勤王,她又大义凛然支持儿子的决定。良好的家庭环境与教育铸就了文天祥自小慷慨大方、急公好义的品质,为正气风范的养成打下了基础。

再次,名师硕儒的率先垂范是文天祥正气思想形成的重要源头。对文天祥产生过影响的先生包括创办白鹭洲书院的吉州知州江万里,白鹭洲书院首任山长、理学家欧阳守道,以及曾凤、胡鉴、萧粹叔等私塾老师。这些庐陵长者学识渊博,或以理学见长,或以刚介闻名。他们的人格魅力和学术风范让文天祥获益匪浅,其中江万里和欧阳守道的忠节风范更是对文天祥影响至深。

江万里(1198—1275),字子远,号古心,江西都昌人,出生在一个儒学世家。江万里于1230年任池州教授,之后宦海沉浮数十年,官至左丞相兼枢密使。淳祐元年(1241),时任吉州知州的江万里创办白鹭洲书院并且一度亲自授课。欧阳守道在《白鹭洲书院山长厅记》中说:"先生亲为诸生讲授,载色载笑,与从容水竹间,忘其为太守古贤侯。"文天祥、邓剡、刘辰翁等人都是江万里的学生。江万里对家国之事忠心耿耿,对弊政直言相谏,为人刚正不阿,对奸臣酷吏更是深恶痛绝。宋理宗时,贾似道擅政,不少人趋炎附势,争相巴结贾似道。江万里却能清廉自守、洁身自好。江万里向来欣赏文天祥,对后者寄予了很高的期望,曾说:"吾老矣,观天时人事当有变。吾阅人多矣,世道之责,其在君乎?君其勉之。"德祐元年(1275),元兵大举渡过长江,饶州城破。当时退居饶州的江万里表示当与国共存亡,毅然投水而亡。江万里的殉国壮举令朝野震动。南宋遗民刘壎撰文评论道："古心先生江文忠公,文章名节重前朝。"

欧阳守道(1208—1272),字公权,号巽斋,庐陵永和(今吉安县永和镇)人。淳祐元年(1241)进士。他曾经在廷试对策中大胆指邪辨奸、针砭时弊,颇有唐颜真卿的遗风。欧阳守道又是宋末江西理学大师,为文为理讲究经世致用,主张"诵诗书,通今古,晓义理",希冀以义理道德救时治弊。欧阳守道高风亮节,堪称南宋后期欧阳修的传人,文章节义皆有史可载。《宋史·欧阳守道传》评其为"庐陵之醇儒也"。欧阳守道关切时务,指陈流弊,以图唤起民众救世济时之心,激发他人爱国的思想情操和责任感。淳祐二年(1242),欧阳守道受聘为庐陵白鹭洲书院第一任山长,刘辰翁、文天祥皆出自其门下。欧阳守道学识渊博,德行正直且讲课能纵横古今,语言生动,深受学子欢迎。如文天祥《祭欧阳巽斋先生》道："先生之学如布帛菽粟,求为有益于世用,而不为高谈虚语,以自标榜于一时……及其为人也,发于诚心,摧山岳沮金石,虽谤兴毁来,而不悔其所为。天子以为贤,缙绅以为善类,海内以为名儒,而学者以为师。"欧阳守道教学有方,尤重以教育正人心、淳风俗、养浩气、育人才。在他的倡导之下,白鹭洲书院学风浓厚,学生相互砥砺,进步很快,甚至别郡的青年也纷纷慕名而来。宝祐四年(1256)年殿试,文天祥被宋理宗亲自擢为第一;景定三年(1262)文天祥的同乡、白鹭洲书院同学刘辰翁与邓光荐等亦高中进士。时人认为这些人能高中进士,扬名史册,实为欧阳守道教育之功。学富五车的欧阳守道不仅传授了文天祥等学生学术知识,更重要的是,将自己的爱国志节、浩然之气潜移默化地传给了他们。

最后,庐陵历史上先贤的忠节士风也是影响文天祥正气思想的重要因子。庐陵多刚勇之士,有关先贤忠烈,数不胜数,而以庐陵乡贤祠中供奉的"四忠一节"欧阳文忠公(修)、杨忠襄公(邦乂)、胡忠简公(铨)、周文忠公(必大)、杨文节公(万里)最为著名。欧阳修,谥"文忠",一生以直言行事、无私无畏、宽简爱民著称,是庐陵忠节风范的典范人物;杨邦乂,谥"忠襄",在金兵入侵建康(南京)时临危不惧,城破被俘后大义凛然,从容就义;胡铨,谥"忠简",以区区编修之官,启奏斩杀卖国贼秦桧、王伦,威震朝野;周必大,谥"文忠",风节凛然,卓有政声;杨万里,谥"文节",以直言谠论、指摘时事著称。庐陵"四忠一节"是影响文天祥一生思想行为最重要的人物,是濡染其爱国正气品格的重要因素。据载,年少的文天祥来到县邑的学宫,目睹这几位乡贤的画像,联想到他们的丰功伟绩,钦慕之余慨然立下誓言:"殁不俎豆其间,非夫也。"先贤的功绩刺激青少年时期的文天祥树立建功立业、忠勇报国的远大志向。数十年后,文天祥以殉国的壮举践行了自己年轻时的理想,而元至治三年(1323),文天祥入祀庐陵府忠节祠,与欧阳修、杨邦乂、胡铨、周必大、杨万里四人一道世代共受祭祀与悼念,成为如今吉安著名的"庐陵五忠一节"。

二、文天祥浩然正气的阐发,表现于各种形式和场合

第一,时穷节乃见,一一垂丹青。文天祥的浩然正气表现为知难而进、舍我其谁的勇气。这种勇气既见于为挽救国家于危亡的献计献策,也表现在辗转数年的勤王活动中。宋理宗开庆元年(1259)秋,侵扰南宋边境许久的蒙古军突破长江天险,包围鄂州。南宋朝野震动,宋理宗不得不一边下令加强长江水路的巡防,一边开言路、惩奸臣、举贤臣。此时,理宗宠信的宦官董宋臣却主张迁都四明(宁波),另一个不学无术的权相贾似道依然在朝。在这急需用人的危难之时,满朝文武竟毫无头绪,尤其在迁都问题上,大臣们多不赞成,但迫于董宋臣的淫威,"人莫敢议其非"。血气方刚的文天祥义愤填膺,以"敕赐进士及第臣"的身份上了平生第一份奏疏——《己未上皇帝书》。奏文中从"简文法以立事""仿方镇以建守""就团结以抽兵""破资格以用人"四个方面建议当朝特事特办、急事急办,内肃奸党、外拜良将,迅速加强军务,起用有用之才。文天祥还强烈要求"斩董宋臣以谢宗庙神灵,以解中外怨怒,以明陛下悔悟之实"。文天祥的第一次进谏虽然没有得到回应,但他的这种不随波逐流、不阿谀奉承、迎难而上、勇于直谏的精神正是庐陵正气的表现。咸淳九年(1273),襄阳城破,蒙古军此后沿长江水道一路势如破竹,宋军一触即溃,望风而逃。咸淳十年(1274),文天祥出任赣州知州,宋军此时更是节节败退。十二月,鄂州失守,此后黄州、蕲州、江州(今九江)、德安(今湖北安陆)、六安、安庆等地相继沦陷。监国的谢太后不得不下"哀痛诏",要求各地勤王,可惜应者寥寥。在此存亡之际,身在赣州的文天祥于德祐元年(1275)接旨后立即奉诏行事,在赣州组织义军,入卫临安(今浙江杭州)。当时有人告诫道:"今大兵三道鼓行,破郊畿,薄内地,君以乌合万余赴之,是何异驱群羊而抟猛虎。"文天祥坦然回答:"吾亦知其然也。第国家养育臣庶三百余年,一旦有急,征天下兵,无一人一骑入关者,吾深恨于此,故不自量力,而以身徇之,庶天下忠臣义士将有闻风而起者。义胜者谋立,人众者功济,如此则社稷犹可保也。"文天祥明知山有虎偏向虎山行,明知不可而为之,并且表示愿意以身殉国,以此激发天下忠臣义士的报国热情。这种置之死地而后生的决绝勇气正是庐陵正气的体现。德祐二年(1276)正月,文天祥又临危受命,慨然赴元营谈判,体现的正是这种坦坦荡荡、堂堂正正之气。

第二,人生自古谁无死,留取丹心照汗青。文天祥的浩然正气表现为百折不回、临死不惧的气概。这种气概主要体现于文天祥无视勤王活动的挫折性、反复性,以及其被俘之后视死如归的大无畏英雄气概。德祐元年(1275)正月,文天祥计划过吉州,取道隆兴府(今南昌)入卫临安。但是,当时主持政事的右丞相陈宜中等人造谣中伤文天祥勤王是"猖狂""儿戏无益",导致文天祥部在吉州等待三个多月后只接到"留屯隆兴"的命令。文天祥一腔热血,却遭到一盆冷水,让他出离愤怒又无可奈何。这是他起兵勤王以来遭受的第一次重大挫折,不少心志不坚的人甚至想开溜。八月,勤王之师终于获准开拔临安,驻兵西湖,文天祥受到朝廷表彰。两个月后,由于没有真正派上用场,文天祥打算回江西老家丁忧(祖母丧),可惜朝廷不允。由于留梦炎从中作梗,文天祥没有被委以拱卫京师的重任,而是出知平江府(今江苏苏州)。

从德祐元年(1275)正月始,文天祥勤王历时四年,其间接战百余,毙亡万计,可谓备尝艰辛、百折不挠,令人感慨。

德祐二年(1276)二月,文天祥受元相伯颜的要挟,被拉入祈请使(向元廷求和的使臣)的行列北上。后被元军羁押,文天祥一路南逃,颠沛流离,极其艰辛。三月,文天祥终于逃到真州(今江苏仪征),心头的阴霾为之一扫而光:"一入真州,忽见中国衣冠,如流浪人乍归故乡,不意重睹天日至此!"不过,文天祥的挫折苦难并未就此结束,此后死亡一直如影随形。这段生死经历从其《指南录》后序中可见一斑:"真州逐之城门外,几彷徨死;如扬州,过瓜洲扬子桥,竟使遇哨,无不死;扬州城下,进退不由,殆例送死……至通州,几以不纳死;以小舟涉鲸波,出无可奈何,而死固付之度外矣。呜呼!死生昼夜事也,死而死矣,而境界危恶,层见错出,非人世所堪。痛定思痛,痛何如哉!"德祐二年(1276)七月,文天祥辗转至南剑州(今福建南平),再次开府募兵勤王,"于时幕府选辟,皆一时名士"(《集杜诗·南剑州督》序)。十一月,文天祥移督府至汀州,其部署的宁都、吉州永丰争夺战均告失败,大批部将战死,第二次兴兵勤王的计划遭受重大挫折。景炎二年(1277)正月,元军逼近汀州,文天祥身陷重围。元将对文天祥威逼利诱,但是文天祥意志坚定,回绝了元军的招降,决心以死报国:"朝廷养士三百年,无死节者。"不仅如此,文天祥还斩杀叛将以稳定军心。八月,空坑之战,文天祥折损了许多部下,其妻女也做了元军的俘虏。但是,这种挫折依然没有动摇文天祥的抗元决心。同年十一月,文天祥移师广东龙川,继续召集人马,补充兵力。景炎三年(1278)三月,文天祥追随南宋行朝南下,驻军海丰。此时,南宋大势已去,然而文天祥依然矢志不移,坚持抵抗。对此,陆秀夫赞文天祥"如精刚之金,百炼而弥劲;如朝宗之水,万折而必东"。同年十一月,文天祥又移师广东潮阳。十二月二十日,文天祥于海丰北部的五坡岭遭遇战中,不幸被捕,其勤王的壮举终于画上了句号。短短四年间,文天祥的人生困难重重、挫折连连、死亡迭现,尽管最终以失败告终,但是文天祥身上体现出来的百折不挠、越挫越勇的精神谱写了庐陵正气的浩然长歌。

文天祥的凛然正气于被俘后表现得更加淋漓尽致。至元十六年(1279)十月,文天祥被押解至元大都。在审问过程中,文天祥以凛然不可侵犯的正气断绝了元廷招降的可能。如文天祥在和元平章政事阿合马的交锋中,本色不改,矢志不渝。阿合马本想给文天祥一个下马威,喝令文天祥以降臣身份下跪,但天祥断然拒绝并诘问:"南朝宰相见北朝宰相,何跪?"阿合马见文天祥不为所动,用威胁的口气对左右说:"此人生死尚由我。"文天祥当即回答:"亡国之人,要杀便杀,道甚由你不由你!"元廷又换孛罗来审问,文天祥依然正气凛然,表现了崇高的气节。当元人要求他下跪时,他不卑不亢道:"南之揖,北之跪。予南人,行南礼,可赘跪乎?"当元人妄图以处死胁迫文天祥就范时,他义正词严地说:"我为宋宰相,国亡职当死。今日拿来,法当死,复何言!"元廷将文天祥囚禁在阴暗潮湿的土牢里,妄图从肉体到精神对他进行折磨,迫使他就范。然而,文天祥始终不为所动,直到至元十九年十二月初九(1283年1月9日)从容就义。支撑他挺过各种磨难的信心与毅力正是这种坚不可摧的正气:"是气所磅礴,凛冽万古存。当其贯日月,生死安足论。地维赖以立,天柱赖以尊。三纲实系命,道义为之根。"

第三,臣心一片磁针石,不指南方不肯休。文天祥的浩然正气表现为对民族利益的关注、对国家的挚爱与忠诚。文天祥的正气风范并非为一家一姓而殉国,而是为国家民族利益而不遗余力地奔走呼救,直至慷慨赴死,壮烈殉国。早在宝祐四年(1256)的殿试卷中,文天祥就流露出对国家民生的关切:"陛下以为今之民生何如邪? 今之民生困矣。"接着他从豪门大户积盈于室而一般百姓受困、公家频频营造大厦而百姓无立锥之地、各种物资来往于官家而百姓物资匮乏受困、官吏横征暴敛视民如猪狗而百姓困苦不堪等角度,指出南宋百姓负担沉重、财尽力竭的危险状况,希望以此引起朝廷的注意,寻求"安民之道"。此外,文天祥还就人才与士风、兵力与国计等重大问题发表自己的看法和见解,体现了青年文天祥对国家社稷兴废存亡的深切关怀。出于对国家的忠诚和民族的爱戴,进士及第后,文天祥在《己未上皇帝书》中继续忧心忡忡地向统治阶级提出自己的治国方略和见解。在《癸亥上皇帝书》中,文天祥明确表示"臣子所以事君,正义谓何",意即以正道直行、正义行事为服务根本,另外强调以"世道升降""国家利害"为考察出发点。

文天祥对君王的忠诚正气并非限于一家一姓,而是上升至整个国家利益和民族前途的考量。他曾经慷慨激昂地写道:"何日洗兵马,车书四海同"(《题黄冈寺次吴履斋韵》),"赢得年年清赏处,山河全影入金瓯"(《和萧秋屋韵》)。由此可见,文天祥的理想并非限于效忠南宋小朝廷,而是整个大一统的中国。文天祥始终希望能够报效国家,是因为他对这个国家从来都充满希望和信心,渴望能够"中兴奋王业,日月光重宣"。祥兴二年(1279)二月厓山一战,宋行朝彻底灭亡。元将张弘范摆酒庆功,席间对被俘的文天祥说:"国亡矣,忠孝之事尽矣。"他奉劝文天祥识时务,以事宋之心事元。文天祥痛哭流涕,说:"国亡不能救,为人臣者,死有余罪,况敢逃其死而贰其心乎?"可见,文天祥的忠诚超越了一般意义上的君臣之义而上升至国家社稷利益的高度。1279 年押到北京后,阿合马、孛罗等人想从君臣之义的角度劝说软化文天祥归降,认为宋恭帝赵㬎都投降了,做臣子的没必要坚守不降,并且认为文天祥不追随先君反而另立新君是对南宋皇帝的极大不忠。文天祥回答道:"德祐(宋恭帝年号,此处代指宋恭帝)不幸失国,当此之时,社稷为重君为轻。立君者,所以为宗庙社稷计,故为忠臣。"意思是皇帝做了亡国奴,这个时候应该以国家社稷为重,另立新君是从国家和社会的利益角度考量,所以是忠臣之举。由此可见,文天祥的忠君爱国并非愚忠愚孝,而是在维护国家社稷利益的前提下,忠君即是爱国,当君与国相冲突时,他选择了后者。

三、文天祥浩然正气的流传与影响

文天祥的浩然正气是由他特殊的人生经历造就的。作为封建士人的优秀代表,文天祥不仅走过与其他士大夫相同的"读书—科举—报国"的普遍历程,还有着在国家危难时抗击侵略直至最后壮烈殉国的特殊历程。因此,在他身上所体现出的士的"行义达道"的精神与普通士大夫相比,更加鲜明,更为全面,更有代表意义。正因为文天祥具化了士的精神,所以他的形象对后世产生了巨大影响。这种影响不仅停留在政治史层面,而且体现在社会史的考量之中。

一个社会的核心精神价值对这个社会长期持续稳定的发展具有重大影响力。文天祥作为宋代忠义和"以天下为己任"的精神化身,随着时代的推演,其浩然正气逐渐升华为中国社会普遍认同的价值取向。明、清两代,文天祥均得到了统治阶层、士大夫和底层百姓的一致崇敬和祭祀。而早在元代,士人和底层百姓对文天祥由崇敬而引发的祭祀活动就已经开始。

1. 祭悼和挽歌

汪元量(约1241—约1317),字大有,号水云,钱塘(今浙江杭州)人。宋末元初诗人、宫廷琴师。南宋灭亡后,汪元量随三宫迁往大都,曾去狱中探望文天祥。文天祥以身殉国后,汪元量撰有《浮丘道人招魂歌》九首,分别祭悼文天祥本人及其母亲、弟弟、妹妹、妻子、儿子、女儿。其中,第一首和第九首专祀文天祥,有云:"我公就义何从容,名垂竹帛生英雄。呜呼一歌兮歌无穷,魂招不来何所从""忠肝义胆不可状,要与人间留好样。惜哉斯文天已丧,我作哀章泪凄怆。呜呼九歌兮歌始放,魂招不来默惆怅"。两歌歌颂了文天祥的英雄气概并对英雄的离去表示无尽的悲伤。

王炎午(1252—1324),初名应梅,字鼎翁,号梅边,吉州安福人。王炎午曾倾家资助文天祥起兵抗元,留置幕府,后因母病归里。文天祥勤王失败被俘后,王炎午特作生祭文以励其死,文天祥殁后又作《望祭文丞相文》,对其浩然正气进行了热烈的歌颂:"生为名臣,死为烈星,不然劲气,为风为霆。"

邓剡(1232—1303),字光荐,又字中甫,号中斋,吉州庐陵人,宋末诗人,曾经和文天祥同为白鹭洲书院学生。邓剡撰有《文丞相像赞》:"目煌煌兮疏星晓寒,气英英兮晴雷殷山。头碎柱兮璧完,血化碧兮心丹。呜呼,孰谓斯人不在世间。"邓剡还编写了《文丞相督府忠义传》,对先后参与文天祥幕府事业的44人做了简短的介绍,使他们的英名流传至今。

刘辰翁(1232—1297),字会孟,号须溪,吉州庐陵人。景定三年(1262)进士,南宋末年爱国词人,和文天祥同为白鹭洲书院学生。刘辰翁在《古心文山赞》中对文天祥、江万里给予高度评价:"此宋二忠,如国亡何? 开卷熟视,龙泉太阿。尘蜕六合,浴于天河。下视万鬼,腐为蚁窠。千秋遗像,涕泗滂沱。空余后死,作尹公他。"刘辰翁高度概括了二人的非凡气节并寄寓了自己的无限哀思。

谢翱(1249—1295),字皋羽,晚号宋累,福州长溪(今福建霞浦)人,曾投文天祥幕下,为咨议参军。他作《登西台恸哭记》有云:"又后三年,过姑苏。姑苏,公初开府旧治也,望夫差之台而始哭公焉。又后四年,而哭之于越台。又后五年及今,而哭于子陵之台。"全文哀婉动人,情真意切,隐晦地表达了对文天祥勤王失败的满腔沉痛悲愤之情,感人至深。

元代一些大臣也对文天祥表达了由衷的敬意。虞集(1272—1348),字伯生,号邵庵、道园,世称邵庵先生,江西崇仁人,官至奎章阁侍书学士。虞集作有《挽文文山丞相》诗,对南宋的灭亡和文天祥的逝去表达了一种痛苦无奈而又复杂的感情,其云:"徒把金戈挽落晖,南冠无奈北风吹。子房本为韩仇出,诸葛安知汉祚移。云暗鼎湖龙去远,月明华表鹤归迟。何须更上新亭饮,大不如前洒泪垂。"(此诗版本参见虞集《道园遗稿》。《文山先生全集》作《哭文丞相诗》,"安知"作"宁知","何须"作"不须","新亭饮"作"新亭望","洒泪垂"作"洒泪时")苏天爵(1294—1352),字伯修,人称滋溪先生,真定(今河北正定)人,官至行省参知政事。苏天爵撰有《文丞相画像赞》,对文天祥的高风亮节进行了礼赞,其云:"早游学宫,即思尽忠。入对大廷,直言匪躬。行都之召,天命已改。倡义兴师,奋起岭海。如人初疾,委之庸医。及陷于危,卢、扁何施?慷慨伏节,从容就死。表著臣则,张皇人纪。彼士肤敏,富寿安荣。肃瞻公像,凛然犹生。"

非但如此,元代官方还让文天祥入祀祠堂,此举有助于文天祥正气风范的宣扬。《文山先生全集》卷之十七载:"至治三年(1323)癸亥,吉安郡庠奉公貂蝉冠法服像,与欧阳文忠公修、杨忠襄公邦乂、胡忠简公铨、周文忠公必大、杨文节公万里、胡刚简公梦昱序列,祠于先贤堂,士民复于城南忠节祠增设公像。"

2. 明清以来,有关文天祥的纪念形式尤为丰富

明代,在统治阶级的提倡以及封建士大夫的鼓动下,祭祀文天祥的活动不再有所顾忌,且形式繁多,内容丰富。

首先表现在祭祀场所上。明代,庐陵、宣城、温州、汀州、潮阳、五坡岭、崖山、北京等地都新建或重修了文天祥祠,江右士大夫甚至会在祠中集会,祭祀文天祥。

其次表现在文人的传记、像赞以及志书中。永乐朝左春坊大学士胡广（1370—1418）参照元吉水人刘岳申的《文丞相传》和《宋史》本传，作《丞相传》，详细地描绘了文天祥经天纬地的勤王事迹和取义成仁的光辉形象。李贽（1527—1602）也慨然为文天祥作传。明代文天祥像赞分为两类，一是与他人共同受赞，如余学夔（1372—1444）的《文丞相、蔡安抚二公像赞》；一是单独的像赞，如于谦（1398—1457）的《文山先生像赞》。明代修纂的《元史》，通过伯颜等人的传，塑造了文天祥的形象。一些地方志书则载入文天祥的事迹，如《崖山志》对文天祥的评价是："夫为忠臣，妇为烈妇。於乎！可以立人纪矣。"

清代，文天祥更是得到了乾隆皇帝的充分肯定："才德兼优者，上也；其次，则以德为贵，而不论其才焉……当宋之亡也，有才如吕文焕、留梦炎、叶李辈，皆背国以降元，而死君事、分国难者，皆忠诚有德之士也。然此或出于一时之愤激，奋不顾身以死殉之，后世犹仰望其丰采。若文天祥，忠诚之心不徒出于一时之激，久而弥励，浩然之气与日月争光。盖志士仁人欲伸大义于天下者，不以成败利钝动其心也。"

此外，从元至清，文天祥的故事在民间流传极广，成为戏剧、评书的重要题材之一，这也从一个侧面反映了文天祥在后世的巨大影响力。

总之，以文天祥为代表的"以天下为己任"的士人形象，被后世广为褒扬并树立为士大夫的楷模。文天祥"舍生取义"的选择成为社会普遍认同的浩然正气，逐渐成为民众自觉参照和遵循的人生价值标准。文天祥的精神已融入中华优秀传统文化之中，并成为一面旗帜，激励着一代又一代中华优秀儿女前赴后继，勇敢斗争，谱写了一曲荡气回肠的中华正气长歌。

第三节　庐陵人的忠义爱国

庐陵正气，由来已久。宋末文天祥不是孤例，而是庐陵千百年来忠节风范的杰出典型。据光绪《吉安府志·人物志》载，庐陵忠节人物比比皆是，唐末五代有江檀、贺泰、宋齐丘，宋有欧阳修、欧阳珣、杨邦乂、胡梦昱，元有刘鹗，明有刘球，清有刘同升、郭纬经，等等。庐陵正气生生不息，代代相传。

一、主张民富才能国富的宋齐丘

宋齐丘（887—959），字超回（一作昭回），后改字子嵩，南唐庐陵人，出生于豫章(今南昌)。五代吴国时期任右仆射、中书侍郎、同平章事等职,南唐时期先后任左丞相、中书令,出任镇南军节度使,后招为太傅。卒年七十三。宋齐丘是庐陵历史上最早的一位丞相。由于晚年多次退隐九华山,陆游曾在《入蜀记》中写道:"南唐宋子嵩辞政柄,归隐此山,号九华先生,封青阳公,由是九华之名益盛。"

宋齐丘晚年入道,年轻时是一位勤于政事的改革者。五代十国是中国历史上动荡和分裂的时期。彼时干戈四起,加之各种水旱灾害,导致经济不振,民生凋敝。即使地处自然条件较好的吴国也难免出现满目疮痍的情状。时徐知诰(即李昪,888—943)掌管吴国实权,"自余庶政,皆决于知诰"。而宋齐丘恰巧深得徐氏欣赏,因此二人决定合力发起一场以经济改革为核心的社会革新。在古代,促进经济发展是改革的重心,也是帮助国家快速摆脱经济凋敝而变富强的唯一途径。所谓的发展生产、促进经济,无非是采取有关措施,努力恢复和发展农业生产。

在宋齐丘的建议下,徐知诰"宣颁布六条以率群吏",其内容包括定民科制、劝课农桑、薄征轻赋、禁止非徭,根据老百姓的实际状况制定相关政策措施,鼓励发展农业生产。尤其是轻徭薄赋,让百姓得到实惠,国家财政因为生产积极性的提高也相应有所提高。徐知诰的经济改革收到了很好的效果,金陵府(南京)一带"民庶丰实,郡邑安堵"。从此,宋齐丘更得徐知诰信任,他也在之后的改革中更加得心应手,制定了一系列变革措施。

首先,根据土地贫瘠分等次,不同等次定不同的税钱。"厥田上上者,每一顷税钱二贯一百文,中田一顷税钱一贯八百,下田一顷千五百。"在税收形式上,允许以实物折以金银。由于社会尚处恢复阶段,因此允许征收谷帛等抵交税金实物的规定既符合实际也受老百姓欢迎,调动了农民的生产积极性,促进了农业生产。

其次,提高丝织品的收购价格。宋齐丘在得知当时绢、绸、绵的市价后决定加价,将"绢每匹抬为一贯七百,绸为二贯四百,绵为四十文"。这一举措让百姓得到了实惠,自然获得百姓的拥护。

再次,宋齐丘倡导废除"丁口税"。所谓"丁口税"是历朝历代都有的按人口数量抽税的一种税收方式。丁口税的废除,直接减轻了人们的经济负担,同时也预示人民对国家的人身依附关系有所松绑。

上述改革措施的施行,必然会遭到一些守旧派或利益既得者的强烈反对。有人忧心忡忡地说长此以往会导致国库空虚,甚至有人直言宋齐丘不懂理财、不懂经济,纯属瞎胡闹。宋齐丘和他们一一做了解释,他认为以往直接抽取金银的做法不仅会增添百姓负担,还会挫伤百姓的生产积极性。只有百姓富裕起来了,生活好了,国家才会变得富强。民为邦之本,只有固本,才能兴邦。在徐知诰的支持下,宋齐丘提出的改革措施得到了较好的贯彻,因此吴国所在的江淮地区"不十年间,野无闲田,桑无隙地"。农业的快速发展带动了当地经济的繁荣,为后来的南唐小有富庶的局面立下了功勋,而宋齐丘的远见卓识和排除险阻的魄力受到世人的称赞。

二、直言弊政、为国为民的欧阳修

欧阳修(1007—1072),北宋著名的政治家、文学家、史学家,诗文运动的革新者和文坛盟主,唐宋八大家之一。官至参知政事、太子少师。谥号"文忠"。

欧阳修一生光明磊落、仗义执言,是庐陵文章节义典范之一。苏轼在《六一居士集叙》中说:"宋兴七十余年……而斯文终有愧于古。士亦因陋守旧,论卑而气弱。自欧阳子出,天下争自濯磨,以通经学古为高,以救时行道为贤,以犯颜纳谏为忠。长育成就,至嘉祐末,号称多士,欧阳子之功为多。"

庆历二年(1042)五月,欧阳修在《准诏言事上书》中提出"三弊五事",力主革弊兴利。

欧阳修首先直言不讳地指出君主不仅要善于纳言,更要纳言后果断行事。他说:"故为人君者,以细务而责人,专大事而独断,此致治之要术也;纳一言而可用,虽众说不得已沮之,此力行之果断也。知此二者,天下无难治矣。"在此基础上,欧阳修又指出当前存在的令人担忧的现实状况:辽和西夏屡次违背盟约、盗贼作乱、水旱灾害频发、民力衰极、财政枯竭,形势非常危险。欧阳修大胆指出当今皇上不会用兵、用将、用财、用御敌之策、用臣,而造成这种局面的根本原因在于"三大弊政":

"不慎号令"。欧阳修认为号令缺乏可行性和严肃性,导致有关政策措施的贯彻大打折扣,从而影响皇家的权威性。欧阳修反对朝令夕改,强调号令必须谨慎发出,一旦发出必须令行禁止,不能随便更改,如此才能树立皇家权威和国家公信力。

"不明赏罚"。欧阳修认为赏罚不明,必然导致不公,人心不服。"赏及无功则恩不足劝,罚失有罪则威无所惧……赏罚如此,而欲用人,其可得乎?"欧阳修觉得赏罚应该有一定的标准和边界,不分对象、程度和性质而乱奖乱罚最终会导致无可用之人。如果无功也奖赏,则失去了鼓励的用意。反之,一点小过失就定罪惩罚,则是滥用法律,会令法律失去威严。

"不责功实"。欧阳修认为与不明赏罚、不慎号令相联系的一大弊端是不追究实际功效而导致虚政的产生。例如朝廷多次大规模征兵,但征召的兵丁多为"老弱病患、短小怯懦者";又如朝廷要求各地迅速打造大批军械,导致各地为了交差而以次充好;等等。

欧阳修还说这三个弊端会形成恶性循环,而其根源就在于统治阶级上层,"因循于上,则万事弛慢废坏于下"。

最后,欧阳修还指出急需解决的"五事"(兵、将、财用、御戎之策、可任之臣),希望皇帝能够为天下苍生着想而明赏罚、责功实。欧阳修提出的革弊主张和对时局的清醒认识获得了明人的称赞。归有光《欧阳文忠公文选》卷一引徐文昭评语说:"天下国家之经略具焉,千秋万世之药石备矣。"茅坤《唐宋八大家文钞·欧阳文忠公文钞》卷一也称:"欧公经略,已具见其概矣。"可惜的是,当时的宰相吕夷简因循守旧惯了,对于欧阳修的上书充耳不闻。直到庆历三年(1043)吕夷简罢相,欧阳修才作为范仲淹推行庆历新政的重要帮手,获得施展政治抱负的空间。

关心国事、忠谏直言是欧阳修的一贯做法。庆历三年(1043)前后,由于宋和西夏长期对峙,一些大臣提出议和以靖边事。欧阳修知悉后非常愤慨,写了一篇《论西贼议和利害状》,流露出对时事的焦虑,并提出了自己的应对设想。"方今不羞屈志、急欲就和者,其人有五:一曰不忠于陛下者欲急和,二曰无识之人欲急和,三曰奸邪之人欲急和,四曰疲兵懦将欲急和,五曰陕西之民欲急和。……此四者,皆不足听也。惟西民困乏,意必望和,请因宣抚使告以朝廷非不欲和,而贼未逊顺之意,然后深戒有司,宽其力役可也。"宋仁宗对于欧阳修直言相谏的风格非常欣赏。吴充《欧阳公行状》载:"仁宗既进退大臣,欲遂改更诸事。公(欧阳修)感激恩遇,知无不言。"《宋史》本传则载:"修论事切直,人视之如仇。帝独奖其敢言,面赐五品服,顾侍臣曰:'如欧阳修者,何处得来?'"

欧阳修的仗义执言不避亲不避贤,为了体恤百姓辛苦、士卒安危,他甚至对有恩于他的晏殊也有所质疑。庆历元年(1041),宋朝和西夏的战事尚未结束,时任枢密使、手握军权的晏殊在一个雪天设宴招待欧阳修等人。欧阳修即席赋诗，作了一首《晏太尉西园贺雪歌》，其中几句写道："主人与国共休戚，不惟喜悦将丰登。须怜铁甲冷彻骨，四十余万屯边兵。"显然这几句是为在风雪中戍边的将士发声，矛头所指，不言而喻。宋人魏泰在《东轩笔录》说，欧阳修一向与晏殊关系融洽，然而自从这次赏雪赋诗后，两人的关系便有了微妙的变化。欧阳修和晏殊的关系是否失和姑且不论，其挂念将士的安危而不惜以诗文的形式向晏殊反映并提醒，足见爱民是出于公心而非义气。

欧阳修的直言风范激励了一代又一代的庐陵人，使他不仅成为文章的模范，更是忠臣的典型。

三、抗金报国志士欧阳珣、杨邦乂和胡铨

庐陵人的忠义爱国精神在遇强敌入侵时体现得尤为突出。北宋末年抗金英雄欧阳珣和爱国名臣杨邦乂、胡铨等先后辉映庐陵史册。

赤胆忠心的欧阳珣。欧阳珣（1081—1126），字全美，又字文玉，号欧山，吉州庐陵人，崇宁五年（1106）进士。元符三年（1100），欧阳珣率族人建潘湖仁颖书院，并任书院山长，后受荐至东京（今河南开封）为官。靖康元年（1126），金军南下渡过黄河，逼近东京。面对危局，白时中、李邦彦等朝廷重臣主张割地求和。欧阳珣闻讯立即与李纲等人联名上奏进谏曰："宗祖之地，寸土不可与人。"欧阳珣由此成为主战派的得力干将之一，并与李纲一起率军民奋力抵抗，取得了东京保卫战的胜利。东京保卫战后，李纲遭到主和派的排挤和诬陷，被贬到南方任职。不久，金军再次包围东京，宋钦宗惶惶不知所措，急忙召集大臣商讨对策。胆小怕事的主和派大臣再次主张割地赔款。对此，欧阳珣依然坚决反对，他提出要为朝廷尊严和国家利益而战。欧阳珣慷慨激昂地指出，金人的目的不仅仅在于掠夺土地，而是灭亡宋朝。如果战败丢失了领土，以后还有机会收复；如果不战而直接拱手割让领土，那么以后就无法收复故土了。然而，软弱的宋钦宗答应了割地赔款的事项。这年十一月，在金军统帅的要求下，宋钦宗亲往金营递送降表。为了侮辱和惩罚欧阳珣，主和派以朝廷名义任命欧阳珣为将作监丞，并作为割地赔款大使前往深州交接。欧阳珣明知是陷阱，但依然义无反顾，决心以死报国。

抵达深州城下后，欧阳珣想到朝廷将土地白白相送，便放声恸哭。他告诫城上的守军说现在朝廷奸臣当道，自己即便是死，也绝对不会做出割地求和，有

辱国体的事情,希望守城军民团结一心,严防死守。城破,欧阳珣被活捉。金兵用尽了各种威逼利诱的手段,妄图迫使欧阳珣归顺,但他大义凛然,视死如归,不为所动。最终,金军将他活活烧死,欧阳珣就此殉国。

欧阳珣为国捐躯后,后人为了纪念他这种大无畏的献身精神和英雄气概,在庐陵修建了监丞祠,加以祭祀。南宋欧阳守道以及明代罗洪先等人对于欧阳珣的风范均有所称扬和记载。

不畏强敌的杨邦乂。杨邦乂(1086—1129),字希稷(一作晞稷),吉水人。政和五年(1115),以舍选登进士第,先后任婺源县尉,蕲州、庐州、建康三郡教授,溧阳县令,建康通判等职。

建炎三年(1129)十一月,完颜宗弼率领金军南下攻打乌江,威胁建康。守城大臣杜充、李棁、陈邦光等献城投降,只有杨邦乂不愿就范。他咬破手指,在衣襟上血书"宁为赵氏鬼,不作他邦臣"。金人见杨邦乂不为所动,就改用官爵诱惑。杨邦乂以头部撞击屋柱以明志,口中大喊:"速杀我!"金人又命李棁、陈邦光等前来劝降,但杨邦乂正气凛然,始终不屈服。完颜宗弼亲自劝降,杨邦乂破口大骂。完颜宗弼大怒,命人将杨邦乂剖腹取心。杨邦乂慷慨就义,年仅四十四岁。宋高宗闻知杨邦乂壮烈殉难的事迹,赐其谥号"忠襄",并下令造墓、建祠、立碑。

对于杨邦乂的舍身为国,清人张时泰评论道:"邦乂之违充(杜充)等,而独致忠死节,至今犹有生气。史于是时,一书降,一书死,亦足以诛充等,而显褒邦乂于万古也。"杨邦乂的忠烈精神必将激励后人的爱国热情,他的大无畏气概令后世敬仰!

乞斩奸佞的胡铨。胡铨(1102—1180),字邦衡,号澹庵,吉州庐陵人。胡铨自幼聪慧,建炎二年(1128),宋高宗在淮海策问进士,胡铨对以万言。皇帝为之惊异,本来欲选为第一,被嫉恨者降为第五。绍兴五年(1135),胡铨被任命为枢密院编修官。绍兴八年(1138),金廷准备发兵南下,派遣张通古为江南招谕使前来洽谈和议事宜。彼时朝野内外,议论纷纷,以宰相秦桧为首的主和派占了上风。胡铨闻讯后,立马呈上《戊午上高宗封事》奏疏,疾言厉色地指出不得和谈,必须将王伦、秦桧及孙近三人斩杀以平民愤、激士气。胡铨的这篇奏疏写得淋漓酣畅、义正词严、感情饱满、气势磅礴,足以令奸佞闻之丧胆,忠义之士为之振奋。据说金国闻说后,竟以千金购买,阅后"君臣失色",连呼"南朝有人",

"中国不可轻"。

然而,胡铨的《戊午上高宗封事》惹恼了秦桧及其党羽。他们诬蔑胡铨"狂妄凶悖,鼓动劫持",将其先除名,打算贬至昭州(今广西平乐)。后秦桧迫于公论,将胡铨转至监广州盐仓。绍兴十二年(1142),由于谏官罗汝楫的弹劾,胡铨被贬谪到新州(今广东新兴)。绍兴十八年(1148),新州守诬胡铨"谤讪、怨望",胡铨被贬到位置更加偏远、环境更加恶劣的吉阳军(今海南三亚)。八年后,秦桧死,胡铨才得以转至衡州(今衡阳)。高宗死后,宋孝宗即位,重新起用一批主战大臣,收复中原失地,胡铨也被任命为饶州知州。在一次召对中,胡铨提出"修德、结民、练兵、观衅"四策应对时局,宋孝宗认为胡铨正直诚信,让他留在吏部任职。隆兴元年(1163),南宋北伐受挫,宰相汤思退等人又重弹和议老调。同年,宋孝宗向群臣征求意见,当时"侍从、台谏预议者凡十有四人,主和者半,可否者半,言不可和者铨一人而已"。胡铨再次成为反对和谈的有生力量,并向宋孝宗上书,称:"一溺于和,不能自振,尚能战乎?"

胡铨的敢言善辩,忠义为国,体现了庐陵人的正气风范。宋孝宗乾道七年(1171),胡铨以资政殿学士致仕。淳熙七年(1180),胡铨卒于家,谥"忠简"。

胡铨以浩然正气和忠节风范,成了庐陵"五忠一节"的典范人物,永远受后人祭奠、缅怀。

四、爱国遗民刘辰翁

刘辰翁(1232—1297),字会孟,号须溪,吉州庐陵人。景定三年(1262)登进士第,曾任临安府学教授、中书省架阁。宋亡,隐居不仕。著有《须溪集》百卷。

刘辰翁的庐陵正气,主要表现为一种遗民文人的爱国志节。这种文人风骨不是直面敌人大义凛然、轰轰烈烈,而是以笔为刀枪,抒发自己的爱国情怀,痛斥权奸。

德祐元年(1275),宋军在与元军的作战中节节败退,朝野纷纷要求太师贾似道亲征,以鼓舞士气。贾似道率领大军十三万,战船数千艘,驻扎在鲁港(今安徽芜湖西南),坐镇指挥。岂料甫一开战,宋军便溃不成军,贾似道闻讯后慌忙命令开船逃跑。失去了指挥的宋军在鲁港几乎被全歼。时居庐陵的刘辰翁听说后,立马挥就一阕《六州歌头》,寄寓对国事的关切和对权奸的痛恨。

向来人道,真个胜周公。燕然眇,洺溪小,万世功,再建隆。十五年宇宙,宫中赝,堂中伴,翻虎鼠,搏鹯雀,覆蛇龙。鹤发庞眉,憔悴空山久,来上东封。便一朝符瑞,四十万人同。说甚东风,怕西风。

甚边尘起,渔阳惨,霓裳断,广寒宫。青楼杳,朱门悄,镜湖空,里湖通。大纛高牙去,人不见,港重重。斜阳外,芳草碧,落花红。抛尽黄金无计,方知道、前此和戎。但千年传说,夜半一声铜。何面江东。

该词叙述了贾似道兵败鲁港之事,对贾之无能进行了揭露和嘲讽。贾似道兵败鲁港之事见载于《宋史·贾似道传》。贾似道擅权弄国,退朝时连皇帝都要起身目送贾似道离开才坐下,朝中大臣更是明哲保身,几乎无人敢触其锋。而刘辰翁却能以布衣的身份大胆揭露贾似道欺上瞒下、误国误民之举。刘辰翁在词作中采用"赋"的手法,直陈其事,直抒己见,以词纪事,以词纪史,以词为檄文,其奋勇令公卿士大夫汗颜。

宋亡后,刘辰翁善于用细腻曲折的笔调抒发自己对前朝的无限怀念与感想,其中对京城故物的追思便是一种。作为遗民的他只能在梦里、诗文中吟咏、凭吊古都风物,从而形成一个"临安情结"。刘辰翁对国土沦丧、江山易主痛心疾首,"临安情结"无疑就是他这种遗民创痛心态的表露。他在《江城梅花引》中写道:"相思无处著春寒。傍阑干。湿阑干。似我情怀,处处忆临安。"词人在春寒料峭的时节,将对故都的思念化作了捧捧热泪,一想起过去、想起故都就不禁泪洒大地。

刘辰翁对元宵佳节的思念与感怀也是他遗民爱国心态的一种特殊表达。他在元至元二十年(1283)元宵节作的《唐多令》中忆及自己"年少总看灯",可元代统治者禁止民间元宵放灯,昔日"见说城中处处灯"(《长相思·喜晴》)的刘辰翁也只能"怀古恨依依"。因此,诉说元宵或赏灯也便成了刘辰翁隐逸之后寄寓亡国之思、抒发遗民之痛的一种特殊方式。

遗民刘辰翁遭逢家国巨变,除了心理受到冲击外,还必须面对颠沛流离的人生旅途。德祐元年(1275),刘辰翁避地虎溪,丙子年(1276)离虎溪在外漂流,至景炎二年(1277)重返庐陵。饱经世事沧桑的他对这多难的社会有更多的感悟。

景炎元年(1276)中秋节,在外地漂流的刘辰翁作《烛影摇红·丙子中秋泛月》一阕,表达自己对国破家亡的无奈之情:

明月如冰,乱云飞下斜河去。旋呼艇子载箫声,风景还如故。袅袅余怀何许。听尊前、呜呜似诉。近年潮信,万里阴晴,和天无据。

有客秋风,去时留下金盘露。少年终夜奏胡笳,谁料归无路。同是江南倦旅。对婵娟、君歌我舞。醉中休问,明月明年,人在何处。

词人漂泊在外,适逢中秋,月色美好,青光如冰,与友人乘着月色泛舟江上。"风景还如故"用"风景不殊,举目有山河之异"的典故,寓含亡国的悲愁。苏轼《赤壁赋》云:"渺渺兮余怀""其声呜呜然,如怨如慕,如泣如诉",词人借以表达国破家亡的流离之悲。"有客秋风"以汉武帝喻宋代皇帝,因汉武帝写过《秋风辞》,李贺《金铜仙人辞汉歌》中也有"茂陵刘郎秋风客"的诗句。"去时留下金盘露"暗指北宋徽、钦二帝被俘北去之事。胡笳曲令人断肠,引人思归,可谁料今日竟然坠入无路可归的境遇。因此姑且取酒尊前,歌舞相娱,聊以解忧,不必担忧明年去何处赏月。此处反用苏轼"此生此夜不长好,明月明年何处看"(《阳关曲·中秋作》)词意,有羁旅漂泊之感慨。

逃亡途中,面对无可捉摸的飘零命运,刘辰翁更是抒发了对亲友的思念。如《临江仙》:

睡过花阴一丈,愁深酒力千钟。梦魂不得似游蜂。瓶花无密约,到处自神通。

天上西湖似锦,人间骄马如龙。今年不与去年同。飘零终不恨,难与故人逢。

词人漂泊在外,在多灾多难的社会中,只好借酒来化解自己独居在外、想念故友亲朋的心绪,无奈即使借酒浇愁也无法如游蜂一样逍遥。词人又回想起天上人间的繁华盛世,字里行间满是悼古伤今的情怀。于是,词人将家国之恨转为身世之悲,发出"今年不与去年同"的感慨,化用刘希夷"年年岁岁花相似,岁岁年年人不同"(《代悲白头吟》)诗意,寄寓自己年复一年老去的哀伤。"飘零终不恨"是反语,其实是对现实无可奈何的妥协。词人幻想能在他乡遇故知,互道珍重,诉说亡国之恨,可惜就连这一点残存的希望也最终破灭。

元大德元年(1297),刘辰翁有感于元宵佳节,作《宝鼎现·丁酉元夕》,寄寓自己满腔的亡国之痛,是为绝笔。不久,这位爱国词人的一生便走到了尽头。他的守正不屈、刚介有节的形象和对国家无限眷恋之精神永远值得后人传扬。

五、铮铮铁骨李时勉

李时勉(1374—1405),名懋,以字行,号古廉,吉安安福人。永乐二年(1404)进士,参与编修《太祖实录》,书成授刑部主事,改翰林侍读。永乐十九年(1421),上书反对迁都北京,下狱。洪熙元年(1425),复因言事忤仁宗,下狱。宣德初复官,官至国子祭酒。

李时勉耿介刚直,多次犯颜进谏。永乐十九年(1421),皇宫三大殿失火。当时明成祖正在全国大张旗鼓地征调民工修建北京城,准备迁都。这次火灾让他认为异祸起恐因政事失误所致,于是下令大臣直言弊政。绝大多数大臣虚与委蛇,不敢指陈弊病,而李时勉却一连进献十五条建议,如停止营建新都、考核淘汰冗员、清理狱事、罢黜赃官、遣散僧道、优恤军士等。这些建议所涉及的事项切中时弊,有助国家,因而绝大多数被采纳。但"停止营建新都"一条直接触怒了明成祖,一些投机的大臣和对李时勉有看法的政敌趁机诬陷中伤,致使其被关进牢狱,后在朝中阁老杨荣的保荐下李时勉才得以官复原职。

明仁宗朱高炽即位后,决心要干一番事业,召集大臣要求直言国事。时任翰林学士侍读的李时勉忠谏如故,他向仁宗上奏疏,内容涵盖节民力、谨嗜欲、勤政事、务正学四事。因为事事触及仁宗不足之处,仁宗感到难堪,于是借口"不知所指云何"将李时勉押至大殿问罪,并命武士用金瓜将李时勉的肋骨砸断三根,投入锦衣卫狱,李时勉几乎丧命。出狱后,李时勉改任交趾道御史。明宣宗即位后,对一贯率性言事的李时勉也没有什么好感。当有人谈及李时勉过去多次触怒仁宗时,明宣宗大怒,令人将李时勉缚来处死。在面对明宣宗的质问时,李时勉铁骨铮铮,说了自己劝谏明仁宗的六件事。明宣宗有感于李时勉的忠诚,当场就赦免了他并恢复他翰林侍读的官职。

正统三年(1438),李时勉升为翰林学士。又三年,任国子祭酒。李时勉曾经撰写论文说:"夫文章之见重于世,以其人也。苟非其人,虽美而博(一作传),反以为病矣。杨(扬)雄、柳子厚、王安石,文非不美也,人或因是而訾之,由其所行悖焉耳。董仲舒、诸葛孔明、陆贽、范希文之流,读其书,思其人,恨不生其时,听其论议,以求其益,则其文章之存与日月争光可也,谁得而议焉。"

正统十二年(1447),李时勉以国子祭酒致仕。景泰元年(1450),李时勉卒于乡,谥号"文毅"。成化五年(1469),赠礼部左侍郎,改谥"忠文"。

李时勉的铮铮铁骨令后人敬仰不已。明代诗文家彭韶作《国子祭酒文毅李公赞》曰:"于乎刚士,浩然正气。博闻有养,学自中秘。危言峻行,历事四帝。臣身百折,臣心不替。"的确如此。他的忠节风范激励后世庐陵人为国家、为民生不惧艰险,勇往直前。

六、不畏强暴的刘球

刘球(1392—1443),字求乐,更字廷振,号两溪,吉安安福人。永乐十九年(1421)进士,历任礼部主事、翰林侍讲。正统初,宦官王振欲征麓川,刘球力谏,被投入诏狱肢解而死。景泰初,谥"忠愍"。著有《两溪文集》二十四卷。

刘球年少时即洁身自好,砥砺名节,办事颇有条理,又谙习各种礼仪规章制度。正统元年(1436),朝廷急需用人,广招天下之才。刘球被礼部尚书胡濙举荐参与修订《宣宗实录》,后改任翰林侍讲。京师发大水,刘球力陈筑堤泄洪的策略,明英宗深以为然,很好地加以采纳。正统六年(1441),瓦剌部常常骚扰边境,多次借口进贡而谋划入侵。刘球对此非常忧虑。一波未平一波又起,西南的麓川一带又常常爆发边民暴乱,令人不胜其烦。宦官王振主张以大军武力征服。刘球却认为要使边远地区的人民安服,不应该动辄用武,以免殃及无辜的老百姓;真正应该警惕的倒是北方的瓦剌部。因此,刘球希望能够以招降的方式而息兵——这种看法与王振相左,也让王振对他心生忌恨。

正统八年(1443),雷电将奉天殿的鸱状屋角击碎,明英宗下诏令群臣直言弊政,刘球力陈十事,其中一条是说"权力不可以下移",暗指王振擅权。时刘球的同乡彭德清因投靠王振而飞扬跋扈,气焰嚣张,大部分乡人前往彭府拜见,唯独刘球无动于衷。彭德清心中暗恨,故意挑拨刘球与王振的关系,导致王振对刘球更加嫉恨。王振将刘球打入牢中,并暗中矫旨指使锦衣卫指挥使马顺杀掉刘球。刘球知道来者不善,疾声大呼太祖、太宗。马顺见状用刀砍断了刘球的头颈。即使身首异处,刘球的身躯仍然直立着。丧心病狂的马顺遂将刘球肢解,妄图毁尸灭迹。刘球被害后,同监的董璘将刘球的血衣秘密偷出送给刘球家人。

刘球死后几年,瓦剌部果然入侵,明英宗御驾亲征被俘,史称土木堡之变。那些残害刘球的人也获得了应有的下场:王振在土木堡为乱兵所杀;马顺在朝堂上被群殴致死;彭德清病死在狱中,死后朝廷下诏戮其尸于众。

尽管惨死在宦官的阴谋当中,但是刘球不畏强暴的事迹传唱在庐陵的每一寸土地上。

七、铁胆忠心的刘铎

刘铎(1573—1626),字我以,号洞初,江西庐陵人。他天资卓荦,相貌非凡,非常热爱阅读古今书籍,小时候便能作诗填词写文章。20 岁左右,他在童子试中名列第一,补为庠生。

刘铎生性豪宕,狂放不羁,傲睨一世,仕途并不顺利。他平生注重与有气节之士交往,与人交谈往往兴致勃发,指点江山,锦绣图景,犹在眼前。万历三十四年(1606)举于乡试,四十四年(1616)登进士第。初授刑部主事,出使陇右。后又任刑部郎中,负责法务。刘铎忠于原则,光明磊落,铁面无私,执法如山。当时有商人被太监诬陷处死,刘铎秉公执法,正义凛然,力陈太监罪行,要求法办。此举触逆了当时权倾天下的魏忠贤,刘铎被贬到扬州。刘铎在扬州上任三个月,即获得士民的称颂。魏忠贤听说后,非常生气,授意田尔耕以刘铎作诗诽谤自己为借口,派遣锦衣卫前往捉拿刘铎下狱。扬州士民听说后,纷纷堵在大道上,甚至有人打算前往京城为刘铎鸣冤叫屈。刘铎却宽慰百姓,让他们各自回家。到朝廷后,刘铎据理力争,皇帝深感刘铎的正义,于是将其无罪释放,官复原职。魏忠贤原本希望刘铎能向自己谢罪,岂料刘铎竟然不见人影,这令魏忠贤十分嫉恨。后来,魏忠贤又找借口将刘铎下狱。在审问时,刘铎傲气十足,不肯俯首下跪。这让魏忠贤恼羞成怒,于是又说刘铎散布巫蛊之毒,严令其党羽、刑部尚书薛贞对刘铎严刑拷打,逼迫刘铎认罪。刘铎丝毫不为所动,始终未招供一个字,还指着薛贞的鼻子怒骂。刘铎的妻子萧氏打算去击鼓鸣冤,可惜又被阉党倪文焕抓捕,转而求人上书代告,也为人所阻。魏忠贤在毫无供词的情况下,竟矫诏将刘铎斩于西市。刘铎被押赴西市刑场时,萧氏与子女赶赴刑场。刘铎见状,只是叮嘱儿子、女儿要不辱门风,好好读书,并表示自己怒斥阉党乱政,死而无憾。临刑前,刘铎大骂阉党并口占一律:“大限年来五十三,翻身跳出是非关。魂魄先从三岛去,诗书悉付六丁担。无棺任凭鱼腹葬,有骨徒教野狗衔。龙逢比干归泉下,此去相逢面不惭。”第二年,明思宗即位,剪除阉党,念及刘铎忠节,特赠太仆寺少卿,下诏要求厚葬。直到此时,萧氏才得以扶刘铎枢南归故居。二十余年后,刘铎的女儿刘淑英将刘铎遗稿《来复斋稿》付梓。

刘铎一生英伟有奇气,忠肝铁胆。明末诗人瞿式耜评论道:“豪迈奇放,忠义性植。当未仕时,尝闻时事,便慨然叹曰:‘大丈夫不立功异域,不登天子堂。’每每击镡倒舷,浩然狂呼,旁若无人。其突兀愤郁之气,时复发于草书。挥毫淋漓,奇矫绝列。今字内有获其只字,不啻王夷甫五百年后笔也。”

忠贞义气的庐陵人众多。尤其在明代,永乐年间内阁首辅、善献忠言的吉水人胡广(1370—1418),历事三朝、参与机务、心忧天下的永新人刘定之

(1409—1469),犯颜直谏、为民解忧的吉水人罗侨(1462—1534),江右王学领军人物、直言被贬的安福人邹守益(1491—1562),敢揭皇帝短处的东林党首领、吉水人邹元标(1551—1624),等等,如满天星斗,熠熠生辉。他们的忠节正气激励着一代又一代庐陵人,他们的精神也汇进了中华民族不屈不挠、爱国奉献的精神长河,必将永远传承发扬。

第四节　庐陵人的清正廉明

清正廉洁,奉公爱民,也是庐陵正气的一种表现。千百年来,庐陵一地涌现出的清廉之人不胜枚举,他们刚正有守、廉洁奉公、勤政为民,为庐陵正气的传承与弘扬添砖加瓦,彪炳史册。

一、慷慨献书的鲁崇范

鲁崇范(生卒年不详),南唐庐陵县(今吉安县)人,官至东宫使。

鲁崇范祖上经济条件较好,后来家道中落,到鲁崇范一代时已较为穷困,然而他酷爱读书。马令《南唐书》本传云:"灶薪不属,而读书自若。"家里物质条件一般,而鲁崇范以典藏九经和史书自富,并且殚精竭虑,一一加以考校。南唐初年,社会久经战乱,流传的典籍大多数毁于兵火或散佚,很难见于市面,即使首都金陵(今南京)的官学图书储备也是参差不齐,残缺甚多。对此,南唐烈祖李昪下令遍求寻访,以充国库。时任刺史的贾皓便向鲁崇范购买了大量藏书进献给朝廷,并且打算推荐鲁崇范担任一定的官职,可惜上级不允。为此,贾皓决定给鲁崇范一笔丰厚的征用典籍的费用。鲁崇范闻说后,笑着说:"坟典,天下公器,世乱藏于家,世治藏于国,其实一也。吾非书肆,何估直以偿耶?"言下之意即是图书典籍都是天下人可共用的公器,没必要独霸不示人。社会动乱时就收辑藏于民间,国家安定时就应当贡献出来给国家馆藏。藏于私人和藏于国家,其实都是为了避免典籍散佚。鲁崇范还认为自己不是书商,不需要以书价当报酬。贾皓听了鲁崇范的一番话,又敬又愧。他说:"俗吏浼浊,以遗先生羞。不然,何以见高义?"鲁崇范的无私和慷慨让刺史贾皓对他平添几分敬重,于是与他一同前往金陵觐见李昪。李昪非常赞赏鲁崇范这种以国家利益为重的风范,特地授予其太子洗马的职位。中主李璟即位后,让鲁崇范出任东宫使。

鲁崇范向来以清介著称，为人慷慨大方。他常常将薪俸捐助给亲朋故旧，自己则一生清贫，除却藏书，身无长物。

二、清正孝廉的欧阳观、欧阳晔

欧阳观（952—1010），字仲宾，吉州庐陵人，欧阳修的父亲。欧阳观"少有辞学"，多次应举，成绩都名列前茅。宋真宗咸平三年（1000）登进士第，先后任道州（今湖南道县）判官，泗州（今安徽泗县）、绵州（今四川绵阳）推官，最后任泰州（今江苏泰州）判官。

欧阳观生性仁厚，事亲至孝。据说每年祭祀父母时，他总是涕泗滂沱，无比悲痛。欧阳观的官职多为军事推官，与狱事关系密切。他能够秉公执法，并善于学习历史先贤经验，常常"夜烛治官书，屡废而叹"。为了防止冤假错案的发生，欧阳观废寝忘食，任劳任怨，一丝不苟，熬夜加班是常态。虽然铁面无私，但对于不该判死刑的死刑犯，欧阳观往往又生恻隐之心，"每思求其生"，希望能够在法令允许的范围内为对方寻求活路。

欧阳观为官清正廉明，为人却乐善好施。他喜欢结交各种宾客，视金钱为身外之物，即使俸禄有限，也常常要招待好来客。在绵州任推官三年间，所有的薪饷除维持生计外，基本用于结交朋友，几无积蓄。当时许多官吏在绵州置办了产业，而欧阳观离任时只购买了一幅织有《七贤图》的蜀锦，权当纪念。欧阳观一生奉行勤俭节约，对于物质的追求适可而止，知足常乐。他常感叹："昔常不足，而今有余，其何及也！"大中祥符三年（1010），欧阳观不幸染病身亡。后以子欧阳修追赠崇国公。

欧阳观历官十余载，死后竟无余财奉养后裔，迫使欧阳修母子投靠叔父欧阳晔，其清正廉洁可想而知。后来，欧阳修终生主张宽简爱民、节俭奉公，与其父亲欧阳观的廉洁节俭是一脉相承的。

欧阳晔（959—1037），字日华，欧阳修叔父。咸平三年（1000）与兄欧阳观同登进士第，大中祥符年间为随州推官。欧阳修和母亲曾依之。

欧阳晔勤政为民，尤善治狱事。有一次，随州闹饥荒。官府得知大洪山的奇峰寺中囤积了六七万石粮食后，即命欧阳晔前往查勘并按数量征税。由于数目庞大，僧人们无力支付，欧阳晔便笑着说："当今粮食歉收，人民饱受饥饿。如果你们能够将粮食悉数上缴官府，就可以挽救许多人的性命，我也就不征税了。"僧人们听后大喜，随即答应了欧阳晔的要求，那些灾民也得以活下来。

后来,欧阳晔调知桂阳监。当地有一桩因争船渡河而相殴致人死亡的积案,因无法确定杀人者而迟迟未能宣判,民愤极大,影响甚坏。为了早日给公众一个交代,欧阳晔决定亲自审理案件。为此,他预设了一个饭局,叫人将因此案被羁押的所有囚犯带出监牢,除去他们的枷锁让他们吃饭。待囚犯们吃完后,欧阳晔慰劳一番又命众囚犯回牢房,独留下一个人在院中。那个被留下的囚犯神色慌张。欧阳晔指着那个囚犯说:"杀人者,汝也!"接着,他详细分析了原因。欧阳晔说,经过仔细观察,发现刚才吃饭的囚犯都用右手拿筷子,唯独此人用左手,而死者的致命伤在右肋部,证明是被左撇子使用器械击杀所致。囚犯听欧阳晔这么一分析,知道瞒不住,只得认罪。

欧阳晔断案神速,办事公正果决,深得士民信赖。后来,他又历任黄州、永州都官员外郎,因欧阳修加赠兵部郎中。

三、清正刚强的刘实

刘实(1396—1461),字嘉秀,号敬斋,江西安福人。明宣德五年(1430)进士,入翰林。正统元年(1436)为金华府通判。天顺四年(1460)任南雄知府,因忤朝使宦官,被诬下诏狱,死,南雄人为之立祠。《明史》有传。

刘实为官耿介有声,清正有守,历官经年从不依附权贵。授金华府通判后,他觉得自己才力微薄,表示无法胜任,请求回乡侍奉双亲,但朝廷不允许。刘实在金华通判任上待了三年。三年来,他从不允许自己的妻子儿女随行,操守廉洁,颇有声誉。任上有一年发生旱灾,以致赋税无法及时收缴。官吏催租很急,常常迫使有的老百姓卖儿鬻女,以抵租赋。刘实得知后,立即给皇帝书写奏疏一道,希望能体恤民情,减免赋税。朝廷不但批准了刘实的请求,而且由官府出面,将穷人家的儿女赎回。刘实为民请命的做法获得了民众的爱戴。公务之余,刘实还喜欢批阅历代经史典籍,希望从中寻求吏治良方。同僚们见他如此专心痴迷,甚至有人暗中嘲笑。刘实闻后一笑了之,并不在意。郡内建有颜孝子(颜乌)、宗忠简(宗泽)和吕东莱(吕祖谦)祠墓,刘实派人专门修葺一番,以示对历代前贤的敬重。郡内有义门郑氏,因家族庞大且每年要给山西提供驿马,所以不能自给。刘实闻讯后,上疏免除了这个家族的赋税。

刘实的政绩获得了上面的肯定,不久擢升为顺天府(今北京)治中(与通判共同管理事务),景泰年间又被征召修《元史》。他凭借渊博的知识,用笔挥洒,秉持公心,无须咨询,而人事臧否恰到好处。天顺四年(1460),刘实知南雄府

（今广东韶关）。南雄府作为当时南北交通要道，往日的商业税即可达数万之巨，而这笔税收此前有大半落入守官的腰包。刘实上任后，将商业税的十分之一专门保存下来，用以修缮郡学学馆，没有私占一分一毫。过了几个月，宦官出使岭南，途经南雄府，希望得到刘实的厚礼，孰料刘实无动于衷。索贿不成，宦官非常嫉恨，于是大骂刘实不识抬举，并且威胁刘实。当地的老百姓听说后，纷纷奔走，替刘实求情谢过，并以身团团围住刘实，护他周全。宦官见状，只得作罢，心里却更加憎恨刘实。宦官离开南雄时，当地人都替刘实说话，指责宦官的无礼和巧取豪夺。宦官越想越怕，生怕有人告御状，于是快马加鞭回京城诬告刘实毁坏了敕书，犯了大不敬之罪。于是，皇帝命人将刘实逮捕并关进诏狱。在狱中，刘实不甘心无辜身陷囹圄，于是坚持上书，希望得到赦免。他慷慨激昂地写道："臣官三十年，未尝以妻子自随。食粗衣敝，为国爱养小民，不忍困之，因忤朝使。"奏疏上报后，皇帝有所触动，打算释放刘实。可惜，刘实还没等到皇帝的赦免诏书，竟死于狱中。

刘实清正刚强，甘心独守清贫。彭时评道："公躬过人之操履，立绝俗之矩仪。利诱不回，事愒不沮。"袁襄这样赞道："刘公，其古之遗爱欤！夫能使其民赴急救难如子弟之卫父兄，非素诚得其心，何以至此！其廉洁至一介不取，虽晋之二胡，蔑以加矣！"

四、坦荡有节的吴节

吴节（1397—1481），字与俭，号竹坡，江西安福人。为诸生时，偕刘球、李绍、王原受学于麻城鲍楚山。宣德四年（1429）乡试第一，第二年登进士第，选庶吉士授编修，秩满转太常卿兼侍读学士，景泰年间擢南京国子祭酒。

吴节年轻时曾也受教于慈溪陈敬宗。陈敬宗（1377—1459），字光世，号澹然居士，又号休乐老人。永乐二年（1404）进士，被选为庶吉士，与解缙等同修《永乐大典》，后擢刑部主事。迁南京国子监司业，进祭酒。陈敬宗向来以风节著称，以师道自任，立教条，革陋习，德望文章，名闻天下。天顺三年（1459）卒，谥"文定"。陈敬宗对待诸生以严厉著称，有时候也能辅之以宽柔，让诸子得到道德感化。在陈敬宗的教导下，吴节受益匪浅。

正统十四年（1449）秋七月，大宦官王振唆使明英宗仓促亲征瓦剌部。当时"宣谕出师，又明日即行"，事情的突然令"大臣仓卒不及言，各退以待"。结果第二天，皇帝亲征驾出，而"总兵官以下亦弗预知，军士俱无备，文武大臣皆匆匆失措而随之"。这次仓促出兵直接导致明军被围土木堡,明英宗直接被瓦剌部俘虏,损兵折将。而在这次事变中,吴节力陈时弊数十条,基本上都切中要害,深得世人赞誉。

吴节生性坦彝真率,平生耻言人过失。他常说:"虽大舜且隐恶扬善,况众人乎?"吴节博学擅文,任国子祭酒时,常教诸生必务经世致用之学,曾说:"词藻,末技,况所为举业文乎!"吴节为人简易质直,信人不疑,为文如为人,不追求华丽的辞藻,质实朴素。由于年幼失怙,全靠母亲抚养成人,吴节对母亲特别孝顺。他的儿子吴远也好学深思,登进士第,后为知府。丘濬(1421—1495)为吴节作铭云:"三代盛时,人行直道。任其天真,庸常是蹈。世降气漓,存者几希。懿哉先生,今之古人。我存古心,谓人皆然。官非不崇,学非不深。求先生者,当于其心。"

五、有古君子之风的彭时

彭时(1416—1475),字纯道,又字宏道,号可斋,江西安福人。正统十三年(1448)状元,授翰林院修撰,累官至少保。历明英宗、明代宗、明宪宗三朝,卒于成化十一年(1475),谥"文宪"。著有《彭文宪集》《可斋杂记》等。

彭时年少持重,端庄寡言,但少有宏志,读书发奋用功。彭时由乡试入荐国子学学习,时任国子祭酒李时勉非常欣赏他,说他日后必成宰辅。彭时资质朴茂,别无心机。按当时的规定,新科状元要在中状元后的当天傍晚上表谢恩,结果彭时坐到天明,然后"隐几而寐",睡过了头,错过了上朝的时间。纠仪御史见状,认为彭时不识时务、不成体统,奏请明英宗令锦衣卫捉拿治罪。幸亏礼部尚书胡濙上奏说,状元彭时未到,应派锦衣卫寻找而不是捉拿,彭时才得以幸免。

天顺元年(1457),明英宗复辟。这一年,曾被英宗称为"只是大胆"的岳正以及许彬相继被贬谪。一天,英宗在文华殿召彭时近榻询问:"你是(正统)十三年的状元吗?"彭时顿首回答:"某不才,实在惭愧,有负圣上拔擢。"英宗又问彭时年纪几何,彭时据实回答。英宗认为彭时正是大干事业的好时机,于是提拔其入内阁预机务。明代阁臣自"三杨"(杨荣、杨溥、杨士奇)后,进退之礼甚为轻微。当时被英宗亲自提拔的人,除了前文所述的岳正,仅彭时一人。岳正去职之后,英宗重用李贤入直文渊阁,并多次召李贤单独问对。李贤非常敬重彭时,每次和英宗谈话过后总是要和彭时再进行交流。两人在交流时难免意见相左,每每这时,彭时都疾言厉色,据理力争,毫不让步。李贤起初很是郁闷,久而久之,他对彭时敬佩有加,说:"彭公,真君子也。"

英宗非常欣赏彭时的君子风度和务实作风,一次筛选庶吉士,要求李贤尽用北方人,南方人必须得是像彭时这样的人方可。李贤将皇帝的旨意转告彭时,彭时深感不公。不久,宦官牛玉前来宣读圣旨。彭时非常气愤,立马责问牛玉:"南士出时上者不少,何可抑之?"他认为南方有才之士很多,如果人为打压有失公允。在彭时的建议下,这种打击南方人的做法有所改善,后来总共选了十五名庶吉士,有六个南方人(彭时《可斋杂记》说选了三个南方人)。后来有人借机诬陷李贤,要求罢免李贤的宰辅之位。英宗竟然默许,并说:"去贤,行专用时矣。"有人将此话转述给彭时,彭时一听立即上奏建议留住李贤,并说:"贤去,时不得独留。"英宗闻后,只好解除罢免李贤的命令。

彭时不仅有才、有度量、敢于谏言,而且非常同情弱势群体。天顺八年(1464)正月,明英宗身体欠佳,无法临朝议事,后来病情严重,开始交代后事。明代有殉葬制度,太祖、成祖、仁宗、宣宗、代宗死后都有嫔妃殉葬。当时殉葬的嫔妃要在宫中被缢死,然后装殓入棺从葬,她们便成了皇宫中的弱势群体。明英宗临终前口述遗嘱四项,其中"勿以嫔御殉葬"一项最令彭时感动。他激动地说:"所言关大体。非上英明不能及此,而止殉事,尤高出古今,真盛德事也!"

彭时为官数十年,一生光明磊落,廉洁奉公,是明代庐陵地区清正有守的杰出代表。

除了上述廉洁奉公之士,庐陵正直廉洁士人还有自律清廉的张敷华(1439—1508)、蔑视权贵的郭诩(1456—1532)、不贪权位的罗钦顺(1465—1547)、拒绝贪腐的郭汝霖(1510—1580)、严于律己的李邦华(1574—1644)、清贫如水的王言(1641—1711),等等,数不胜数。

浩然正气、忠勇爱国、清正廉明成了庐陵传统文化精神的重要组成部分。千百年来,庐陵士人秉承这股正气奔走在耕读、求学、为官、戍边的道路上,为庐陵地域乃至全省、全国贡献自己的力量。

第三章　庐陵教育与科举

第一节　庐陵教育发展简史

一、概说

　　庐陵地区人才辈出,于史斑斑可载。南宋文学家岳珂曾称颂道:"庐陵号多士,儒先名臣,古今辈出。"可以说,庐陵文化重要的特色之一就是名人荟萃、文风鼎盛。这里曾因宰相尚书多、状元进士多、文章诗词多、节士名臣多而著名,如宋齐丘、欧阳修、刘沆、杨邦乂、胡铨、周必大、杨万里、罗大经、欧阳守道、刘过、刘辰翁、文天祥、曾安止、解缙、胡广、杨士奇、周忱、陈循、彭时、罗洪先、罗钦顺、何心隐等历史名人都是庐陵人。五代开科以来,庐陵地区考取了 2747 名进士,其中状元 17 名、榜眼 16 名、探花 14 名。南唐以来,自宋齐丘以下,庐陵有正、副宰相级别政治家 19 人,至于尚书、巡抚、知州之类则难以计数。这一切的辉煌,都与古代庐陵教育分不开。故本书将庐陵的教育与科举并置于一章来谈,亦是考虑到其内在的关联性。(编者注:本段进士和宰相数据参照刘仁远主编的《庐陵文化博览》之附录)

　　庐陵教育起步并不是很早,严格地说,庐陵教育的起点应该追溯到唐代。隋唐以前的庐陵教育,可以说是处于一种萌芽状态,因为这个时候的庐陵地区被归为蛮荒之地,人烟稀少,遑论教育。唐以后,庐陵所处的赣中地区的经济开始得到较快发展。到五代,赣中地区的经济至少已达到和中原地区相当的水平。北方的战乱和天灾,使人们不断南迁,许多人就落脚在相对安定、自然条件优越的赣中地区。北方人口的南迁促进了庐陵地区经济的繁荣,其文化也得到了相应的发展。而教育作为文化之源,不仅对文化起着积累、传递、净化、提升的作用,而且是文化的重要组成部分。

　　庐陵文化的形成和盛衰与教育发展紧密相连。庐陵文化在宋、明两代奇峰突起,其间也正是庐陵教育兴盛发达的时期。人才是教育的产物。以正统儒学思想为主的教育,塑造了庐陵人忠义坚贞的品质和刚正不阿的性格,奠定了"文章节义之邦"的思想基础。在以科举取士的官僚选拔制度中,崇文重教的庐陵人可谓是大出风头,扬名科场、官场和文坛。这种显赫的成就又反过来影响和促进了崇文重教风气的形成和地方教育事业的发展。

二、庐陵教育发展简史

简单来说,古代庐陵教育大抵经过了唐以前的草创、唐代初建、五代发展、宋明兴盛和清代以来衰微这么几个阶段。

庐陵县最早设置于西汉初年。西汉前的庐陵仅仅是一个地理概念,并没有实现真正意义上的行政管理。也就是说,当时的庐陵几乎不成县之规模建制,即使有当官的到此,也是因为被贬谪。显然,这个时候庐陵的教育,可以说尚未起步,甚至处于蒙昧状态。

到了汉代,随着人口的增长,庐陵县上升为庐陵郡。从整体情况看,汉代教育在某种程度上可以说有较大的发展。比较显著的一点是,汉代不仅有国立最高学府——太学,而且在很多郡县也会设置郡学或者县学,为青年才俊提供学习机会。庐陵教育在这时才算是真正起步。

魏晋南北朝时期是中国人口迁移的一个重要时期。所谓迁移,主要是民众从北方迁往南方,即所谓的楚地,属于"吴头楚尾"的庐陵自然也包括在内。不过,迁徙到庐陵的人口总量不会很大,因为当时这里还是比较偏僻的。

众所周知,封建社会以人口繁盛来作为衡量社会繁荣和富庶的一个重要标志。不过,六朝时期,庐陵的人口还是很少,远不如江浙一带。所以,唐代以前,庐陵地区经济虽然有所发展,但还是属于落后地区。居民经济和文化都相对落后,甚至在行政归属上也长时间隶属于长沙郡、九江郡、豫章郡等。如此背景下,庐陵的教育是落后的,仅属于草创阶段。

到了唐代,有不少儒士在庐陵为官,如杜审言、颜真卿、孔绩等。他们在庐陵兴办官学,创立书院,积极倡导并推动当地的文风与士风建设,使得庐陵教育体系初步建立起来。

杜审言(约646—708),字必简,河南巩县(今河南巩义)人,祖籍襄阳,杜甫祖父,初唐著名诗人。他曾于圣历元年(698)被贬出任吉州司户参军。杜审言在吉州期间,创办诗社,广交文友,一时间使得吉州文风大昌,青年才俊愿意向学。

颜真卿,字清臣,京兆万年(今陕西西安)人,著名书法家,历任吏部尚书、太子太师,封鲁郡公,故世称颜鲁公。永泰元年(765)和大历元年(766),颜真卿在任吉州司马期间曾撰写了《庐陵集》十卷,并在吉州题写了许多诗词。颜真卿为一代名臣,是孔门高足颜回的后裔,与其兄颜杲卿皆以重儒学闻名当世。他的言行思想就是一种言传身教,对唐代乃至后来不同时代庐陵地区的士风都有直接或间接的影响。

孔绩是圣人孔子的后裔,唐僖宗文德元年(888)从山东曲阜来吉州担任州军事推官,后来还在吉州峡江定居,更为直接地影响和推动了吉州的习文崇儒风尚。

庐陵教育以官府提倡、民间风行的儒家教育为正宗,为主体。不难看出,庐陵地区的教育尽管起步较晚,但它所倡导的却是最正统、最典型的封建社会伦理文化教育理念和模式。纵观历史,可以说有唐一代来庐陵为官者,大多是政治上不得意、受打压之人,但他们却能以坚韧弘毅的儒家精神为支撑,忍辱负重,砥砺名节,以教化修身养性,培养自己的浩然之气。当他们主政庐陵并在此地兴建学校、书院,开展教育之时,他们自身的这种文化观念、学术取向和精神品格无疑会在庐陵大地生根、发芽、开花、结果,为此后庐陵精神打上了底色。所以,"文章节义"庐陵风骨的代表,正是从唐代开始形成的。同时,儒教自唐代以后,便成为庐陵地区的教化主流,并初步成为庐陵文化的主要内涵。

五代以来,庐陵所属的南唐李氏政权,虽偏安东南一隅,经济却相对发达,社会也比较稳定。因此,庐陵教育取得了巨大的发展,官学大昌,书院林立,坊间私学已然勃兴。彼时,政府、坊间乃至私人纷纷聘请名师硕儒来主持讲学,民众积极让适龄子弟入学,刻苦攻读。此后,庐陵大地文风大盛,人人向学,涌现出大批各式人才。

值得一提的是,宋、明以来,庐陵教育处于高速发展并臻于强盛时期,以科举的兴盛和理学的昌荣为标志。首先,科举制作为封建时代官吏选拔制度,奉行儒家思想,而庐陵地区教育起步即本着传统儒家思想。因此,进入宋代以后,庐陵人在科举考试中开始崭露头角,表现出强劲的势头。元代,庐陵地区稳定而富庶,教育也十分发达,甚至安福县上田村李氏在全国率先创办里塾教育模式,为古代中国的教育做出重要的贡献。到了明代初期,庐陵的科举事业达到巅峰状态,取得了特别突出的成就,这也标志着庐陵教育的辉煌和成功。其次,作为儒学新形态的理学,在周敦颐、程颐、程颢、江万里和王阳明等名贤,以及他们的弟子及再传弟子努力推动下,得到长足发展并达到一个令人仰望的高度,促进了庐陵科举事业的发展。

在庐陵教育发展史上,有一位不可忘记的重要人物,那就是江万里。江万里(1198—1275),字子远,号古心。父江烨,宋理宗时登进士第,曾任教授、都尉、知县、江南东路提举常平司、江南西路提举茶盐公事、大理司帅参等职,一生专治程朱理学。虽然朱熹在"庆元党案"中受到攻讦,但江烨仍暗中坚持传授程朱学说。母陈氏,理学名儒陈大猷之女。江万里少神隽,有锋颖,在祖父所建的书馆内读书,连举于乡。后从父教,学《易》经。稍长,赴白鹿洞书院深造,后又游学于隆兴府东湖书院,师从于朱熹弟子、南宋大儒林夔孙。江万里于淳祐元年(1241)出任吉州知州,大兴教育,推崇儒教。他在吉州创办书院,聘请名师大儒授课,其中又以白鹭洲书院最为知名。一时间,庐陵大地上敦学重教之风大行,文风大昌。

据统计,唐代以来,庐陵地区名臣时现,佳士频出。这些名臣节士,重贤才、张正义、扬正气,关心国家命运和民族苦难,始终站在时代前沿,同时又是擅长诗、词、文、赋、书、论的大家。他们分别成为不同时期的庐陵文化旗手,一起推动着庐陵的教育与文化事业的发展。从此,庐陵教育及庐陵文化在全国范围内开始产生巨大的影响。

清代以后,庐陵教育相对衰微。首先是战争的破坏,清代以来,特别是太平天国运动时期和第一、第二次国内革命战争时期,庐陵地区都是战争的重灾区,经济破坏严重,人员伤亡很大。作为学习主体的年轻人,在某一时期、某些区县的损失,到了难以想象的地步。其次,教育机构和教育场所的破坏十分严重。没有了经济基础,没有了学习主体,没有了学习场所,庐陵教育的衰微是不可避免的。尽管在近现代,庐陵地区出现了以安福学子为代表的一大批名人如王造时等,但这是个别的情形,并且这些人的成才多数是在外,而非由当地教育完成。

三、小结

隋唐以来,在科举制度的刺激下,庐陵地区无论是州、县,还是乡村宗族,都普遍表现出对教育的重视。各地政府兴办了一批学宫即州学、县学,民间则新办了包括书院、会馆、义学、塾馆等在内的各类教育机构和实体。这些教育机构在广泛传播文化知识的同时,也承担了教化民众和人才培养的任务。可以说,唐代是庐陵教育的起步阶段;五代特别是进入宋朝以后,庐陵教育则步入了飞速发展阶段,很快就跃居江西一流,即便是放眼全国,也处于上游地位;而到了明代,特别是明代初期,庐陵教育又创造了新的辉煌。由于受诸多原因影响,清代以后,庐陵教育渐渐失去了发展优势,逐渐被江苏、浙江、福建、安徽、湖南、湖北等地超越,在全国居于中下游位置,无疑是令人遗憾的。

第二节　庐陵崇文重教的传统

对于庐陵地区历史上这种人才鼎盛的情况,许多学者都曾苦苦思索其背后的原因所在,希望能找到答案,以期对当代文化建设有所启示。孙仲先生曾在《庐陵文化报》上发表了一篇长文来探讨此问题,他以吉水县为例,对吉水历史上特别是宋、明两朝辉煌的文化成就展开了深入的思考和探求,最后总结出了如下几点原因:

1.历史文化背景。宋代以来,吉水经济繁荣,重视教育,科举完善,人才辈出。

2.书院教学盛行。自唐代庐陵郡倅(郡佐,郡守的副职)刘庆霖(807—878)兴建皇寮书院,吉水的书院教育发展十分迅猛,宋、明两代,吉水一度有53座书院,号称"天下书院,吉水第二"。

3.尊儒重教,读书风气浓厚。宋、明两朝,吉水学习风气浓厚,形成了"人无贵贱,无不读书;三尺童子,也稍知文章"的良好氛围。

4.官员回乡办学。宋、明两朝,吉水有一大批退休或者失意还乡的官员,回到家乡后格外重视家乡教育和人才的培养,兴办了大量的书院学堂,使得吉水人才培养代代承传,兴盛不衰。

毋庸置疑,孙仲先生这四点概括,较好地回答了为何宋、明吉水人才兴盛的问题。实际上,孙仲先生的总结,不但适用于吉水县,而且适用于庐陵其他地区。换句话说,古代庐陵地区人才鼎盛,有着大致相同的原因,吉水、安福都不过是庐陵地区人才兴盛的代表而已。

此后,周振清先生也写有《宋明社会环境与庐陵人才成长关系浅析》一文,对庐陵人才辈出现象背后的原因进行了追索。他从社会大环境、科举制度及其性质、运行模式等方面进行了探讨，特别指出了庐陵地区重视教育的历史背景。著名汉学家、美国哈佛大学劳格文博士在考察古代吉安文化时，也对此问题做了相当深入的探寻。他认为庐陵文化兴盛的主要原因之一是其扎根在"庐陵人强烈的宗族荣誉感和崇文尊贤风尚"之中。

一言以蔽之，造就庐陵这种文化盛况的重要原因之一，就是庐陵地区的崇文重教传统。在某种程度上，这也可以说是其根本原因。

一、崇文重教传统

庐陵地区崇文重教的传统是一种全民共建、集体营造的格局。所以，庐陵崇文重教传统可以从官府与民间两个主要层面来审视。

1. 官府崇文重教传统

可以说，庐陵地区浓厚的崇文重教风气与庐陵地方官府的重视有着极为密切的关系。在行政主导一切、官本位思想浓厚的封建社会，官方的各种政策导向和政策措施，会直接影响或改变民众的生活方式和价值观念。唐代以来，无论是外地还是本地人士，但凡来庐陵为官者，普遍表现出对教育以及科举的重视。这点从地方官府大力兴办学校和书院、拨专款鼓励适龄青少年入学就读、大肆旌扬优秀士子，以及进行舆论引导等方面可以看出。

官府的崇文重教自然主要是在官府主导的教育部门，包括州学、县学等官方办学机构，也包括一部分官府主管的书院、会馆。唐代以来，庐陵地方官府极为重视教育，特别是杜审言、颜真卿、孔绩等学者来到庐陵为官后，这种敦行儒学、提倡教化的风气就更为浓厚。而宋代特别是南宋，由于知吉州的江万里等官员的大力倡导，大儒欧阳守道等人的积极响应和努力推进，庐陵教育走向了全面繁荣阶段，在全国产生了极为重大的影响。宝祐四年（1256），白鹭洲书院生员文天祥高中状元，同榜进士有三十余名来自该书院，宋理宗甚至亲自书写"白鹭洲书院"的匾额悬挂书院大门以示褒奖。一时间，朝野震撼，无不感叹庐陵教育的发达。明代初年，连续两届进士科考，前三名皆为庐陵人氏，此更是空前绝后的盛事。这些傲人的成绩昭告世人，古代庐陵教育成就是光彩照人的。

2. 民间崇文重教传统

通常情况下，民间的崇文重教风气是受到官方氛围的影响，但是有时候会比官方更浓郁。庐陵民间对教育的重视,也可以从几个方面来分析:一是私人书院教育,一是家族和家庭教育,还有乡贤榜样教育。

庐陵地区的私人书院极多,可以说是遍地开花。此外,唐会昌四年(844)庐陵郡倅刘庆霖在今永丰坑田兴建皇寮书院,并在此开坛讲学。这些显然都是庐陵民间崇文重教传统的体现。(编者注:关于皇寮书院,学界尚有争议。有学者认为应为篁寮书院,地点在今吉水醪桥,兴建时间也有贞观年间说和开元年间说。本书援引光绪版《永丰县志》的说法,认定皇寮书院兴建于唐会昌年间今永丰坑田)

在某种意义上,以私人为主体创办的书院和会馆等机构,可以说是庐陵教育的基础。至于以家族和村社为主体的塾馆、学堂,则在庐陵大地格外醒目,成为庐陵教育的根基,备受重视。当地的民谚"簸箕晒谷,教子读书",正是庐陵民间重视教育的生动写照。据记载,元代安福上田李氏在全国率先创办里塾教育模式,对中国古代教育发展有极大影响。翻开一部部庐陵地区家族的族谱,阅读一篇篇庐陵先贤撰写的有关家族和训诫子弟的文章,我们能体会到字里行间流露出的对教育的崇尚和重视,会发现"耕读传家"几乎是每一个庐陵家族的不二祖训。庐陵永阳曲山村(今吉安县永阳镇曲山村)和庐陵坊廓六十五都藤桥村(今吉安市吉州区兴桥镇藤桥村)就是这种崇文重教式家族的典型。

先看永阳曲山村。从唐天祐年间至今,曲山萧氏已经有1000多年的历史。始祖萧文昌出身官宦之家、书香门第,十分重视对族中子弟的教育。自宋代至明代,曲山村共培养了大量人才,形成了诗书传家的优良传统。其中,明代萧乐存一家尤为显眼,竟然培养出两个著名人物:状元萧时中和名儒萧不敏。萧不敏是庐陵有名的教育家,他在家乡广收门徒,积极传播文化知识。不敏之子萧维祯(一作桢)后为南京兵部尚书,为了培养家族子弟、发展家乡教育,在曲山兴建了廖阳书院。明清时期,曲山书院、学堂遍布,萧氏族人崇尚教育,训导子弟以儒为业,书写了辉煌的历史。

至于藤桥村,亦是以崇文重教闻名庐陵。南宋开基以来,藤桥村以一个70余户的小村落,培养了大批人才,有进士11人,举人、秀才近百人。仅以清代后期其第三十九世为例,有4人考中秀才,9人获赠奉政大夫、资政大夫、朝议大夫,7人例授登仕郎,共计20人获得各种功名和官位。可以说,藤桥村的教育成果在当时相当突出。

二、良好的经济基础

庐陵地区古代教育发达，另一个重要原因就是经济基础好。在以农耕自然经济为主的封建社会，农业发达与否，直接决定了一个地方经济的强与弱。而一个地方总体经济实力的强与弱，又决定了当地教育发展的规模和深度。因为只有坚实的经济做基础，州、县政府和村社、宗族，才能有足够的财力、物力投入教育。正如春秋时期齐相管仲所说的"仓廪实而知礼节，衣食足而知荣辱"。在经济得不到保障的情况下，奢谈发展教育是没有实际意义的。

此外，发达的商业也是提升经济总量的一个重要指标。南唐以来，赣江水运成为当时的一条经济命脉，而庐陵地区恰恰位于赣江水运最重要的中段，这使得当地商业飞速发展，在全国也能占有一席之地。庐陵地区的商业繁盛可以从当年吉安府的造船业和水运码头等有关史料和遗迹中得到证明。

1. 发达的农商经济

南北朝时期，庐陵经济就开始凸显其重要性。庐陵在当时已经成为封王之地，屡有王室重要成员被封为"庐陵王"。唐代，庐陵经济继续发展。而进入五代以后，庐陵经济地位更加重要。南唐李氏政权偏安一隅，没有卷入中原战乱，加之大量拥有生产技术和资金的北方人南迁，南唐的经济特别是农商经济取得了长足发展。而庐陵属于南唐势力范围，具有得天独厚的自然条件，因此人口急剧膨胀，成为当时的财税重地。这种情况在宋代得以延续。在封建社会，人口数往往是衡量经济发达与否的指标，而课税高低则是经济发达与否的直观反映。庐陵在唐代只有 337 072 户，北宋时已经发展到 957 256 户。在北宋太平兴国年间、元丰三年（1080）和崇宁元年（1102）的三次人口统计中，吉州（庐陵）人口总数居江南西路（以下简称江西）九州四军之首。再以北宋熙宁九年（1076）江西各州、军盐课税为例，吉州的盐课税以 276 611 贯 637 文占全省总数的 14.18%，仅次于虔州（今赣州）的 15%，位居第二位。

南唐以来，横贯江西的赣江成为当时的水上运输要道，被称为"黄金水道"，而赣江的主要运输段即在庐陵境内。作为赣江水运的中转站，许多物资、人员、信息都在此汇集，吉州城成了一个极为繁荣的商业城市，进而成为重要的经济中心。例如，吉安市老城区城南古南塔旁的大榕树下，就是当年最为繁荣的赣水码头，今天的后河习溪桥一带就是当年最为繁荣的商业区。南宋词人刘辰翁在《习溪桥记》中便描述了当年吉州商业的繁盛:"自吾小年见是桥,盛时为社林州祠,为官药肆,为旗亭,歌钟列妓,长街灯火,饮者争席,定场设贾,呵道而后能过……"今吉安市吉州区兴桥镇的钓源村,因古时商业繁荣,一度有"小南京"的美誉。据文献记载,钓源村最繁荣时有居民 1500 户近万人,有一条长达 1000 米的商业街区,其间有纵横商街 16 条,每条有店铺 32 家。庐陵地区商业的繁荣程度由此可见一斑。地方政府可以从繁荣的商业中获得大量的税收,从而可以较为从容地解决地方上各种经费问题,其中自然也包括教育经费。

2. 充足的教育经费

庐陵地区经济发达,财税充裕,加之地方官吏对教育的重视,发展教育自然经费充足。庐陵相对规模较大、系统比较完善的教育机构是官府的州学、县学和以民间办学为主的书院,另外就是乡间的村塾、族塾等。虽然没有史料对南唐以来庐陵地区的教育经费投入情况加以记载,但可以肯定,其数目不小。

官府所办之学主要是各州学、县学,即所谓学宫。这些教育机构由政府全权管理,因此经费自然由政府全额拨款,包括教师的薪水、校舍的建筑和修缮、教材的编刻和采购等。除此之外,教育经费还有一个重要的支出,那就是学生的伙食和补贴。一个地方教育的好坏,与一个地方的学习风气有关;而学习风气的好坏,又往往取决于学生就学的条件和待遇。一个地方如果想要提升教育水平和质量,必然要为学子提供良好的物质基础。

再说书院。因为书院有多种形态,所以其经费来源不一,但也不外乎官方资助、社会筹集和民间捐助三种主要途径。通常情况下,一所书院往往兼具这三种经费来源,例如著名的白鹭洲书院。据史料记载,白鹭洲书院的经费是充裕的,书院生员的待遇也相当丰厚。在书院学习的生员,除了吃住免费外,还享有数额可观的补贴,甚至能从补贴中省下一部分用来贴补家用。这样的待遇,自然吸引了不少士子,特别是家境贫寒的子弟。有趣的是,白鹭洲书院等在招收生员时贫富均收。富裕家庭需要以捐助或交学费的方式向书院缴纳一定的钱财,而家境贫寒的生员不仅不需要缴费,还可以获得补贴。因此,尽管白鹭洲书院入学门槛较高,但是经费和生源都有保证。书院数百年来的欣欣向荣,也为庐陵人才辈出奠定了基础。

庐陵地区的教育有一个相当大的板块是塾馆教育,包括村塾、族塾等各类"义学"。庐陵曾被人描述为"序塾相望,弦诵相闻",所反映的情形正是庐陵民间特别是村社、家族办学兴盛的情景。可以说,在古代庐陵地区,但凡聚族而居的宗族、村落,大都兴办过各式塾馆或学堂。有"庐陵文化第一村"美誉的渼陂村甚至一度有6所学堂,是村社、宗族办学的典型。

庐陵地区民间的这些塾馆教育,不同于一般的书院教育:一是其规模小、层次低、系统简单,二是经费来源不同。在庐陵,各类"义学"的经费主要来自村庄或家族的筹集。庐陵地区普遍重视家族宗法,重视宗族荣誉,所以,各地村社、家族都愿意倾力发展教育,培养自己的子弟,特别是培养和鼓励宗族子弟参加科举考试,以光耀门庭。像吉水谷村李氏、秀川罗氏,永丰流坑(今划归抚州乐安)董氏,兴桥钓源欧阳氏,安福三舍刘氏等许多大宗族,就诞生和培养过数十名进士。这些地方能有如此办学业绩,与他们有一笔充足而固定的办学经费分不开。如果没有强大的宗族公共财力来支持和发展教育、培养人才,这种盛况恐怕是不可能出现的。

庐陵地区村社、宗族办学经费从何而来呢?概括起来,主要有这么几种方式:一是宗族、村社募集一笔办学基金。这笔钱可能摊派给各家各户,也可能由村社、宗族的大户垫付。二是"义田"收入。所谓"义田",就是用于公益事业的田地。庐陵地区不少村社、宗族,为了获得稳定的教育经费,会拿出一部分族田、公田,出租给他人耕种,从而收取租金,作为家族塾馆聘请教师的薪资和学馆日常开支。三是接受社会捐助,包括本村社、宗族的大户,在外发迹的族人以及社会其他自愿捐助。其中,最稳定可靠也是最科学长效的经费就是"义田"收入,所以不少地方的塾馆称为"义学"。不妨以安福县柘溪村为例,看看庐陵村社、宗族办学经费情况。

柘溪村从北宋至道年间至今,已有1000多年的历史,现有1000余口人。柘溪村是一个著名的文化古村,向来重视教育。中国古代习惯把公益性质的事情如教育、慈善等称为"义"。据该村族谱记载,柘溪村有义仓、义田和义店。清嘉庆年间,该村有义田120亩,义仓积谷700担,在镇、县、州等处有义店10余处(所)。其中,义店是专门为筹集教育经费而开设的店铺。这些店铺的收入除了维持日常开销,其余皆用于维持村社、宗族学堂的运行。柘溪村后来在教育事业上也取得了突出的成就,毫无疑问,与这种稳定的经费来源有关。

安福县柘溪村只是庐陵地区民间办学的一个典型。在庐陵地区,像柘溪这样的村落和家族还有很多。换句话说,以义田等方式筹集办学经费的情况,在宋代以来的庐陵地区是普遍存在的。这也解释了为什么宋元以来庐陵地区教育和科举皆发达。

总之,古代庐陵地区从官方到民间,从精英到普通民众,普遍表现出对教育特别是科举教育的理解和重视,在财力和物力方面倾尽全力支持。庐陵地区教育特别是科举的辉煌,也恰好印证了当地教育经费的充足和管理的科学有效。

第三节 庐陵教育的模式与途径

道光版《吉安府志》曾这样描述庐陵地区教育兴盛的情形:"家藏诗书,人多儒雅""序塾相望,弦诵相闻""人无贵贱,无不读书""三尺童子,稍知文章"。在庐陵地区,仕宦之家和富贵子弟多进入比较正规且完整的教育机构学习,苦读经典,希望有朝一日金榜题名,光宗耀祖;而农、商、工、杂等人家子弟,亦多入蒙馆,学习《三字经》《千字文》《百家姓》《幼学琼林》等启蒙读物,从而粗通文墨,略知礼仪,便于待人接物,行事处世。

庐陵地区的办学模式是多种形态并存的,其生员构成也是多元的。大体而言,庐陵地方办有如下几种主要模式和途径:

一是官府办学。这主要包括府学(或郡学、州学)和县学,个别地方有乡学,其中,以县学为主体。

二是书院教育。书院教育以民办为主,也有相当部分属于官方介入的学院,特别是一些规模比较大、影响比较深远的书院,如白鹭洲书院,其主体办学者为官方,通常是知州直接介入。

三是坊间办学。这主要是指塾馆,包括一部分村级书院。

四是官私合办。这在乡学及部分县学中较多。

这些不同类型、不同层级的学校,承载着不同的地方教育功能,培养不同层次的人才。

当然,在封建社会,不管是哪种教育模式,都指向科举考试,故而办学水平高下往往以科举成就来衡量。如白鹭洲书院,就因为培养了状元文天祥和一大批进士而闻名天下,成为庐陵最负盛名的学府。又如安福县城门村的"高门书屋"等私塾,仅宋朝就培养出了 120 名进士,取得了辉煌的成就,闻名当时。下面我们就来简单地介绍一下庐陵地方办学的主要模式和途径。

一、官府办学

唐代名臣颜真卿在被贬吉州期间广辟学舍。由是,吉州的官办教育发展很快。

官府办学,主要包括府学(或郡学、州学)和县学书院,通称学宫。由于庐陵府本身行政级别即为州府,所以府学或州学只有一处。庐陵府下设多个县区,每个县区则有自己的县学。所以,从数量上看,官府办学是以县学为主的。其中,府学作为地方最高学府,同时又是地方教育管理机构,为专门的办学组织,由政府遣专人如督学、教谕之类负责。由于南宋江万里任吉州知州以来,吉安的白鹭洲书院地位十分突出,因此白鹭洲书院兼具了府学的功能。各县区的优秀生员往往选拔到府学攻读,目标直指科举,特别是进士科。

相对来说,县学级别要低些,其培养目标虽然也是科举考试,但主要是指向乡试即举人。但是,庐陵地区很多县学如吉水县学、安福县学,具有很强的实力,也培养出了大批士子。再加上府学容量有限,很多读书人只能在县学攻读。个别人口多、地域广、经济较发达、读书氛围比较浓厚的地方有乡学,比如古庐陵县的儒林乡。

县学所在场所往往建有学宫,祀孔子,孔门杰出弟子及历代名师硕儒陪祀两侧,接受一代又一代生员的朝拜。安福县至今还有保存较为完好的学宫。通常情况下,依照古例,每年的清明和冬至,地方官员(通常是知县)都会在学宫主持祭拜孔子的仪式。

县学的学生称为生员,也就是通常说的秀才。学子必须经过童生试方能取得秀才身份。成绩优秀者被选到府学、州学去学习,称为府学生员;其余则留在县学,称为县学生员。不管是府学生员还是县学生员,都是有名额限制的。比如,唐武德年间规定:"上郡学置生六十员,中、下以十为差;上县学置生四十员,中、下亦以十为差。"不同时期,名额略有变动。如贞观年间又规定:京兆、河南、太原三府生80人,大、中都督府60人,下都督府50人,上州60人,中州50人,下州40人,京县50人,三府县、上县40人,中县25人,下县20人。我们不妨以明洪武年间庐陵地区生员数为例,通常府学定额40名,州学30名,县学20名。当然,不同州、县招收生员数有时也会根据进学人数和经济实力差异有所调整。以清代安福县学来说,文生员就有20名,还有武生员15名,而且乾隆年间还特地为安福增加了文生员 5 名、武生员 3 名。其他县的生员数在不同时期也略有变动。

府、州、县学生员的课程,一般是依据当时的科举考试科目来设定的。比如,宋元时期,一般府、州、县学是分礼、乐、射、御、书、数六科来分科设教的,明初减去了乐、御两科,并规定每位生员要专治一经,如《书经》《诗经》等。以明、清为例,县学主要课程包括《资治通鉴纲目》《文章正宗》《历代名臣奏议》《御纂经解》,以及"四书五经"等。此外,生员还要练习写作所谓"时文",即科举考试的八股文。

生员在府、州、县学学习不时要接受考查,也就是所谓的月考、季考和年考。月考由教官直接负责;月考以上级别的考试,则由政府委派专门的提学一类官员负责。生员月考、季考成绩,按优劣,会有相应的奖惩措施,如增减奖助学金之类。这对于一些家境不大好的生员来说,非常重要。即便是对于家境富裕的生员,例考也很重要,所以,生员不敢懈怠,学习氛围很浓。

二、书院教育

书院教育主要是指以特定的机构及场所等进行完整独立的教育活动,包括书院、会馆、精舍、书屋、斋等多种名称或形式。一般说来,书院教育主要有民办书院、官办书院、官民合办书院三种,而官民合办书院又存在以何方为主体的数种不同形式。书院本来多由民间开办,但在发展过程中,有的书院演化成官办,成为州、县官学的一类。书院的组织教学开始都比较简单,并没有固定的教材和教学模式,完全取决于执教者个人喜好以及地方习俗,后来随着书院的发展,逐步规范化、系统化。

庐陵地区就有书院办学的传统。据载,从唐会昌年间刘庆霖在永丰兴建皇寮书院开始,庐陵地区书院教育便开始起步,到唐末,庐陵具有一定规模的书院已有 4 所,约占当时整个江西书院总数的三分之一。到北宋庆历四年(1044),朝廷倡导州、县办官学,庐陵积极响应。除州学外,各县学纷纷出现,如庐陵县学、泰和县学等。此后,庐陵各县都兴建了规模不一的书院,以庐陵县(今吉安县)、安福县、吉水县和泰和县尤多。在众多书院中,匡山书院、白鹭洲书院、石阳书院、阳明书院、龙江书院等尤为有名。其中,白鹭洲书院一度与庐山白鹿洞书院、铅山鹅湖书院并称"江西三大书院"。这所书院走出了文天祥、刘辰翁、邹元标等一大批名贤。而前身为青原会馆的阳明书院,则培养了一大批理学精英。

从《江西通志》《吉安府志》以及吉安市博物馆高立人先生主编的《白鹭洲书院志》等文献资料中，我们可以知道，庐陵地区曾经出现或至今尚存的大大小小的各类书院，数量庞大，难以准确统计。据光绪《江西通志》等资料不完全统计，从唐至清，全省建有古书院1071所，而庐陵地区就有270余所，占26%左右。其中，明代江西书院共有164所，吉安府有33所，约占20%。从中不难想象庐陵地区书院教育的发达情形。可以说，书院教育是庐陵的一大特色。

书院是私塾教育之后的拓展阶段，属于比较正规的高级阶段教育。一般书院具有完整的章程和一系列的院规院训。庐陵地区书院的办学方式相对比较灵活，不仅是对圣贤之书的传授或灌输，还经常延请当时的名师大儒前来讲学，宣扬其理论和观点。就读学生也不刻板，他们被允许参加学术讨论、发表意见，有时甚至还可以游学求师以增长见识。

从整体来看，书院教育属于精英教育。判断中国古代一个地区教育发达与否，书院数量和有无知名书院是两个重要的衡量标准。从这个角度来说，宋、明以来庐陵地区的书院和会馆，培养了庐陵学子的创造能力和儒学精神，为他们日后成才奠定了重要的基础。

三、坊间办学

坊间办学主要就是指民间的塾馆。塾馆也称私塾，又称村塾、族塾，名称主要依办学的主体即承担费用的主体而定。例如，个人办学的通常称私塾，村落集中办学的称村塾，合族办学的称族塾。就庐陵地区而言，民众往往合族而居，所以村塾和族塾往往是同一个。例如渼陂村，因为全村皆姓梁，所以渼陂村塾就是梁氏族塾。渼陂村曾有塾馆6所，规模非同一般。

宋代以来，在家族宗法社会的组织结构下，家族自然构成村落，很多地方村落就是一个或数个家族，家族内部的联系不断加强。家族村落出现后，宗祠、塾馆之类的公共场所便应运而生。宗祠主要用于祭祀等家族性公共活动；塾馆则是以培养本族子弟成才为目标。所以，庐陵地区这种举全族之力开办塾馆的情形十分普遍。塾馆也成为庐陵教育的一大特色。

庐陵地区的塾馆教学大致可以分为以下三种：

一是由个人设馆招生讲学，其对象往往是平民子弟。入馆求学者必须缴纳一定的助学费，通常是米、面、油、豆等生活必需品。对于普通民众而言，这是最常见,也最容易接受的教育方式。

二是由一些豪门富户自设场馆,然后延请名师硕儒来坐馆授学。其对象自然主要是主家的弟子和直系亲戚,也有远亲和杂色人等伴读。这种情形在庐陵地区相对比较少见。

三是由宗族出资或者一部分家长集资兴办,延请教师来授课,学生不用缴纳费用。这种塾馆也就是前文所说的"义学"。庐陵地区有大量这样的强宗大族,因此这种模式在庐陵地区十分普遍,几乎稍微大点的村落宗族即有之,甚至不少强宗大族有多个塾馆。

这些村或族所兴办的塾馆,培养了一批科举人才,这些人金榜题名、飞黄腾达后,他们曾经求学的塾馆也随之声名远扬。这种现象反过来又带动了宗族办学的热情,进而增加了人们散财办学育人的动力。

塾馆教育往往人员复杂,学生不分年龄、身份,皆可入学。塾馆每年学习时长为十个月,农历每月的初一和十六休息。塾馆先生一般是落第秀才,也有不少是当地名贤硕儒。一般私塾只有一位开馆先生,有时学生较多,先生也会从学生中挑选一位成绩优异、年龄稍长的学生来担任助教,俗称"伴学"。

由于层次不同,塾馆一般也会进行简单区分,大体分为蒙馆和经馆。蒙馆,顾名思义,就是启蒙教育之学堂,也就是最初级的教育阶段。其课程也十分简单,主要包括《三字经》《百家姓》《千字文》《增广贤文》《幼学琼林》《千家诗》等,主要目的是识字,其中也会灌输基本的儒家思想。此外,作为乡村实用主义教育,蒙馆还教授一些日后生活要用到的知识,如珠算、记账及写合同、状纸之类的应用文等。经馆,显然是要学习儒家经典的教育场所,它是对在初级教育完成之后有志于继续学习的学生实施更高一层次教育的阶段。因此,它的课程包括"四书五经"、《古文观止》、《左传》、《战国策》等更深奥一点的内容。就教学方式而言,蒙馆主要是先生讲读、学生背诵,然后先生课书。经馆则以学生自学为主,先生讲注为辅。

蒙馆学生散学即回家;经馆学生则往往住校,且多为富家子弟。贫寒学子往往学完基本蒙学课程就已经很不容易了,所以继续念书的不多。当然如果该生资质好、成绩优异,往往族里会资助并鼓励他继续学习。宋代以来,庐陵地区民间家族式宗法制度不断得到强化和发展,这种家族资助优秀子弟不断求学的情形非常普遍。有些宗族比较大,往往设有多个塾馆,这些塾馆会定期举行"会课",相当于今天同区不同中小学之间的会考。

四、官私合办

官私合办教育主要体现在书院教育中,有书院和会馆两种模式。官、私的占比决定了官私合办教育的主体色彩。相对而言,会馆民办色彩浓些,而书院官办色彩浓些。这当然不是绝对的,有些会馆由于参与者多是在任或退休官绅,因此也具有很浓的官办色彩。有些书院由于聘请了民间教育家教学,因此表现出明显的民办色彩。最典型的就是白鹭洲书院。它由吉州知州江万里创建,应说属于官办,但江万里坚持聘任民间硕儒欧阳守道为山长,又有民办的意味。从经费上来说也是如此,白鹭洲书院有官方拨付的专款,但书院同时广募社会资金,开展教书育人活动,故在相当大程度上又具有民间色彩。

总之,封建时代传统的教育模式在庐陵地区都出现过,而引人注意的是,该地区的书院教育成就比较突出。此外,无论是官府办学,还是书院、学宫办学,乃至私塾教育,都是以传授儒家经典为主,培养科举人才。正是因为有发达的官、私、民等多种形态的教育,全方位、多层次地挖掘和培养人才,庐陵地区才会出现文化辉煌、人才鼎盛的局面。

第四节　庐陵教育的成就及影响

庐陵地区的教育,在整个封建时代特别是五代以后,应该说是发达的。所谓发达,首先表现在其影响的深度和广度上,庐陵地区从州,到县、乡、都,再到村、宗族,大大小小、林林总总的各式学宫、书院、学堂遍布,且具有很好的历史沿袭性,除了天灾人祸,鲜有中断。这种教育机构或者说教育场所的广泛而长远的覆盖面,成就了本地区教育的发达。其次,辉煌的科举成就,不仅说明了本地区教育成果突出,而且从更深层面证明了教育的发达。没有广泛而深厚的文教传统和基础,很难形成如此普遍的重教风习,也就很难取得如此辉煌的科举成就。

一、教育理念

庐陵地区教育发达,得益于良好的教育理念。自唐代名臣颜真卿贬谪吉州,广辟学舍开始,庐陵地区的教育就是以儒家思想为理念的教育。所用教材基本是儒家的经典著作,如"四书五经"之类;模式基本采用周公、孔子所推崇的学校讲读教育,大体能够贯穿孔子学而优则仕、尊师重教、有教无类、因材施教的教学理念;教育机构或办学场所也完全按照儒家理念设置,如一般州、县学宫都建有大成殿、明伦堂、崇圣殿、尊经阁、名宦祠、乡贤祠和文昌阁等。所以,庐陵地区的教育体现了正统的儒家思想,"学而优则仕"、忠君爱国这些教育理念,在后来的历史发展中显现出特有的力量和魅力,前者主要表现在庐陵地区壮观的科举成就方面,后者则体现在庐陵前后涌现出大批忠臣义士上面。

二、科举成就

庐陵地区教育发达的明证之一,就是本地区辉煌的科举成就。在封建社会,一个地区中进士人数的多少,是衡量一个地区教育发达与否的重要标准。唐代大抵可以说是庐陵教育及科举的起步阶段,这时候的庐陵地区的教育并不发达。据《吉安县志》《泰和县志》《吉水县志》记载,庐陵地区在唐代有进士大约8人,可谓是少得可怜。

五代以来,特别是进入宋代以后,庐陵地区教育飞速发展,科举大为辉煌。据学者不完全统计,从唐代至清代,庐陵地区的进士接近3000人,约占全江西省进士总数的三分之一,全国进士总数的近3%。其中,状元16人(一说17人)、榜眼16人、探花14人,共计46人,约占全省进士前三名的42.2%。明代甚至出现建文二年(1400)庚辰科和永乐二年(1404)甲申科前三名皆为庐陵人的盛况。在中国历史上,就州府状元、进士人数而言,庐陵的状元总数仅次于苏州,居全国第二位,但进士总数却远超苏州的1771名。

三、杰出人才

科举考试是中国封建社会选拔官吏的重要标准,大部分人才是通过科举考试崭露头角,继而被朝廷委以重任。因此,由科举入仕,是古代知识分子的正途。庐陵地区科举成就的辉煌即意味着庐陵人才的鼎盛。五代以来,庐陵地区担任过宰相(含副宰相)的有宋齐丘、欧阳修、周必大、文天祥、解缙、杨士奇、胡广、彭时等17人。至于其他如尚书、巡抚之类的官员更是人数众多,难以统计。正如明景泰年间内阁首辅、庐陵人陈循所言:"江西及浙江、福建等处,自昔四民之中,其为士者有人,而臣江西颇多,江西各府而臣吉安府又独盛。"陈循所言非虚,大抵是符合历史实情的。

更值得注意的是,庐陵地区的这些宰相级别的官员,绝大部分人品、官品和政绩都是为人所称道的,他们为国家、为百姓做了巨大贡献,多数名垂青史。如《明史》本传评价彭时说:"时立朝三十年,孜孜奉国,持正存大体,公退未尝以政语子弟。燕居无惰容,服御俭约,无声乐之奉,非其义不取,有古大臣风。"庐陵其余名臣,大抵如彭时般正直忠义。这都得益于庐陵地区传统文化教育和熏陶。

此外,不以仕途著名者也有不少,如文学方面的杨万里,科学方面的曾安止,哲学方面的邹守益、何心隐、颜钧等。据统计,《全宋词》收录的1330余名词作家中,吉安籍词人约占总数的4%,约占江西籍词人数的30%。又据《哲学大辞典》,宋明以来庐陵的哲学家不下10人,占收录哲学家总数的3.3%。几千年来,庐陵还涌出了许多文学家、史学家、经学家、地理学家、天文学家、农学家、医学家、教育家、音乐家、书画家和科学家,他们都为历史的发展做出了贡献。

四、庐陵崇文重教传统的深远影响

长久以来,庐陵地区形成了崇文重教的传统。这个传统产生了深远的影响,最为直接、最为明显的就是奠定了本地区坚实的教育基础,孕育了本地区深厚的历史文化底蕴,形成了良好的社会文化氛围。从官方到民间,从家族到乡里,庐陵人皆以学习文化为尚,以推尊教育为荣。正是由于庐陵地区长久以来的传统文化教育的影响,这里诞生了一批又一批的贤达名宦,出现了一批又一批名垂千古的英雄志士。

庐陵的教育是正统的儒家思想文化教育。这里的士大夫饱读诗书、通习史传,深深受到儒家思想的熏陶。在儒家"忠君报国""弘毅贞刚""兴亡有责"等观念的影响下,庐陵孕育出一批坚毅刚正、忠孝节义的士大夫,对中国士大夫文化精神建构起了巨大的推动作用。如在宋代,庐陵地区就有"五忠一节"。黄惠运等先生说,庐陵"五忠一节"是我国历史上人才集聚、文风鼎盛的一个缩影,是区域文化中的人才集群现象,是由庐陵优越的地理环境、庐陵先民的勤劳智慧、历史文化名人的催化作用、江南望郡的物质基础、深厚的家学渊源、尊师重教的优良传统等多种因素促成的,是中国历史潮流以及深厚传统文化底蕴相互作用的结果。

这些忠贞之士成为当时社会的中坚力量,是朝廷和国家的中流砥柱。他们以自己的人格魅力影响着当时及身后的一批又一批人,从而促进了良好社会风气的形成和道德素质的提升。可以这样断定,以刚正义烈为底色的庐陵文化,构成了赣文化内涵的重要组成部分,在整个中华优秀传统文化中亦占有一席之地。

第四章　庐陵文学

庐陵文化最重要的特征之一,就是对中原儒家文化的继承和发展。儒家的"三不朽"思想,强调为王朝建功立业,更强调个人的"立德"与"立言"。"道德文章"成为庐陵文学的鲜明特色。

第一节　唐宋时期的庐陵文学

一、唐代的庐陵文学

唐代以前,吉安属于偏远之地。被贬官员、文人墨客一旦流落此地,往往内心哀怨惆怅,深沉凄苦。南朝谢瞻在安成(今安福),在给从弟谢灵运的《于安成答灵运》诗中,流露出一副凄苦之相。性情豪迈的吴均出使庐陵前写下《奉使庐陵》,为奉命出使庐陵而沮丧。当时的文坛领袖沈约得知友人范岫到安成郡任内史,写下著名的离别诗《别范安成》:

> 生平少年日,分手易前期。及尔同衰暮,非复别离时。勿言一樽酒,明日难重持。梦中不识路,何以慰相思。

少年离别总觉得容易,老年别离却觉得凄苦难受,安成是那么遥远,此生可能不复相见。偏僻遥远、暌隔无期,这就是六朝时候的庐陵在人们心中的印象。

我们注意到,这些吟咏庐陵的诗人,都不来自庐陵本土。庐陵的文化建设还没有迈出坚实的步伐,本土还没有产生庐陵籍作家群体及相关的诗词文赋。而这一切,随着一位著名诗人的到来发生了根本性的变化。初唐圣历元年(698),杜审言被贬为吉州司户参军。他到吉州后,广交儒士,大兴文教,创立相山诗社,以其出色的五律创作,为庐陵文学的兴盛打下了基础。到了中唐永泰元年(765),忠烈名臣、著名书法家颜真卿任吉州司马。他为官期间,聘请贤才,广兴学舍。他在游览青原山净居寺时,曾亲笔为该寺山门题写了"祖关"二字,字迹至今尚存。颜真卿的道德文章和高风亮节给庐陵后学以巨大影响,正如元人周巽在《鲁公祠》诗序中感慨:"唐颜鲁公为郡别驾时,以兴起斯文为己任,益广学舍,聘贤士,以淑我吉人。自此,庐陵声名文物,卓为江表冠。"

南唐时候,庐陵有著名诗人"刘夜坐"和"夏江城"。"刘夜坐"即刘洞(?—975),他年少时游学庐山二十年,勤学精思,有时十余日忘记洗漱,沉迷作诗。他长于五字唐律,其诗得贾岛遗法,自号"五言金城"。后主李煜即位后,曾征召刘洞。刘洞于是献诗百篇,第一篇《石城怀古》云:"石城古岸头,一望思悠悠。几许六朝事,不禁江水流。"李煜读后,想起六朝风云变幻、南唐国势衰微,不禁动容感慨。这首诗深深触痛了李煜,他不愿再与刘洞见面。后来,李煜作为亡国之君写下《虞美人》,词末的"问君能有几多愁,恰似一江春水向东流",与刘洞诗意一脉相承。当北宋的军队围攻南唐国都金陵时,刘洞被困在城内,写下"千里长江皆渡马,十年养士得何人"的诗句,抒发了亡国之恨。《全唐诗》保留了刘洞《夜坐》残句:"百骸同草木,万象入心灵"。刘洞也因这两句诗被称为"刘夜坐"。"夏江城"即夏宝松,他和刘洞一起隐居庐山,负有诗名,有不少追随者。他的《宿江城》和刘洞的《夜坐》诗齐名。《全唐诗》中保留了《宿江城》残句:"雁飞南浦砧初断,月满西楼酒半醒。晓来羸驴依前去,目断遥山数点青。"宋人魏庆元在《诗人玉屑》中,把前两句诗称为羁旅佳句,望后人学习。夏宝松因为《宿江城》一诗,被称作"夏江城",他和刘洞为宋代庐陵文学的兴盛做了准备。

二、欧阳修与北宋庐陵文学

到了两宋,庐陵文风鼎盛,名人辈出。清代江西学者李绂在《南园答问》中如此描述:"宋兴百年,文章楛窳。欧阳公奋兴,然后沛然复古,并辔绝驰,直追韩愈,探大道之根源,作斯文之宗主。独立一代,高视六寓,不特吴越所绝无,盖寰瀛所希睹也……周益公领台阁乎南渡。封事则胡忠简惊人,诗盟则杨诚斋独主。"他指出了庐陵人欧阳修、杨万里在中国文学史上的卓越贡献。

欧阳修,字永叔,吉州永丰人,自号醉翁,晚年号六一居士。北宋中期杰出的文学家、史学家与政治家,著名的"唐宋八大家"之一。欧阳修四岁丧父,少年多罹忧患,母亲郑氏"画荻教子"。天圣八年(1030),欧阳修中进士,初仕洛阳,与梅尧臣、尹洙等人声气相投,提倡文学变革。景祐初,欧阳修因支持范仲淹的政治改革主张被贬。庆历年间,他再度积极参与范仲淹主持的"庆历新政",新政失败后,复又长期被贬在外。至和年间入朝,他逐渐上升至枢密副使、参知政事等权要职位,与韩琦、富弼等共襄朝政,成就"嘉祐之治"。治平四年(1067),欧阳修被卷入濮议之争,遭人诽谤,从此再也无心朝政,于是自请出知亳州。熙宁四年(1071),欧阳修以太子少师致仕,退居颍州西湖。熙宁五年(1072),欧阳修卒于颍州,谥号"文忠",世称欧阳文忠公,著有《欧阳文忠公集》。

欧阳修是北宋文学变革的领袖,他的人格修养和道德节操为时人所重。他喜奖掖后进,利用知贡举的权力举荐人才,当时几乎所有著名的文学家都曾得到欧阳修的帮助,因此在他周围形成了集团性的力量,从而顺利推动了北宋的诗文革新运动。在文学理论上,欧阳修承认道对文的决定作用,认为"大抵道胜者,文不难而自至"(《答吴充秀才书》);指出文采的必要性,认为"君子之所学也,言以载事,而文以饰言,事信言文,乃能表见于后世"(《代人上王枢密求先集序书》)。同时,他提倡"文与道俱""穷而后工",把"道"与世间百事联系起来,以文学反映社会现实,守正创新而不废传承。对于当时僻怪险涩的"太学体"文风,欧阳修坚决抵制并予以沉重打击。嘉祐二年(1057)主持科举时,他将当时"太学体"代表刘几的文章用红笔从头到尾,横抹殆尽,批上"大纰缪"三字,并表示"凡为新文者,一切弃黜"。此举激起士子哗变,他们聚在一起嘲骂欧阳修,甚至在大街上拦住欧阳修的马头哄闹,而欧阳修不为所动,终于使"场屋之习,从是遂变"。在创作实践中,欧阳修文备众体、各极其工,为诗文革新提供了大量典范之作。

在诗歌创作上,欧阳修转益多师,学习韩愈"以文为诗",兼学李白、杜甫、白居易等,且颇多创变,以散文手法和议论入诗,导引了宋调的形成。如《庐山高赠同年刘中允归南康》:"庐山高哉几千仞兮,根盘几百里,嶻然屹立乎长江。长江西来走其下,是为扬澜左蠡兮,洪涛巨浪日夕相春撞……宠荣声利不可以苟屈兮,自非青云白石有深趣,其气兀硉何由降?丈夫壮节似君少,嗟我欲说安得巨笔如长杠!"据叶梦得《石林诗话》载,这是欧阳修平生颇为自许的一首诗。他效法李白《庐山谣寄卢侍御虚舟》诗,以游山者的行踪为线索,由远及近,从山到人,开阖铺张,参差流宕,极尽七古句式之变化,典型地反映了宋人"以文为诗"的创作风貌。诗中以文为诗的笔法、生新拗折的构架、跌宕纵横的文势,无不显示宋诗独特的风貌。此诗反映了以欧阳修为代表的宋代诗人,在辉煌唐诗中寻找蓝本的同时,更在思考如何形成自己独特的诗歌风貌,建立起宋诗的体制。欧阳修诗中的议论,往往能与叙事、抒情融为一体,既得韩愈诗畅尽之致,又免韩愈诗枯涩之失。如《再和明妃曲》中"虽能杀画工,于事竟何益""红颜胜人多薄命,莫怨春风当自嗟",议论精警,借古讽今,以汉言宋,借王昭君的传说故事抨击时弊,对宋廷的苟安妥协、不思进取深表不满。全篇叙议结合,具有强烈的现实意义,体现了宋诗以文为诗、以议论为诗的创作特点。

欧阳修的七律诗,多有精彩之作。如《寄题嵩巫亭》:"平地烟霄向此分,绣楣丹槛照清芬。风帘暮卷秋空碧,剩见西山数岭云。"诗歌虽以一个园内小亭为题材,但落笔于亭上的烟霄清芬与碧空岭云,并化用李白和王勃的诗句,隐约表达对建亭者富弼的人格赞美。全诗气势阔大,情蕴其中,颇类唐音;意象密集,音节顿挫,彰显宋调。又如《梦中作》:夜凉吹笛千山月,路暗迷人百种花。棋罢不知人换世,酒阑无奈客思家。诗歌四句,分写夜月、路花、棋罢、酒阑四个独立的梦境。这四句,句句都似唐诗,组在一起便成了宋诗。这四梦,似断似续如蒙太奇,串起来却诗情完整,浑然一体。南宋洪迈在《容斋五笔》中评此诗"以四句各一事,似不相贯穿,故名之曰《梦中作》",并称赞此诗为"欧阳公绝妙之语",道出这首诗结构跌宕、诗意朦胧、扑朔迷离的意识流写作特点。

欧阳修散文的成就比诗歌更显著。他一生写了 500 余篇散文,吴充在《欧阳公行状》中说他"文备众体,变化开阖,因物命意,各极其工",指出了他散文创作的两个特点:一是各体兼备,有政论文、史论文、记事文、抒情文和笔记文等;二是变化多端,开阖自如,各极其工,新人耳目。他的许多政论作品,恪守自己"明道""致用"的主张,紧密联系当时政治,指摘时弊,思想尖锐,表现了宋代士大夫匡时救世的情怀。如《与高司谏书》对明哲保身的谏官痛加斥责,不留情面;《朋党论》怒斥保守派对范仲淹的污蔑;《新五代史·伶官传序》借后唐李存勖兴亡史事,总结出"忧劳可以兴国,逸豫可以亡身"的历史经验教训。他的抒情、叙事散文,大都情景交融。如《秋声赋》对秋声、秋色、秋意的描摹,无不带有强烈的感情色彩,引发读者的共鸣。又如《醉翁亭记》,全文紧扣一个"乐"字,层层推进,既表现了封建士大夫寄情山水、悠然自适的情怀,又反映出作者贬官之后,以顺处逆的旷达心态。全文骈散结合,情韵绵邈,连用 21 个"也"字,构成反复咏叹句式,强化了文章的抒情气息,成为欧阳修"六一风神"的代表作。

在词的创作上,欧阳修沿着南唐后主李煜开辟的方向,多用白描,抒发自我的人生感受,富有强烈的生活气息。如《南歌子》:"凤髻金泥带,龙纹玉掌梳。走来窗下笑相扶。爱道画眉深浅、入时无。弄笔偎人久,描花试手初。等闲妨了绣功夫。笑问双鸳鸯字、怎生书。"上片写新嫁娘晨起梳妆打扮的情形。词中的一笑一扶,透露着新婚丈夫对妻子的关心与呵护。下片写新婚妻子和丈夫相依相偎、两情相悦的生活场景。词中的一问一答透露出新娘的娇憨和夫妻恩爱,也透露出他们对未来生活的美好憧憬。此词以白描的手法,生动而传神地描绘出一位多情撒娇的少妇形象,表现了青年男女间的美好爱情。另外,欧阳修还借鉴民歌"定格联章"等表现手法,写下《渔家傲》七夕辞、《采桑子》咏西湖等鼓子词,虽然单篇主题各异,但整个联章浑然一体,成为宋词史上学习民歌的第一人,由此造就其清新明畅的词风。

作为北宋文坛的领袖,欧阳修在当时文坛地位显著,对后世影响深远。苏轼在《六一居士集叙》中说欧阳修"论大道似韩愈,论事似陆贽,记事似司马迁,诗赋似李白",充分肯定了欧阳修的文学成就。曾巩在《寄欧阳舍人书》中说:"然蓄道德而能文章者,虽或并世而有,亦或数十年或一二百年而有之。其传之难如此,其遇之难又如此。若先生之道德文章,固所谓数百年而有者也。"蓄道德、能文章,把道德文章并提,曾巩非常准确地评价了欧阳修的文学贡献和历史地位,这也是庐陵文学乃至庐陵文化的鲜明特色。

活跃在北宋中期文坛的庐陵作家还有"临江三孔"——孔文仲、孔武仲、孔平仲。三兄弟是今峡江县(宋时属临江军新淦县)罗田镇安山村人,以诗文著称,世称"临江三孔"。黄庭坚把"三孔"与"二苏"并提,赞曰:"二苏上连璧,三孔立分鼎。"(《和答子瞻和子由常父忆馆中故事》)苏辙在《次韵孔平仲著作见寄四首》其一中云:"时有江南生,能使多士服。"可见,"三孔"在北宋有很高的文学地位。然而,"三孔"著述散佚较多,致使文名不显于后世。

孔文仲(1033—1088),字经父,性格耿直,不喜言笑,少刻苦自励,七岁就会写诗作文,时称神童。曾敏行《独醒杂记》载,孔文仲六七岁时作《莲实》诗,中有一句云:"一茎青竹初出水,数个黄蜂占作窠。"客人奇之,孔文仲自此知名。嘉祐六年(1061),孔文仲中进士,考官吕夏卿称赞他"词赋赡丽,策论深博"。熙宁三年(1070),孔文仲因举荐迁台州军事推官。同年,他在制策中论及王安石新法不当,被罢归原职。元祐元年(1086)十一月,任起居舍人。次年五月为左谏议大夫,十一月改迁中书舍人。元祐三年(1088)同知贡举,因过度劳累而死。友人苏轼拊其枢说:"世人都喜欢阿谀奉承,厌恶说真话的人,像孔文仲这样正直的人,从此没有了。"孔文仲有《舍人集》传世。他的诗歌常常流露出贾岛般的愁苦之情，反映他在激烈的政治斗争中的苦闷与彷徨。如其《秋夜》其一："孤枕夜何永，破窗秋已寒。雨声冲梦断，霜气袭衣单。利剑摧锋锷，苍鹗缩羽翰。平生冲斗气，变作泪泛澜。"孔文仲因反对王安石变法而罢官，此诗作于罢官之后。诗中，主人公形单影只、愁思难眠，反映出壮志未遂、清贫自守的诗人形象。

孔武仲（1041—1098），字常父，嘉祐八年（1063）进士，元祐中官至礼部侍郎，后以"元祐党籍"夺职，居池州，废黜至死。他著述颇丰，但多散佚，有《宗伯集》传世。他的诗以写景见长，如《关山路三首》《入山三首》等。

孔平仲（1044—1103），字毅父，治平二年（1065）进士，为秘书丞、集贤校理，后提举永兴路刑狱，因为"元祐党人"而被削职，有《朝散集》传世。他的诗风格健朗，意境悠远，语言明快，如《寄内》："试说途中景，方知别后心。行人日暮少，风雪乱山深。"日暮时分，风雪满山，诗人格外思念家人。全诗以途中景色见别后离情，似李商隐的《夜雨寄北》。又如《禾熟》："百里西风禾黍香，鸣泉落窦谷登场。老牛粗了耕耘债，啮草坡头卧夕阳。"夕阳斜照，禾黍飘香，辛勤的老牛如释重负，悠闲地卧在山坡之上。作者以白描的手法，勾勒出一幅温馨的农村秋收图。

刘弇是北宋中后期颇有影响的文论家。刘弇（1048—1102），字伟明，号龙云先生，吉州安成（今安福县）人。元丰二年（1079）进士，知嘉州峨眉县（今四川峨眉山市），改太学博士。元符中，进《南郊大礼赋》，除秘书省正字。徽宗时，改著作佐郎、实录检讨官。有《龙云集》传世。刘弇的文章以欧阳修、王安石、曾巩为宗。他的词清丽缠绵，如《清平乐》："东风依旧，著意隋堤柳。搓得鹅儿黄欲就，天色清明时候。　去年紫陌青门，今朝雨魄云魂。断送一生憔悴，能消几个黄昏！"春风轻拂垂柳，杨柳初绽的嫩黄叶子，宛如雏鹅的羽绒。这惹人喜爱的颜色，竟是东风搓弄而出，可谓奇绝之笔。全词语言浅易，以乐景写哀情，是悼亡词中的佳作。

三、杨万里与南宋文学

南宋庐陵文学延续了北宋时的辉煌，著名的文学家有杨万里、胡铨、文天祥、刘辰翁等。

杨万里（1127—1206），字廷秀，号诚斋，吉州吉水湴塘（今吉水县黄桥镇）人，绍兴二十四年（1154年）进士。授赣州司户参军，后调任永州零陵县丞，受到张浚的勉励与教诲。孝宗即位后,张浚为相,即荐杨万里为临安府教授。杨万里先后做过国子博士、太常博士、吏部员外郎、太子侍读等京官,以及奉新知县、常州知州、提举广东常平茶盐公事等地方官。光宗即位,召为秘书监。绍熙元年(1190),为金国贺正旦使接伴使兼实录院检讨官。终因孝宗对他不满,出为江东转运副使,后闲居家乡。开禧二年(1206),因痛恨韩侂胄弄权误国,杨万里忧愤而死,官终宝谟阁学士,谥"文节"。杨万里为当时的诗坛领袖,有"四海诚斋独霸诗""执诗坛之牛耳"的赞誉,与陆游、范成大、尤袤合称为"中兴四大诗人",有《诚斋集》传世。

杨万里早年学习江西诗派,中年后逐渐摆脱江西诗派的影响。绍兴三十二年(1162),他将以前模仿江西诗派所作的诗全部烧掉了。焚诗是杨万里诗学的一个新的起点,从此,杨万里的创作进入了一个新的时期。他善于从平常的景物中捕捉富有情趣的瞬间,并用浅近自然的语言表现出来。他的诗风活泼自然,饶有谐趣,被称为"诚斋体",并主要表现在以下四个方面:

1. 兴会触物而生。杨万里善于攫取自然场景的瞬间,从中寄予自己旷达自适、潇洒无碍的透脱情怀。如《过百家渡四绝句》其一:"出得城来事事幽,涉湘半济值渔舟。也知渔父趁鱼急,翻着春衫不里头。"诗人时为零陵县丞,渴望从烦琐的日常事务中解脱出来。他出城后惊讶地看到,渔夫因为急于捕鱼而穿反了衣衫,未戴头巾而光着脑袋。这种疏放不羁的生活情态正是诗人内心的追求。又如其名篇《小池》:"泉眼无声惜细流,树阴照水爱晴柔。小荷才露尖尖角,早有蜻蜓立上头。"诗人通过对小池中的泉水、树荫、小荷、蜻蜓的描写,描绘出一种具有无限生命力的朴素、自然,而又充满生活情趣的生动画面,表现了作者对生活的热爱。

2. 想象新奇生动。如《小雨》:"雨来细细复疏疏,纵不能多不肯无。似妒诗人山入眼,千峰故隔一帘珠。"此诗写得活泼俏皮,将连绵细雨比作眼前珠帘,似乎嫉妒群山漫入诗人之眼。又如他写月下饮酒时的奇思妙想:"老夫渴急月更急,酒落杯中月先入。""举杯将月一口吞,举头见月犹在天。老夫大笑问客道,月是一团还两团?"(《重九后二日同徐克章登万花川谷月下传觞》)再如他描写大风江浪:"北风五日吹江练,江底吹翻作江面。""更吹两日江必竭,却将海水来相接。"(《池口移舟入江再泊十里头潘家湾阻风不止》)这些诗歌都以新奇想象,将自然之景写得活泼生动。

3.笔法曲折有致。如《闲居初夏午睡起二绝句》其二:"松阴一架半弓苔,偶欲看书又懒开。戏掬清泉洒蕉叶,儿童误认雨声来。"这首诗写诗人闲适和慵懒的情绪。他想看书,但是刚刚翻开又兴致索然,只得百无聊赖地掬起泉水去浇芭蕉。那淅淅沥沥的水声惊动了正在玩耍的儿童,他们还以为骤然下起雨来。诗歌以诗人的闲散无聊与儿童的天真烂漫相比较,情景宛然,含有无穷乐趣。又如《都下无忧馆小楼春尽旅怀二首》其二:"不关老去愿春迟,只恨春归我未归。最是杨花欺客子,向人一一作西飞。"此诗作于乾道三年(1167)杨万里客居临安之时,诗人感春进而思家,以杨花西飞反衬自己不能西归,在物我对比中显示羁旅之愁。这些诗,无论是写闲居家乡的意趣,还是客子思归的愁情,都显得婉转回环,意味深长。

4.语言浅近幽默。如诗人写降霜之月:"人静蚤喧天欲霜,不眠独自步风廊。闲看月走仍云走,知是云忙复月忙?"(《霜夜望月》)夜深人静之时,诗人闲看月亮与白云行走,不知是月忙还是云忙,这时倒显出诗人的闲情逸致。又如写既望之月:"中秋无月莫尤天,月入秋来夜夜妍。且道今宵明月色,何曾减却半分圆?""月到中秋故故无,今宵月好莫渠孤。旧传月径圆千里,影落金杯只粒珠。"(《中秋无月既望月甚佳》)诗人盼望着中秋赏月,在写这两首诗的前几天,还说"今年老矣差无病,后夜中秋有月无"(《中秋前二夕钓雪舟中静坐》),可等到一年一度的中秋佳节,月亮却未露面。诗人并未感到沮丧,反而认为秋月夜夜都很妍丽。无论是降霜之月,还是既望之月,诗人都是兴致盎然,笔下的赏月诗都表现出其浅近幽默的语言特色。

在诗学理论上,杨万里提出了引导南宋诗歌发展的重要诗论"晚唐异味"说。淳熙十六年(1189)仲冬,杨万里在《读〈笠泽丛书〉》组诗中对晚唐诗人陆龟蒙的诗歌大加赞赏,并高度评价了晚唐诗歌。嘉泰元年(1201)六月,杨万里在《颐庵诗稿序》中揭示出了"晚唐异味"诗论的具体内涵,他说写诗要努力追求诗歌的言外之意。这就像人们品尝糖与吃苦菜一样,品糖初觉甜美,而后有酸味;吃苦菜初有苦涩,而后觉甘甜。正如《诗经》中的作品,含蓄微讽。《诗经》之后,诗味断绝,唯独到晚唐诸子那里,诗歌词意微深、婉而多讽。在这篇序中,杨万里将晚唐诗歌提升到《诗经》的高度,指出独特的风味为诗歌的审美法则,即有含蓄的笔法和讽谏的内容。在《周子益〈训蒙省题诗〉序》中,杨万里指出,晚唐诗虽然没有李、杜诗的雄浑,但是继承了《诗经》的现实主义传统,好色不淫,怨诽不乱,可说是《国风》《小雅》之遗音。

杨万里对晚唐诗的推崇,对陆龟蒙等晚唐诗人的由衷赞誉,以及对"晚唐异味"的强调,都隐含着他对当时诗风的批评。南宋中期,诗坛风习正如杨万里《读〈笠泽丛书〉》诗中所说"近日诗人轻晚唐"。而"近日诗人"的代表,正是他的好朋友陆游。陆游极其鄙视晚唐诗歌,认为晚唐诗气弱格卑,流荡靡丽,严厉批评晚唐诗人的代表温庭筠和李商隐,指斥晚唐一代诗风。而杨万里对晚唐诗歌的态度,恰与陆游相反。他心中的晚唐诗,是那些具有强烈现实关怀、忧国忧民、批评时政的诗歌。他所说的晚唐异味,就是以委婉讽谏为特征,以言外之意为追求的诗歌趣味。

"晚唐异味"说反映了杨万里讲究品节、关心国事的思想节操。他的诗中,也隐含着忧国忧民的深沉情怀,以及委婉而尖锐的讽刺内容。

一是对朝廷的讽谏。如代表作《初入淮河四绝句》其一、其四:

船离洪泽岸头沙,人到淮河意不佳。何必桑干方是远,中流以北即天涯。

中原父老莫空谈,逢着王人诉不堪。却是归鸿不能语,一年一度到江南。

南宋与金以淮河为界,原为宋朝内河的淮河如今成了天涯,只有水面翱翔的鸥鹭才能北去南来,任意翻飞。诗人感到深深的悲愤,表达了对南宋王朝妥协投降政策的不满。又如《江天暮景有叹》其二:"一鹭南飞道偶然,忽然百百复千千。江淮总属天家管,不肯营巢向北边。"这首诗讽刺南宋最高统治者偏安一隅,不愿收复故土。又如《九月十五夜月,细看桂枝北茂南缺,未经古人拈出,纪以二绝句》组诗:

桂树冰轮两不齐,桂圆不似月圆时。吴刚玉斧何曾巧,斫尽南枝放北枝。

青天如水月如空,月色天容一皎中。若遣桂华生塞了,姮娥无殿兔无宫。

第一首写月轮在农历九月十五日虽然圆满,桂影却不均匀圆满。吴刚挥动玉斧砍伐桂树,砍尽南枝放出北枝。第二首设想如果桂花塞满了月宫,那么嫦娥和玉兔将无处容身。很显然,诗中的南枝和北枝分指南宋和金国;嫦娥、玉兔无处容身喻指南宋覆亡,最高统治者也难逃厄运。这组诗以吴刚伐树的典故,表达中原陷金之恨,同时讽刺朝廷不思进取,难逃覆亡命运。又如《过扬子江》其二:"天将天堑护吴天,不数崤函百二关。万里银河泻琼海,一双玉塔表金山。旌旗隔岸淮南近,鼓角吹霜塞北闲。多谢江神风色好,沧波千顷片时间。"首联写长江天堑不让崤函之险;颔联写长江雄伟壮观的景象;颈联指出长江离敌界很近,金国领土却可纵深到塞北;尾联感谢江神让自己渡江便当,只要"风色好",纵然江水浩渺,也能顷刻越过。诗人由自己渡江的体会,联想到国家安危,指出所谓的长江天险,其实顷刻间就能越过,隐讽南宋王朝的危弱局势。诗人在对客观景物的叙写中,寄托了自己的悲愤和忧思,体现了诚斋诗委婉沉郁的一面。

二是对社会的讥讽。杨万里的诗,有对阿谀奉承之徒的批判,有对高蹈远举之人的针砭,也有对江湖清客、算命先生的调侃。如《送傅山人二绝句》:"江山有约未应疏,浪自忙中白却须。我昔属官今属我,子能略伴瘦藤无?""谈天渠外更谁先?聊复怜渠与酒钱。富贵不愁天不管,不应丘壑也关天。"第一首写自己曾属意山水,后一度为官,现在已卸去了名缰利锁,可以自由归隐了。于是,作者问自己的朋友、江湖术士傅山人,是否愿意和自己徜徉于山水之间呢?第二首夸耀傅山人颇知命理,但随即说自己不信这些占卜之术,只是看到山人可怜,才给他一点酒钱。富贵之事随由天管,难道归隐山林之类的事情,也要卜卦算命吗?这两首诗通过对算命先生的调侃,表达作者鄙夷富贵的思想。又如《清晓出郭迓客七里庄》:

却为迎宾得探春,白门官柳早尖新。如何霜瓦才逢日,半作青瑶半作银。

偏得春怜是柳条,腰肢别作一般娇。微风不动渠犹舞,刚道东风转舞腰。

这两首是咏物诗。第一首写春天的杨柳低垂迎宾,清新碧绿。但如果遇到打霜的日子,那柳叶就一半青色一半银白。第二首描绘柳枝婀娜多娇,微风也要起舞,硬说是顺东风而飘舞。这两首诗尖锐地讽刺了社会上那些变节之士和阿谀之徒。又如《读严子陵传》:"客星何补汉中兴,空有清风冷似冰。早遣阿瞒移九鼎,人间何处有严陵。"严子陵即东汉著名隐士严光,刘秀即位后,多次延聘他,但他隐姓埋名,退居富春山,以高风亮节闻名天下。杨万里却说在国家中兴、急需人才之际,严子陵却归隐不问世事,纵然是高风亮节也于事无补;假使曹操篡汉,恐怕严子陵也无处去隐居垂钓了。此诗对那些自命清高、不顾国家安危的隐士,进行了严厉的批评。又如《宿灵鹫禅寺二首》其二:"初疑夜雨忽朝晴,乃是山泉终夜鸣。流到前溪无半语,在山做得许多声。"这首诗写泉水在山间终夜作响,一旦水宽路平,遂无一点声响。诗人借此讽刺了那些隐居山野的高士议论时政时个个激昂慷慨,一旦进入仕途便顺应世俗、平庸无为。这些讽刺诗,生动诙谐而内含锋芒,具有深刻的现实意义。

三是对自我的嘲讽。淳熙十六年(1189)冬,杨万里以金国贺正旦使接伴使的身份,陪金国使者登上了镇江金山,写下了《雪霁晓登金山》诗。诗歌铺叙和渲染长江波涛汹涌、金山地势险要。金山本为南宋固若金汤之地,但是敌国使者却在南宋官员即诗人陪同下踏雪游山,烹茶赏景。陆游《入蜀记》卷一载:"山绝顶有吞海亭,取气吞巨海之意,登望尤胜。每北使来聘,例延至此亭烹茶。"杨万里深感羞愧,写道:"诗人踏雪来清游,天风吹侬上琼楼。不为浮玉饮玉舟,大江端的替人羞!金山端的替人愁!"他深为感慨:无奈此行并非赏景饮酒,浩浩长江怎不替人害羞,巍巍金山怎不替人生愁。诗歌托意长江和金山,既讽刺南宋朝廷一味求和,又解嘲自己虽图恢复,却身负屈辱使命。又如《儿啼索饭》诗:

　　饱暖君恩岂不知？小儿穷惯只长饥。朝朝听得儿啼处,正是炊粱欲熟时。

诗人感慨自己虽然步入仕途,但仍然穷困,让小儿经常挨饿,每每听到儿啼索饭,应是富贵黄粱梦醒之时。此诗嘲讽自己无法摆脱功名利禄。又如《有叹》诗:"饱喜饥嗔笑杀侬,凤凰未可笑狙公。尽逃暮四朝三外,犹在桐花竹实中。"诗歌将凤凰和猕猴对比:猕猴受到狙公朝三暮四式的愚弄,可谓愚蠢;凤凰看似聪明,也摆脱不了桐花竹实的诱惑。由此看来,凤凰尽管比猕猴高明,可以不听命于狙公,却也未必能做到超凡脱俗。诗人对凤凰的嘲讽实则是对自己的反省,他想到自己在家赋闲,还拿着朝廷"祠官"的俸禄,感到深深的自责。终于在庆元五年(1199),杨万里谢禄致仕,真正归隐。全诗以幽默风趣的语言隐含自责和自嘲,体现了诚斋诗"晚唐异味"的内在底蕴。

这些含蓄蕴藉、婉而多讽的诗歌,体现了作者对现实清醒而深刻的认识。杨万里宦海沉浮近五十年,三度入朝,接近过南宋王朝的权力核心,清楚君王的偏安心态和朝廷的弊端黑暗;几经外放,了解地方上的民生疾苦和社会万象。这种种使他对当时朝廷政治、现实社会乃至自己的人生选择有了更为清醒深刻的认识,也使他诗中含有现实主义的内容,呈现出委婉讽谏的艺术特点,即他所主张的"晚唐异味"。

杨万里以诗坛盟主的身份,大力推崇晚唐诗风,对当时诗坛产生了很大的影响:张镃学其白描取景、触手成春,姜特立学其翻新出奇、构思奇警,许及之学其清丽疏淡、超旷洒脱。稍后的姜夔师法晚唐,讲究"无法"与"余味",使诗歌呈现清空之美。"永嘉四灵"对杨万里极其景仰,他们把目光转向晚唐,在自我内心世界的审视中,捕捉意识的流动变化和自然的细微迹象。终于在庆元、嘉泰年间,南宋诗风全面转向,出现了向晚唐复归的思潮。

在南宋的 150 年间,杨万里创立了一种新的诗体即"诚斋体",提出了"晚唐异味"的诗论,成为南宋诗歌从江西诗派到江湖诗派转变的关键人物。

四、南宋中期庐陵作家群

南宋王朝军事力量屡弱且在政治上软弱无能,而胡铨、杨炎正、刘过、刘仙伦等庐陵作家群,高举"文章节义"大旗,在文学领域表现出庐陵人的凛然正气和傲岸风骨。

胡铨,字邦衡,号澹庵,南宋吉州庐陵芗城(今吉安市青原区值夏镇)人,他生于多事之秋,建炎二年(1128)中进士,授抚州军事判官。绍兴五年(1135),升任枢密院编修官。绍兴八年(1138),胡铨闻知秦桧派王伦出使金国乞求和议,屈辱称臣,毅然上书高宗,声明"义不与桧等共戴天",要求高宗砍下秦桧、王伦、孙近三贼的头颅以谢天下,如若不然,他宁愿赴东海而死,也绝不处小朝廷苟活。秦桧读到"斩桧书"后,恼羞成怒,诬胡铨"狂妄凶悖,鼓动劫持",谪广州监管盐仓。绍兴十二年(1142),胡铨被发配新州(今广东新兴)编管。孝宗即位后,胡铨被起用知饶州(今鄱阳),不久又授秘书少监、起居郎、侍讲、国史院编修、工部侍郎、兵部侍郎等要职。后以资政殿学士致仕,晚年定居庐陵青原山南麓,谥"忠简"。

胡铨一生,都坚决站在主战派一边,反对议和,抗金爱国之心矢志不移。他的《戊午上高宗封事》写得义正词严,风骨凛然,表现了鲜明的民族气节和爱国热忱。这篇奏疏海内传诵,金人购得此书,读之色变,惊叹"南宋有人"。

> 呜呼!自变故以来,主和议者,谁不以此说啖陛下哉?然而卒无一验,则虏之情伪已可知矣。而陛下尚不觉悟,竭民膏血而不恤,忘国大仇而不报,含垢忍耻,举天下而臣之,甘心焉。就令虏决可和,尽如伦议,天下后世

谓陛下何如主？况丑虏变诈百出，而伦又以奸邪济之，则梓宫决不可还，太后决不可复，渊圣决不可归，中原决不可得，而此膝一屈不可复伸，国势陵夷不可复振，可为痛哭流涕长太息矣。……臣备员枢属，义不与桧等共戴天。区区之心，愿断三人头，竿之藁街，然后羁留虏使，责以无礼，徐兴问罪之师，则三军之士不战而气自倍。不然，臣有赴东海而死尔，宁能处小朝廷求活耶？

文章大量运用排比句，间用表示决断的感叹句，气势磅礴，音节铿锵，是国家和民族处于生死存亡的关头，拍案而起所作的一篇战斗檄文。它反映了时代的要求、民众的呼声，鼓舞了抗金军民的斗志，打击了投降派的气焰，对当时和后世都产生了重要的影响，成为庐陵文章节义的代表作。

胡铨的词成就较高，词风慷慨激昂，如流放新州时所写的《好事近》："富贵本无心，何事故乡轻别？空使猿惊鹤怨，误薜萝秋月。　　囊锥刚要出头来，不道甚时节。欲驾巾车归去，有豺狼当辙。"上片是说自己本来无意于富贵，却走上仕途，因此深感懊悔。如今身处南荒，更加思念故乡。下片表面是自责和悔恨自己的意气用事，实则斥责朝廷"豺狼当辙"，奸臣主和误国、陷害忠良。全词表现了作者无畏的抗争精神和对国事的深切关注，把矛头指向了当朝宰相秦桧。胡铨也因这首词作，被贬谪到更偏远的海南岛。

周必大（1126—1204），字子充，一字洪道，自号平园老叟，吉州庐陵人。绍兴二十一年（1151）进士，二十七年（1157）举博学宏词科，历仕宋高宗、孝宗、光宗、宁宗四朝，在孝宗朝官至左丞相，位极人臣。光宗时，封益国公。卒谥"文忠"。其著作丰富而精湛，卷帙浩繁，史称其著书81种200卷。现存《益国周文忠公全集》200卷，其中包括《省斋文稿》《平园续稿》《省斋别稿》《二老堂诗话》等24种，有清咸丰刊本。

周必大的制诰文多用四六骈文，写得婉转畅达、典雅精美。如乾道六年（1170），南宋派遣官员出使金国贺金主生辰，并议奉迁祖宗陵寝及更改受书礼仪等事宜。周必大奉孝宗命制作国书云："尊卑分定，或较等威；叔侄亲情，岂嫌坐起！"四字一句，语藏玄机，妥帖地说出了孝宗欲说还休的心理，且让金主无话可说，因而孝宗对其大加褒扬，曰："未尝谕国书之意，而卿能道朕心中事，此大才也。"《宋史》本传评价道："必大在翰林几六年，制命温雅，周尽事情，为一时词臣之冠。"此语准确道出了周必大在制诰文方面的地位和成就。

他的政论文颇有纵横家的气势,气势浩然,跌宕起伏。他的序记文也颇为精彩,如写于庆元元年(1195)的《赏心楼记》:

> 二水中分白鹭洲,李翰林金陵诗也。今白鹭、赏心二亭,连延城上。元丰中,苏翰林赋长短句送王胜之,仍题柱云:"江山之胜,倾想平生。"名遂传于天下。庐陵亦有白鹭洲。青原台直其首,郡治也;堆胜楼当其腹,驲舍也。登临胜概,虽亚金陵,然非闲人所能至,盍求之于造物之无尽藏乎?乃市民居,创小楼,介于二者之间,借其名曰赏心,且少陵江楼诗也。衡不盈三丈,纵又去其一,惟费省,故成速,盖洲之项领也。目力所及,视青原、堆胜十得八九,而无厉禁,可以日涉。《诗》不云乎:"于胥乐兮!"愿与乡人共之,安知来者无二翰林之才,为余赋之也?庆元元年二月日。

这是一篇记叙庐陵白鹭洲胜景的文章。开篇引用前人诗文,通过介绍金陵白鹭洲,继而引出庐陵白鹭洲;接着写赏心楼之来历、规模和地理位置。全文层次井然,言简意赅。

周必大有诗600多首。他初学黄庭坚,后由白居易溯源杜甫,情绪深沉,清丽自然,突破江西诗派以文字为诗、以才学为诗的创作藩篱。如写于绍兴二十二年(1152)冬的《道中忆胡季怀》诗:

> 珍重临分白玉卮,醉中那暇说相思。天寒道远酒醒处,始是忆君肠断时。

胡季怀是胡诠的侄子,为周必大好友。诗歌后两句以离别后的寂寞孤苦,渲染出朋友间的深情厚谊。又如写于乾道六年(1170)的《夜直怀永和兄弟》诗:

> 玉堂清冷夜初长,风雨萧萧忆对床。微道传呼钟鼓密,梦魂那得到君傍。

周必大在风雨交加的深夜当值,钟鼓报时,不由得想起了远在千里之外的兄弟们。全诗以冷清凄苦的环境描写,刻画出对诗人家乡亲人的无比思念。又如《入直召对选德殿赐茶而退》诗:

> 绿槐夹道集昏鸦,敕使传宣坐赐茶。归到玉堂清不寐,月钩初上紫薇花。

乾道七年(1171)七月,宋孝宗在选德殿召礼部侍郎周必大,让他针对当时的朝政发表意见。周必大回家后,夜不能寐,经过深思熟虑,针对朝廷存在的一些问题,写下了著名的《论四事》奏疏,重点陈述了兵将与郡守变易过于频繁的弊病。此诗写于周必大被皇帝召见后，足可见其激动的心情。首句的昏鸦，写出了诗人不知皇帝召自己何事时的忐忑不安。尾句"月钩初上紫薇花"之景，写出自己被召见后的欢欣和希望。诗中的"紫薇花"一语双关。唐开元元年（713），改中书省为紫微省（"微"亦作"薇"），改中书令为紫薇令，而唐代的中书令即相当于宋代的宰相。显然，周必大在被宋孝宗召见后，觉得自己前程似锦。全诗简明扼要，清淡典雅，意蕴深沉，显示了深厚的文学功底。

王庭珪（1079—1172），字民瞻，号卢（一作泸）溪，吉州安福人。政和八年（1118）进士，初任茶陵县丞，与上官不和，遂于徽宗宣和五年（1123）弃官隐居泸溪。绍兴中，胡铨请斩秦桧，谪新州，独庭珪以诗送行，被秦桧以诽谤罪流放夜郎。绍兴十九年（1149），送辰州（治所在今湖南沅陵县）编管。绍兴二十五年（1155），秦桧死，王庭珪赦归家乡。孝宗时，召对内殿，欲授其官，以年老拒绝。乾道八年（1172）病逝。去世后葬于安福，胡铨为其撰写墓志铭碑。著作有《卢溪集》等。

王庭珪诗风雄浑刚健、兴寄高远，杨万里在《卢溪先生文集序》中赞曰："盖其诗自少陵出，其文自昌黎出，大要主于雄刚浑大。"如《送胡邦衡之新州贬所二首》：

囊封初上九重关，是日清都虎豹闲。百辟动容观奏牍，几人回首愧朝班？名高北斗星辰上，身堕南州瘴海间。不待他年公议出，汉廷行招贾生还。

大厦元非一木支，欲将独力拄倾危。痴儿不了公家事，男子要为天下奇。当日奸谀皆胆落，平生忠义只心知。端能饱吃新州饭，在处江山足护持。

在秦桧的政治高压下，王庭珪依然冒着生命危险，写下这两首诗为胡铨送行，并由此获罪而被贬十余年。第一首歌颂胡铨上书，化用韩愈诗句和贾谊典故，描写胡铨的奏章震动朝野，抨击朝廷以秦桧为首的奸佞小人，表达了正义必将战胜邪恶的坚强信念。第二首赞颂胡铨忠肝义胆，勉励胡铨定能平安渡过劫难。两首诗充满凛然正气，激昂高亢，是宋代爱国主义的最强音，为庐陵文学增添了一抹壮丽的色彩。

南宋中后期的词坛，有不少著名的庐陵词人，他们词风豪迈，被称为"辛派词人"。如杨炎正、刘过、刘仙伦等。杨炎正（1145—?），字济翁，杨万里的族弟。

庆元二年(1196)始登第,受知于丞相京镗,为宁远主簿。先后知藤州(今广西藤县)、琼州,官至安抚使。他与辛弃疾相从甚密,多有酬唱。其词风清俊,有词集《西樵语业》传世。《四库总目提要》称其词"纵横排之气,虽不足敌弃疾,而屏绝纤秾,自抒清俊,要非俗艳所可拟"。如《蝶恋花》:

> 离恨做成春夜雨。添得春江,划地东流去。弱柳系船都不住,为君愁绝听鸣橹。　　君到南徐芳草渡。想得寻春,依旧当年路。后夜独怜回首处,乱山遮隔无重数。

这阕词描绘春景,抒写离情。上片写惜别。春江水满,离愁千万。弱柳系船,无奈别离。闻橹声更增添离愁。下片设想别后情景。回望送别之处,只见乱山重叠。全词抒写离愁别绪,细腻委婉,工巧别致。尤其是结尾虚处藏神,与李白"孤帆远影碧空尽,唯见长江天际流"(《黄鹤楼送孟浩然之广陵》),以及岑参"山回路转不见君,雪上空留马行处"(《白雪歌送武判官归京》)的结句相似,将抽象的离情写得具体生动,回味无穷。清人况周颐《蕙风词话》卷二称此词"婉曲而近沈著,新颖而不穿凿,于词为正宗中之上乘"。又如《水调歌头》:

> 寒眼乱空阔,客意不胜秋。强呼斗酒发兴,特上最高楼。舒卷江山图画,应答龙鱼悲啸,不暇顾诗愁。风露巧欺客,分冷入衣裘。　　忽醒然,成感慨,望神州。可怜报国无路,空白一分头。都把平生意气,只做如今憔悴,岁晚若为谋! 此意仗江月,分付与沙鸥。

这阕词是感叹报国无路的登临抒怀之作,写于淳熙五年(1178)。杨炎正当时与辛弃疾同舟路经扬州,登镇江北固山甘露寺中的多景楼有感而作。上片写登楼秋景。长江波涛汹涌,有如龙鱼悲啸,也有如南宋风雨飘摇的局势。而风露欺客、冷入衣裘,暗喻奸佞之徒结党营私、排挤异己,使爱国之士举步维艰、难有作为。下片写作者壮志难酬的悲愤。纵然他不甘心浪迹江湖,但为时势所迫,也只能与江上的明月和沙鸥为伴。全词忧时感世,慷慨激越,意蕴悲凉,有辛词之风。

刘过、刘仙伦并有词名,人称"庐陵二布衣"。刘过(1154—1206),字改之,号龙洲道人,吉州太和(今泰和县)人。四次科场皆不中,遂漫游于两湖、江淮和江浙一带,布衣终身。他与陆游、辛弃疾、陈亮等交游,与刘克庄、刘辰翁并称"辛派三刘"。有《龙洲集》《龙洲词》传世。

作为辛派的重要成员,刘过有意识地效法辛弃疾,词风狂放俊逸。黄昇也说刘过"词多壮语,盖学稼轩"。"狡兔依然在,良犬先烹。过旧时营垒,荆鄂有遗民。忆故将军,泪如倾。"在这阕词中,刘过对屈死的岳飞表达了无比的怀念。陈亮称刘过"才如万乘器",勉励他"会须研取契丹首,金印牙旗归故乡"(《赠刘改之》)陆游也对这位比自己小近三十岁的后辈刮目相看:"放翁七十病欲死,相逢尚能刮眼看。"(《赠刘改之秀才》)又据岳珂《桯史》等记载,辛弃疾曾招他入幕,而且非常喜爱他的词。嘉泰三年(1203),辛弃疾任浙东安抚使,邀请刘过到绍兴府相会,刘过因事无法赴约,于是在杭州效仿辛弃疾词风写了一首《沁园春》:

> 斗酒彘肩,风雨渡江,岂不快哉?被香山居士,约林和靖,与坡仙老,驾勒吾回。坡谓:西湖,正如西子,浓抹淡妆临镜台。二公者,皆掉头不顾,只管传杯。　　白言:天竺飞来,图画里峥嵘楼阁开。爱纵横二涧,东西水绕,两峰南北,高下云堆。逋曰:不然,暗香浮动,不若孤山先访梅。须晴去,访稼轩未晚,且此徘徊。

这阕词将白居易、苏轼、林逋等不同时代的文人放在一起,也体现了词人的奇思妙想。全篇以文为词,多用对话、典故,妙趣横生,洋溢着豪情逸气,展示着作者的恢宏气度。难怪清人刘熙载评价说:"刘改之词,狂逸之中,自饶俊致,虽沉着不及稼轩,足以自成一家。"又如《沁园春·张路分秋阅》:

> 万马不嘶,一声寒角,令行柳营。见秋原如掌,枪刀突出,星驰铁骑,阵势纵横。人在油幢,戎韬总制,羽扇从容裘带轻。君知否,是山西将种,曾系诗盟。　　龙蛇纸上飞腾,看落笔、四筵风雨惊。便尘沙出塞,封侯万里,印金如斗,未惬平生。拂拭腰间,吹毛剑在,不斩楼兰心不平。归来晚,听随军鼓吹,已带边声。

"秋阅"指古代军事长官在秋天检阅演习的军队。这阕词记录了张路分(姓张,名字不详,路分是指其官职路分都监)秋阅的壮观场景,描绘了一个文武兼备的抗战派儒将形象,抒发了作者北伐抗金的强烈愿望。上片从听觉和视觉两方面写演习情景,下片挖掘出将军的内心世界,即希望以腰间利剑斩杀占据中原的金人,了却平生之志。全词集中描绘秋天军事演习的场面,鲜明地刻画出即将出征的军事将领形象,为宋词中之佳作。

刘仙伦(生卒年不详),一名拟,字叔拟,号招山,与刘过齐名,著有《招山小集》。他的词多写中原沦陷之悲痛、报国无门之悲愤,境界阔大,有辛词之风。

如《念奴娇·送张明之赴京西幕》：

> 艅艎东下，望西江千里，苍茫烟水。试问襄州何处是？雉堞连云天际。叔子残碑，卧龙陈迹，遗恨斜阳里。后来人物，如君瑰伟能几？　其肯为我来耶？河阳下士，差足强人意。勿谓时平无事也，便以言兵为讳。眼底河山，楼头鼓角，都是英雄泪。功名机会，要须闲暇先备。

襄阳是宋金对峙的前沿、兵家必争之地。刘仙伦劝诫人们，尽管宋金相持，未有战事，但需加强战备，切不可麻痹大意。宋室南渡以后，统治者经常幻想与金人"互不侵犯，长治久安"，刘仙伦此词有警示意义。尤其是"眼底河山，楼头鼓角，都是英雄泪"三句，写得慷慨悲壮，勉励友人为国家建功立业，显示出作者对国家命运的高度关注，以及对友人的殷切期望。词中的散文句式如"其肯为我来耶""勿谓时平无事也"等，都与辛词一脉相承，正如陈廷焯《云韶集》卷六所评："此词议论纵横，无限感喟，真是压倒古今。魄力不亚辛稼轩，并貌亦与之仿佛。""置之稼轩集中，亦是高境。"另外，刘仙伦有些词写得俊逸洒脱，如《虞美人·题吴江》：

> 重唤松江渡。叹垂虹亭下，销磨几番今古！依旧四桥风景在，为问坡仙甚处。但遗爱、沙边鸥鹭。天水相连苍茫外，更碧云去尽山无数。潮正落，日还暮。　十年到此长凝伫。恨无人、与共秋风，鲙丝莼缕。小转朱弦弹九奏，拟致湘妃伴侣。俄皓月、飞来烟渚。恍若乘槎河汉上，怕客星犯斗蛟龙怒。歌欸乃，过江去。

上片写日暮江天的胜景，下片转入对古今人物的怀念，委婉地表达了作者隐居僻壤、无以为伴的孤寂心情。词尾以高歌过江作结，将低沉之情转入旷远之境。词中的江流、碧空、群山、皓月、烟渚，连同作者的琴音、歌咏，构成一幅清丽浩渺的吴江日暮图。

五、南宋末期的庐陵文学

宋元之际，庐陵文学因时局剧变、王朝更迭，涌现出了一大批砥砺民族气节的爱国主义作品，为南宋文学的落幕谱写下悲壮而悠远的尾声。

刘辰翁，字会孟，号须溪，景定三年（1262）登进士第。因触忤权臣贾似道，遂以母亲年迈为由请为濂溪书院山长。景定五年（1264），应江万里邀入福建转运司幕府。未几，随江万里入福建安抚司幕府。咸淳元年（1265），为临安府教授。四年（1268），入江东转运司幕府。五年（1269），为中书省架阁，丁母忧去。

宋亡后,矢志不仕,回乡隐居十八年,居家著述。有《须溪集》传世。

刘辰翁一生致力于文学创作和文学批评活动,其文学成就主要表现在词作方面。刘辰翁的词既有苏、辛词雄浑沉郁之风,又有自己独有的清空疏越之气,对后世词创作产生了很大的影响。他的词多写故国哀思,写得凄凉伤婉,如《柳梢青·春感》:

> 铁马蒙毡,银花洒泪,春入愁城。笛里番腔,街头戏鼓,不是歌声。
>
> 那堪独坐青灯。想故国,高台月明。辇下风光,山中岁月,海上心情。

这首词写于作者晚年隐居山中之时,题名"春感",实为元宵节有感而作。上片写想象旧都临安城元宵灯节的凄凉情景。开篇"铁马蒙毡",不仅点明整个临安已经处于元军铁蹄之下,而且揭示了全篇的时代特征。他想象中临安元宵鼓吹弹唱的情景:那横笛吹奏出来的,已不是汉家的故音,而是带有北方游牧民族情调的"番腔";那街头上演出的,也不再是熟悉的故国戏鼓,而是异族的鼓吹杂戏。下片表达了作者对故国的深沉怀念和无限眷恋之情。在故乡庐陵的山中,作者独对青灯,想那故国旧都、高台宫殿,如今都笼罩在惨淡的明月之下。繁华散尽,都已化成无边的寂寞与悲凉。最后的"海上心情",借用的是苏武在北海矢志守节的典故,表达自己隐居不仕的坚定志向。全词沉郁悲凉,表现了作者坚贞的民族气节。又如《兰陵王·丙子送春》:

> 送春去。春去人间无路。秋千外、芳草连天,谁遣风沙暗南浦?依依甚意绪?漫忆海门飞絮。乱鸦过、斗转城荒,不见来时试灯处。　　春去,最谁苦?但箭雁沉边,梁燕无主,杜鹃声里长门暮。想玉树凋土,泪盘如露,咸阳送客屡回顾,斜日未能度。　　春去,尚来否?正江令恨别,庾信愁赋。苏堤尽日风和雨。叹神游故国,花记前度。人生流落,顾孺子,共夜语。

词题中的"丙子",即宋德祐二年(1276)。这年初春,临安被元军攻陷。三月,太后和皇帝被俘北去,"靖康耻"的历史悲剧再次重演。"送春"其实是悼念南宋王朝的灭亡。作者以此词直接反映这一历史重大事件。全词分上、中、下三片。上片写故都的衰败景象。作者以"斗转城荒"喻指临安城陷、国家覆亡,以"人间无路"写遗民失路之悲。中片写南宋君臣和百姓的亡国之痛。"送客屡回顾"暗指南宋皇室被掳的凄惨境遇。下片写故国之思。南宋国势已如春残花落无力挽回,作者只能流落江湖,寄托哀思。全词每片均以"春去"提领,层层深入,寄托遥深。正如陈廷焯《云韶集》所评:"题是送春,词是悲宋,曲折说来,有多少眼泪。"刘辰翁暮年词句,皆可成史,在宋末遗民词人中独树一帜。

邓光荐(1232—1303),初名剡,字中甫,又字中斋,庐陵蓝溪(今吉安县永阳镇邓家村)人。理宗景定三年(1262)进士,历任宗正寺簿、秘书丞、礼部侍郎兼直学士院。后加入文天祥的抗元军幕府。祥兴二年(1279)二月,元军破厓山,陆秀夫抱宋帝投海死,邓光荐也悲愤跳海,但两次都被元兵捞起。不久,他与此前被俘的文天祥同舟被押往大都,途中因病重被留在金陵就医,撰写了《文信国公墓志铭》《信国公像赞》《文丞相传》《文丞相督府忠义传》以及《哭文丞相》《挽文信公》等诗文,向人们介绍了文天祥的生平事迹,颂扬了文天祥为国为民的爱国主义精神和坚贞不屈的民族气节。后教授元大将张弘范之子张珪,始得以放回庐陵,卒于武昌。有《中斋词》一卷行世。

邓光荐的散文名重一时,多记录宋末史事及忠烈志士,翔实而精练,忠义之气溢于言表。他的词也颇多名作,如千古名篇《酹江月·驿中言别》:

水天空阔,恨东风不惜、世间英物。蜀鸟吴花残照里,忍见荒城颓壁。铜雀春情,金人秋泪,此恨凭谁雪?堂堂剑气,斗牛空认奇杰。 那信江海余生,南行万里,送扁舟齐发。正为鸥盟留醉眼,细看涛生云灭。睨柱吞赢,回旗走懿,千古冲冠发。伴人无寐,秦淮应是孤月。

这阕词写于南宋覆亡之际。邓光荐和文天祥一同被押北上,抵达金陵后,邓光荐因病留下,于是在驿馆和文天祥作别,写下这首无限悲痛的词作。上片写江山易主,一代奇杰文天祥被执,救国大业终告失败。下片表达对文天祥的赞许、期望和惜别之情,蕴含家国之悲。词风沉郁而激昂,显现出庐陵文章节义的崇高悲壮之美。文天祥依照原韵回赠一首《酹江月·月》:

乾坤能大,算蛟龙、元不是池中物。风雨牢愁无着处,那更寒虫四壁。横槊题诗,登楼作赋,万事空中雪。江流如此,方来还有英杰。 堪笑一叶飘零,重来淮水,正凉风新发。镜里朱颜都变尽,只有丹心难灭。去去龙沙,向江山回首,青山如发。故人应念,杜鹃枝上残月。

文天祥说"丹心难灭",此去将杀身殉国,无愧故人期望;日后如果你听到月夜杜鹃的哀鸣,就应是故人"魂兮归来"!两阕别词,谱写一曲英雄唱和的正气之歌。

文天祥,宝祐四年(1256)状元,官至右丞相兼枢密使。元军进逼临安时,他出使谈判,被无理扣押,后脱险南逃,组织义军力图恢复失地,再度兵败被俘,被押到大都囚禁四年。尽管忽必烈对其威胁利诱,但他始终不为所动,于至元十九年十二月(1283年1月)慷慨就义。有《文山先生全集》。

文天祥的诗歌现存有830余首,以德祐元年(1275)奉诏起兵勤王为界,分为前期和后期。前期的诗学思想是"以诗为戏",他在《跋萧敬夫诗稿》中说:"累丸承蜩,戏之神者也;运斤成风,伎之神者也。文章一小伎,诗又小伎之游戏者。"他把赋诗看成是连文章都不如的游戏性活动。在《送赖伯玉入赣序》中,他说:

> 司马子长足迹几遍天下,后来竟能成就《史记》一部,或议子长所用小于所得。少陵号"诗史",或曰读书破万卷,止用资得下笔如有神耳,颇致不满……横渠早年纵观四方,上书行都,超然有凌厉六合之意。范文正因劝读《中庸》,遂与"二程"讲学,异时德成道尊,卓然为一世师表。

横渠就是北宋理学家张载。文天祥认为,司马迁著《史记》,杜甫号"诗史",他们都比不上张载,因为张载"德成道尊",在伦理道德上为一世师表。显然,对文天祥来说,立德远重于立言,道德修养远重于诗文创作。正是由于对诗歌的艺术性和社会功能的认识不足,文天祥前期的很多诗歌写得草率平庸,绝大多数为相面、算命、卜卦、应酬等题材的诗,思想性、艺术性都不算太高。

当然,前期的诗歌中也有优秀之作,即山水诗和言志诗。如《游青原二首》其二:"空庭横蟏蛸,断碣偃龙蛇。活火参禅笋,真泉透佛茶。晚钟何处雨?春水满城花。夜影灯前客,江西七祖家。"此诗约作于景定元年(1260)春,文天祥当时主管建昌军仙都观,领祠禄在家。全诗生动地写出了净居寺的美丽风光和佛寺的安详幽静。又如《寄故人刘方斋》诗:"溪头浊潦拥鱼虾,笑杀渔翁下钓差。棹取扁舟湖海去,悠悠心事寄芦花。"诗歌写作者归隐江湖的心态。这个时候的诗多写自然山水和隐居生活,诗风恬淡清新。文天祥此时还很年轻,也就是25岁的年龄,作为朝廷瞩目、天子赐诗的状元郎,他所谓的归隐其实就是在仕途坎坷之时的一种自我调整。救亡图存、建功立业的豪气时常会涌上他的心头,如《题黄冈寺次吴履斋韵》:

> 长江几千里,万折必归东。南浦惊新雁,庐山隔晚风。人行荒树外,秋在断芜中。何日洗兵马?车书四海同。

江水东流、南浦新雁、荒树晚风,这本是一首纯粹的写景诗,写黄冈寺外的秋天景象,肃杀的氛围流露出末世的气息。然而,作者借用杜甫诗笔锋突转:什么时候有良将安邦救国,实现天下一统呢? 又如《和萧秋屋韵》诗:

> 芦花作雪照波流,黄叶声中一半秋。明月婵娟千里梦,扁舟汗漫五湖游。星辰活动惊歌笑,风露轻寒敌拍浮。赢得年年清赏处,山河全影入金瓯。

文天祥纵然江湖归隐、歌酒相伴,也不忘收复山河。当出世之思占上风时,入世情怀又使诗人警醒;等到民族矛盾极其尖锐,毅然投身到抗元斗争的洪流中去,亲身体验到亡国的惨痛时,文天祥就会用他的儒家理想、浩然正气,以及舍生取义的行动,来谱写其爱国主义的伟大篇章。

文天祥后期对诗歌的社会功能有了充分的认识,他在《指南录后序》中说:"予在患难中,间以诗记所遭,今存其本不忍废。道中手自抄录……将藏之于家,使来者读之,悲予志焉。"他在《集杜诗自序》中说:

> 予坐幽燕狱中,无所为。诵杜诗,稍习诸所感兴,因其五言,集为绝句。久之,得二百首。凡吾意所欲言者,子美先为代言之。日玩之不置,但觉为吾诗,忘其为子美诗也。乃知子美非能自为诗,诗句自是人情性中语,烦子美道耳。子美于吾隔数百年,而其言语为吾用,非情性同哉? 昔人评杜诗为诗史,盖其以咏歌之辞,寓纪载之实,而抑扬褒贬之意灿然于其中,虽谓之史可也。予所集杜诗,自予颠沛以来,世变人事概见于此矣,是非有意于为诗者也。后之良史,尚庶几有考焉。

在狱中,文天祥将杜甫作为隔代的知音,反复体味吟咏,写出《集杜诗》200首,表现自己艰苦卓绝的抗元经历及心路历程,希望能对后世史家提供帮助。很显然,文天祥已经注意到文学的社会功能,汲取了杜甫"以诗为史"的写作精神,树立了"以诗明志"的创作态度,这使得他的诗像杜诗那样激昂慷慨、沉郁悲凉,并把杜诗中的爱国精神提升到更高的层面。如《过零丁洋》:

> 辛苦遭逢起一经,干戈寥落四周星。山河破碎风飘絮,身世浮沉雨打萍。惶恐滩头说惶恐,零丁洋里叹零丁。人生自古谁无死,留取丹心照汗青。

诗歌前六句回顾平生,辛苦及第,艰辛抗元,不幸被俘,概括了他一生中的重大事件,渲染出忧愤悲苦的情调。结尾两句写人生选择,宁愿为国家慷慨赴死,表现出崇高的民族气节。结尾的激情慷慨,使得前面的遗恨转化为一种悲

壮激昂的力量,这样的情调转换产生了震撼人心、感天动地的艺术效果。又如《金陵驿》:

> 草合离宫转夕晖,孤云飘泊复何依? 山河风景元无异,城郭人民半已非。满地芦花和我老,旧家燕子傍谁飞? 从今别却江南路,化作啼鹃带血归。

此诗写于 1279 年深秋,南宋已经覆亡半年多。作者被押往大都,经过金陵,写下了这首沉郁苍凉、寄托亡国之恨的著名诗篇。诗人看着惨淡的夕阳斜照着长满衰草的离宫,看到战后的残垣断壁、流离失所的人民,想到自己抗元失败成为阶下囚,不禁感慨家国沧桑,自己也将如天边的孤云、秋季的芦花一样随风飘零。诗的最后化用了《楚辞·招魂》中"魂兮归来哀江南"的典故和望帝死后化杜鹃的神话,表明即使牺牲,也要化成啼血的杜鹃,飞回江南。诗中充满视死如归的英雄气概和坚定不移的民族气节,读来悲壮慷慨,气贯长虹。在大都的监狱中,他写下了千古流芳的《正气歌》:

> 天地有正气,杂然赋流形。下则为河岳,上则为日星。于人曰浩然,沛乎塞苍冥。皇路当清夷,含和吐明庭。时穷节乃见,一一垂丹青。在齐太史简,在晋董狐笔。在秦张良椎,在汉苏武节。为严将军头,为嵇侍中血。为张睢阳齿,为颜常山舌。或为辽东帽,清操厉冰雪。或为出师表,鬼神泣壮烈。或为渡江楫,慷慨吞胡羯。或为击贼笏,逆竖头破裂。是气所磅礴,凛烈万古存。当其贯日月,生死安足论……哲人日已远,典刑在夙昔。风檐展书读,古道照颜色。

诗人道出正气的内涵:正气存在于天地,游走于河岳和日月星辰之间。在人的身上就是浩然之气:在盛世时尽心辅佐朝廷,在乱世时体现气节,永垂青史留美名。接着,他相继列出前代十二位名士可歌可泣的事迹,他们身上的正气不会因为他们的逝去而消亡,反而会长存天地间,是维系天地的基石,也是纲常道义的根本。最后,诗人转入对自己牢狱生活的描述,并表明心迹,决意赴死,成仁取义。纵观全诗,大量的典故运用非但没有堆砌之感,反而增强了诗歌的厚重感,将这种"正气"上升到中华民族几千年来坚持正义、敢于斗争的历史传统的高度。《正气歌》强烈地表现出作者光辉的思想和高尚的情操,诠释了人类精神的崇高与伟大,激励了后代无数的仁人志士,成为不朽的传世名篇。

王炎午,本名应梅,字鼎翁,号梅边,庐陵安福(今安福县洲湖镇)人。咸淳年间为太学生,临安陷,谒文天祥,散家产助勤王军饷,文天祥留置幕府,以母病归。入元后,隐居家门,致力诗文,更名为炎午。其诗文集为《吾汶稿》,以示不仕异代之意。泰定元年(1324)卒,年七十三。

王炎午青史留名,不是因为他的遗民精神,而是他激励文天祥必须赴死殉国的祭文。文天祥兵败被执,王炎午作生祭文以励其死。当文天祥殉国后,王炎午写下感人的《又望祭文丞相文》:

> 相国文公再被执时,予尝为文生祭之。已而庐陵张千载心弘毅,自燕山持丞相发与齿归。丞相既得死矣,呜呼痛哉,谨痛望奠,再致一言:

> 呜呼!扶颠持危,文山、诸葛。相国虽同,而公死节。倡义举勇,文山、张巡。杀身不异,而公秉钧。名相烈士,合为一传。三千年间,人不两见。事缪身执,义当勇决,祭公速公,童子易箦。何知天意,佑忠怜才。留公一死,易水金台。乘气捐躯,壮士其或。久而不易,雪霜松柏。嗟哉文山,山高水深!难回者天,不负者心。常山之舌,侍中之血。日月韬光,山河改色。生为名臣,死为烈星。不然劲气,为风为霆。干将莫邪,或寄良冶。出世则神,入土不化。今夕何夕,斗转河斜。中有光芒,非公也耶!

祭文仅二百余字,四字一句,字字铿锵,歌颂了文天祥忠烈殉国的爱国主义精神。这篇祭文,和《正气歌》一样,为宋代文学谱写下了最后一个悲切而又高亢的音符。

第二节　元朝的庐陵文学

宋亡之后,元代文坛开始对宋代文风进行全面反思,对江西诗派进行了批判。在诗词创作和文学理论上,他们更重视作者情志意趣的抒发。吟咏性情成为元代文人在反对江西诗风、寻求文坛新变中达成的共识。他们提出了性情说,但内涵各不一样:郝经主张抒发雅正中和之情;程钜夫主张"情其情",神游体会古人的生活情境与心灵世界;庐陵人刘将孙则另辟蹊径,坚决反对读书穷理,主张以禅悟来阐释性情,作诗歌以自乐,在一定程度上摆脱了儒家诗教的影响。

一、刘将孙的创作与诗歌理论

刘将孙(1257—?),字尚友,刘辰翁之子。宋末以文名第进士,活跃于元大德年间。尝为延平(今福建南平)教官、临汀书院山长,学博而文畅,名重艺林。有《养吾斋集》传世。

刘将孙词叙事婉曲,善言情,词风与其父相近,写尽国破沧桑之感。如《沁园春》:

> 流水断桥,坏壁春风,一曲韦娘。记宰相开元,弄权疮痏;全家骆谷,追骑仓皇。彩凤随鸦,琼奴失意,可似人间白面郎。知他是、燕南牧马,塞北驱羊? 啼痕自诉衷肠,尚把笔低徊愧下堂。叹国手无棋,危途何策;书窗如梦,世路方长。青冢琵琶,穹庐笳拍,未比渠侬泪万行。二十载,竟何时委玉,何地埋香。

这是一首丧乱词,作于1296年。据作者自序,樟树镇的清江桥上先后有无闻翁与杨氏女子的题壁词,记述了元兵南犯时掳掠妇女的行为。其中杨氏所和《沁园春》乃自诉其悲惨遭遇,语尤沉痛。作者遂隐括其事,为赋此词,以写家国沦丧之痛。上片追述了二十年前元兵入侵时,发生在清江桥畔的惨状:一群弱女子,被元兵掳掠蹂躏。下片对他们的命运,给予了极大的同情,对擅权误国的权臣予以强烈的谴责。此词充满了对下层民众的同情,在两宋词坛如此深刻、真实地反映下层人民的悲苦命运之作,实不多见。又如《踏莎行·闲游》:

> 水际轻烟,沙边微雨。荷花芳草垂杨渡。多情移徙忽成愁,依稀恰是西湖路。 血染红笺,泪题锦句。西湖岂忆相思苦? 只应幽梦解重来,梦中不识从何去。

此词上片写闲游中所见,下片写闲游中所感。作者仿佛见到临安的西湖,只是重新回到西湖已不太可能,即使到了梦里,也不知从哪条路去西湖。这阕词生动刻画了作者欲见西湖,而又怕见西湖的矛盾心理,表现出他在现实生活中不知所从的迷惘心理。这种对西湖的迷惘,实际上是对故国之思念和哀伤。故国不可再现,江山已经易主,前路感到彷徨,这正是遗民心态的曲折反映。

在元代诗歌理论方面,刘将孙的诗论较为新颖。他明确提出诗歌源自"性情",在《感遇》中,他以诗论诗:"文章犹小技,何况诗云云? 沛然本情性,以是列之经。"在《九皋诗集序》,刘将孙说:"夫诗者,所以自乐吾之性情也,而岂观美自鬻之技哉!"他认为诗歌的性情远比技巧来得重要,正如他在《胡以实诗词序》中所说:"余谓诗入对偶,特近体不得不尔。发乎情性,浅深疏密,各自极其中之所欲言。若必两两而并,若花红柳绿、江山水石,斤斤为格律,此岂复有情性哉?"格律属于诗歌技术层面的操作,若于此斤斤计较,必将妨碍性情的抒发。他又以诗喻禅,认为自然天成的抒写情性就是禅境:"诗固有不得不如禅者也……禅者借滉瀁以使人不可测,诗者则眼前景,望中兴,古今之情性,使觉者咏歌之,嗟叹之,至于手舞足蹈而不能已。登高望远,兴怀触目,百世之上,千载之下,不啻如自其口出。诗之禅至此极矣!"在《如禅集序》中,他又说:

> 往闻汤晦静接后近,每举喜怒哀乐,未发两语,无能契答者。一日,徐径畈以少年书生,径诣请,晦静复举此。径畈云:"请先生举,某当答。"晦静举云:"如何是喜怒哀乐未发之谓中?"径畈云:"迟日江山丽。"又举:"如何是发而皆中节谓之和?"应云:"春风花草香。"师友各以为自得,而径畈平生学问大旨,不出此。予举以叙诗禅。禅乎禅乎,独诗而已也哉!

这段话没有引起历代批评家的广泛注意,它实际上说的是诗人对性情的理解。"发"(已发)和"未发"是理学中多次讨论的两个重要概念,朱子根据程颐晚年的思想,把"未发"认定为思虑未萌时的内心状态,是静;"已发"是思虑已萌的状态,是动。这是工夫论中"已发"和"未发"之别,而在朱子心性哲学中,特别在性情关系上,性为"未发",情为"已发"。刘将孙借引汤晦静之语来表述他对已发与未发、中与和、性与情的感悟:"迟日江山丽"是心未萌动的性,"春风花草香"是受外物所感的情。不管刘将孙说的是工夫论还是心性论,"迟日江山丽"所代表的性,已完全不是元儒之天理,"春风花草香"更不是郝经等元儒所向往的包含道德理念、伦理规范的雅正之情。这种"以禅喻诗"源自刘将孙对道的体认,他在《感遇》诗中认为道和天理是不可言传的,不能求诸文字,只能靠个人悟性:"道本无一言,无言乃为天。传心不传言,所谓以是传……何斯黄面老,不立言语禅。悟入得近似,捷解驰联翩……书多言自长,心苦辨愈坚。至今讲糟粕,未得离蹄筌。"可以说,刘将孙反对读书穷理,反对格物以致知,主张禅悟,主张发挥心的主宰作用,类似于明代阳明心学。他以禅悟来阐释性情,在诗学中走了一条理学与禅学相结合的路子,力图将诗歌从儒家诗教中解放出来。如果我们把刘将孙与南宋末年的严羽做比较,可以看出二者的相似处和差异处。二者都主张吟咏性情,都以禅喻诗,刘将孙在《如禅集序》中说:"诗固有不得不如禅者也。今夫山川草木,风烟云月,皆有耳目所共知识。其入于吾语也,使人爽然而得其味于意外焉,悠然而悟其境于言外焉,矫然而其趣其感他有所发者焉。夫岂独如禅而已,禅之捷解,殆不能及也。"他讲究语外之味、言外之境,与严羽

"言有尽而意无穷"同旨。所不同的是,刘将孙一是认为禅终究不像诗那样能表达彻悟之境,二是认为诗歌可用以自适,三是认为写诗与读书穷理无关。严羽则不同,他在《沧浪诗话·诗辨》中说:"然非多读书、多穷理,则不能极其至。"诗要到极致,还是要多读书、多穷理。严羽所推崇的性情离不开格物致知,离不开天理。而刘将孙用禅悟解释性情,用诗歌自适,反对读书穷理,在从儒家诗教到抒写个性自我的路上,相比于严羽和同时代诗论家走得更远。

二、周霆震的诗歌创作

周霆震(1292—1379),字亨远,号石初,安福人。有诗文集《石初集》十卷传世。周霆震年少时常与南宋遗老交游,中年时目睹元代的兴盛,晚年又亲眼看到元朝走向衰亡,故他的诗歌多伤时悯乱之作,感愤颇深。四库馆臣认为他的诗歌是"元末之诗史"。如《登城》诗:

> 世祖艰难德泽深,风悲城郭怕登临。九朝天下俄川决,七载江南竟陆沉。
>
> 马骨空传当日价,鸡声不到暮年心。雨余门外青青草,过客魂销泪满襟。

此诗写于至顺年间,当时黄河决口、云南叛乱,元朝风雨飘摇,而周霆震作为生长在元朝的子民,想起元世祖创业的艰难,看到民生多艰,不禁感慨万千。这首诗写得沉痛酸楚,自然流畅,有杜诗之风。

第三节　明朝的庐陵文学

宋代三百多年间,庐陵出了欧阳修、杨万里等文坛大家,奠定了庐陵浓厚的文学氛围和悠久的创作传统。在这三百多年文化积淀的影响下,明代庐陵文坛出现了刘崧、杨士奇等著名的作家,为明代文学再次增添了亮丽的底色。

一、明代庐陵诗人

刘崧(1321—1381),初名楚,字子高,号槎翁,江西太和(今泰和)人。自幼向学,七岁能诗。元至正十六年(1356)中举。明洪武三年(1370)以乡贤而荐举,明太祖朱元璋在奉天殿召见,授兵部职方司郎中,奉命到镇江征粮。后改任北平按察司副使,上任后,轻刑省事,召集流民恢复生产,并在学宫旁立文天祥祠激励世风,又立石碑昭示各府县不以徭役繁累百姓。后为宰相胡惟庸所忌,坐罪贬官,不久被放还回乡。洪武十三年(1380)胡惟庸被诛后,刘崧被起用,拜为礼部侍郎,再升为吏部尚书。当年发生了雷击谨身殿之事,朱元璋召集群臣论施政得失,刘崧答之以"修德行仁"。不久致仕,再次回乡。翌年(1381)三月,被复召为国子司业,赐鞍马,以朝夕觐见皇帝。当年六月病卒,谥"恭介"。有《槎翁诗集》《槎翁文集》传世。

刘崧自幼博学,七岁能诗。他取法较广,历朝名家诗歌,无所不观,反复吟读,探究其意,得其神髓,而自成一家。正如他在《自序诗集》中所说:

> 自余入小学,从祖父授诗,即应口成诵,若无留难者……年十岁,先君命赋《鸡鸣》《渡江》等诗,识者类以远志许之。年十六,游兴国,为侗子师,然犹日诵书千数言,至夜仍赋诗若文,以自程励,居三年未有异也。会有传临川虞翰林、清江范太史诗者,诵之五昼夜不废,因慨然曰:"邈矣! 余之于诗也,其犹有未至已乎?"乃敛蓄性真,湔涤故习,尽出初稿而焚之。益求汉魏而下盛唐诗以来号为大家者,得数百家,遍览而熟复之,因以究其意之所在,然后知体制之工与夫求声之妙,莫不隐然天成,悠然川注,初不在屑乎一句一字之间而已也。

从刘崧的自序看,他学诗历经四个阶段:自幼父亲教诲,得承家学;少年勤勉自励,日诵诗书,夜赋诗文;弱冠追慕乡贤,进而上求汉魏盛唐以来诸大家。此后,刘崧文学视野宽阔,贯通古今,为日后成为江右诗坛的领袖奠定了良好的基础。

对于诗歌,刘崧认为:"诗本诸人情,咏于物理。凡欢欣哀怨之节之发乎其中也,形气盛衰之变之接乎其外也,吾于是而得诗之本焉;知邪诞之不如雅正也,艰僻之不如和平也,委靡碎裂之不如雄浑而深厚也,于是而得诗之体也;知成乐必本于众钧,故未尝执一器以求八音之备,知调膳必由于庶味,故未尝泥一品以求八珍之全,于是而又得夫诗之变焉。"即诗歌源于人的普遍情感,表现为雅正和平、雄浑深厚的体貌,而这正是庐陵的文章节义背景下的诗歌创作传统。

在雅正诗学的指引下,刘崧创作了大量的五言古体和七言歌行,反映动乱给社会带来的灾难和人民所遭受的痛苦,歌颂乱世中揭竿而起的英雄豪杰。如《罗明远杀贼歌》,生动刻画了罗明远保卫家乡、慷慨就义的英雄豪情。《壬辰感事》六首以古体叙事形式描写了江西动乱的由来和发展。《石炭行》写挖煤工人之苦。《南山谣》写淮西天灾中,南徙流民给江西人民带来的苦难,描写了流民与农民之间的对立。《南乡怨歌》《筑城叹》《虎逐狼》等描写军队、兵匪的扰民害民。这些诗歌对于研究社会史也颇有价值。《凶年有弃子于江渚者诗以寄哀》写得更为凄惨:

> 骨肉岂不亲,无食难为恩。抱子弃水中,哭声吐复吞。母饥骨髓枯,儿饥眼眶出。终然两难存,何以共忧恤。岁月不相贷,恩爱从此分。我死尚可忍,儿啼那复闻。儿啼那复闻,江水流浩浩。不忍回视之,衔悲入秋草。

在天灾人祸的年代,百姓们无法养家糊口,只得狠心舍弃自己的子女。此诗写得极其凄惨,有似汉乐府诗《东门行》,只是比《东门行》少了一分反抗,多了一分哀怨,显示出作者怨而不怒的儒家诗学思想。

刘崧的写景抒情诗有些非常优美,如《水口田家》:"水口山腰三四家,枫林茅屋带苍葭。野人敲火夜然竹,溪女踏云朝浣沙。水落寒潭鱼可捕,草肥秋垄兔堪置。有时刀塑还登岩,鸡犬萧萧隔暮霞。"诗人将自给自足的农村生活写得恬淡温馨。又如《客情》:"清明已过寒雨稀,客情物色共依微。庭前幽草忽如积,江上落花浑欲飞。风云惨淡随长轶,尘土萧条上短衣。云亭江上麦田熟,昨夜月明还梦归。"诗人作客他乡,在梦里趁着月色还家,全诗散发出淡淡的乡愁。

刘崧的诗风在江西影响很大,《明史》本传说他"善为诗,豫章人宗之为西江派"。他温柔敦厚、雅正平和的诗风受庐陵深厚的儒家文化影响。这种诗风体现了明初的盛世气象,与江浙文人绮弱清浅的总体诗风形成较大的反差,得到明太祖朱元璋的认同和欣赏。当时,朱元璋对江浙、闽中、岭南等地区的文人推行政治高压,明初最有名的诗人、"吴中四杰"之首高启被毫不留情地腰斩,使得吴中乃至江浙文学的凋零。而刘崧,却被朱元璋赞为"文学雅正",为新朝意识形态的代表。

刘崧不仅在诗中描绘家乡的风土人情和社会变迁,而且用散文来诉说他对家乡的思念,如《送吴明理原游序》:

> 泰和为庐陵下邑。其地濒大江,达修衢。然井屋朴陋,田野荒瘠,人民贫俭。其物产无所宜,饮食无所资,而货财无所居积。故达官贵人往往唾视而摈掷不之顾。幸而见临也,则朝至夕发。其商贾之舟,驿使之骑,骎骎焉日循厓遵陆而东西上下者,亦未尝见其解鞍弭楫,能以须臾淹者也。

泰和濒临赣江,地处交通要道,虽然百姓贫困,但他们长期宁静无扰,安乐自足。这就是刘崧心中的故乡。

在刘崧的影响下,很多江西诗人创作了大量温婉雅正的诗歌,如王沂、王佑兄弟。王沂(1308—1383),字子与,号竹亭,江西泰和人。早年师从乡贤杨升云学《易经》,至正十三年(1353),以《易经》领乡荐。明洪武三年(1370),王沂被荐为亲王说书。数月后,授福建盐运司副使,以年老辞归,还乡优游山水。王沂尤喜赋诗,与当时名流交游唱和,有《竹亭遗稿》传世。王佑,字子启,有《长江万里稿》五卷。兄弟二人合著有《二妙集》。

王沂长于写景,创作了大量的写景诗,诗风清朗明快。如《春江静钓》诗:

> 白鹭洲头春水生,青山倒影碧波明。闲门却扫流尘静,深树似闻啼鸟声。渔舟荡漾持竿久,世事茫茫不回首。钓得金鳞换酒归,夕阳正照垂杨柳。

赣水静流,青山倒映,碧波荡漾,渔舟唱晚,好一幅闲适的春江静钓图。全诗反映出作者悠闲自适的心态。又如《小庄道中》诗:"客路千厓里,春风二月中。虎啼荒径少,莺语故乡同。涧水萦回绿,山花自在红。物华空满眼,去意只匆匆。"春风二月,客路千里,花红水绿,风物满眼,眼前美景勾起作者思乡之念,顿觉意趣萧索。前六句构图优美,明快昂扬,末两句转入深沉的乡思,在诗情的转折中突出诗人的思念,显示作者谋篇布局的才华。

周是修(1354—1402),初名德,江西泰和人。六岁丧父,与母彭氏相依为命。洪武二十八年(1395)举明经,授霍邱县学训导。入见明太祖朱元璋,太祖问:"家居何为?"答:"教人子弟,孝弟力田。"帝喜而留之,授周王府奉祀正。他思若泉涌,应对作赋挥笔立就,十步成七言四韵诗,深受周王嘉许。建文元年(1399),有人告发周王不守法纪,致使其属官大都下狱。周是修因曾多次劝导周王而幸免,后改衡王府纪善,入翰林纂修。建文四年(1402),燕王朱棣率军饮马长江,占据京城。周是修决意以身殉帝,他同庐陵好友杨士奇等人告别,入应天府学宫,拜先师毕,自缢于尊经阁。第二天,众臣拥戴燕王朱棣登上皇帝宝座。几个月后,御史陈瑛上奏要追戮周是修,明成祖没有应允。清代,乾隆皇帝赐谥"节愍"。有《刍荛集》传世。

周是修长于古体诗,创作了大量的乐府歌行。他的《述怀五十三首》,写出了他对世事和人生的深刻思考,诗意沉重苍凉,为其代表作。如第一首:

> 登高望八表,世道何悠悠。衰荣无定极,往复更相酬。谁为阳和春,及

此肃杀秋。人生忽如寓,百岁苦不周。鹤发每先待,朱颜难久留。彭殇均绝逝,何庸咎短修。惟当饮美酒,乐从天者游。

登高望远,世道悠悠,人生如寄,盛衰无常,唯有美酒消忧。在浩瀚广袤的时空背景下,诗人写出了强烈的历史沧桑感和深沉的人生感慨。这正是周是修经历元末动乱,目睹百姓流离失所后的心态折射,反映诗人对个体生命的微弱和渺小的同情。其二云:

吴水秋浩浩,楚山晴苍苍。美人在南国,节操凌冰霜。隔此万里远,梦寐时彷徨。西风吹鸿雁,音耗不得将。行行江皋路,采采夫容芳。愁去吴水阔,愁来楚山长。无能共清渚,飞作双鸳鸯。

这在水一方的美人,秉性高洁而彷徨无依,正是作者自己在乱世中的写照。又如:

大化每不息,滚滚东逝波。少壮能几时,其如老大何。盛极衰已至,乐尽哀还多。白日无复返,青阳宁再过。昨为绮罗园,今成衰草坡。昨为红颜子,今成骹髊髊。云胡有美酒,日夕不高歌。

十载长安路,始出咸阳关。倦行吊今古,落日北邙山。山上何所有,万冢榛芜间。强半金井塌,朽骨露斑斑。人语狐兔走,烟景莽愁颜。多少英雄人,弃世不复还。贵贱共无主,叹息未应闲。

昨日见君情,不殊弟与兄。今日见君情,不殊歧路人。其故为何欤,无乃有衰荣。苏秦未得志,妻嫂亦相轻。买臣既贵遇,愚妇悔何胜。交态亦如此,翟公昔署门。遥哉管鲍道,千古畴能并。

这些诗有的像阮籍《咏怀》,但比阮籍来得明朗;有的像汉乐府,但比汉乐府多了些文雅。这些诗在题材上,无论是写生命易逝,功业成空,还是人情淡薄,都沿袭了汉乐府、阮籍诗歌的传统,成为元末乱世的时代缩影。

周是修诗中最为传诵的,是《长安古意》诗。开篇从钟鸣鼎食的将相之家豪奢生活写起,铺张渲染他们的富贵奢侈,最后笔意一转:

自言百世无衰老,自谓千载长英雄。可怜光景留难住,秋风一夕生庭树。

歌亭寂寞荒草寒,舞榭萧条残叶暮。昨日红颜美少年,今朝潦倒那须数。

将军舍外无人过,廷尉门首堪雀罗。吁嗟盛时不复作,金茎铜狄随消磨。

　　君不见广成山中白云宿,安期海上颜如玉。

　　轩辕已驾鼎湖龙,汉武终归茂陵麓。别来倏忽三十年,海水几变桑田绿。

　　在永恒的时间面前,繁华转为憔悴,喧闹转为寂寞,将相门庭冷落,连汉武帝也化为地下尘土。全诗前后对比,透出人生的渺茫和历史的虚无感,难怪世人称其"节足以励世,文足以传后"。杨士奇在《周是修传》说:"是修内贞外和,有孝友忠信之行,非其义不苟取。襟怀坦明洒落,而冲澹悠然。其学自经史百氏,下至阴阳医卜之说,靡所不通。"从这些诗歌看,周是修确如杨士奇所说,胸怀坦荡,器局深远。

　　明初江右诗坛还有解缙、梁潜等诗人。解缙(1369—1415),字大绅,江西吉水人,洪武二十一年(1388)进士,为明太祖朱元璋所器重。因上"万言书"批评朝政,被罢官八年。永乐初,任内阁首辅,主持修纂《永乐大典》。永乐五年(1407)被贬广西,降为布政司参议,后改贬交趾。永乐八年(1410),以"无人臣礼"罪下诏狱。永乐十三年(1415),锦衣卫都指挥金事纪纲上囚籍,明成祖见缙姓名曰:"缙犹在耶?"于是纪纲用酒将他灌醉,扒光他的衣服,将他埋在雪中,遂死。解缙死后,其妻子宗族徙辽东,明仁宗即位后方还。成化元年(1465)赠朝议大夫,南明弘光元年(顺治二年,1645)赐谥号"文毅"。解缙善书法,尤善狂草,与杨慎、徐渭并称"明代三大才子"。有《文毅集》传世。

　　解缙诗多写流放途中所闻所感,有对自我的宽慰,有对亲人的思念、还乡的期待,还有对广西、交趾风景的描绘。如《安庆江上守风》诗:"莫叹风波行路难,舟船指日是长干。东山不为功名出,天下苍生望谢安。"此诗写于流放途中,江上风波恶,人间行路难,但诗人想起东晋名臣谢安,鼓励自己仍有东山再起的机会。如《西行》诗云:"八千里外客河湟,鸟鼠山头望故乡。欲问别来多少恨,黄河东去与天长。"此去广西,离京数千里,想到这里,诗人不禁彷徨哀怨。又如《客中元夕》:"去年今日宴传柑,两袖天香御酒醺。今夜客中风又雨,可无归梦到江南。"诗人将边地流放和京城恩宠的生活对照,显示对过去日子的怀念和对回归江南的期盼。

　　梁潜(1366—1418),字用之,世称泊庵先生,江西泰和人。明洪武二十九年(1396)举人,翌年任四川苍溪儒学训导,后历任四会、阳江、阳春知县,在任期间,颇有政声。永乐元年(1403),召修《太祖实录》。书成,擢翰林院修撰,兼右春坊右赞善,后因太子事牵连入狱,被处斩。有《泊庵集》传世。

梁潜流传下来的诗歌只有二十余首,其《舟中偶成忆孟洁》堪为佳作。诗云:"南北东西不暂停,此身飘荡似浮萍。吟残细雨春愁尽,啼杀幽禽午梦醒。岷雪未消江最绿,巫云初散树偏青。当时别易今难会,望断长亭复短亭。"诗人漂行舟中,想起自己如浮萍漂泊不定,更想起远方的朋友,恐再难相见。全诗选取的岷雪、巫云、川江等眼前景,均暗合诗人蜀地辗转为官的经历。而浮萍意象,既是舟中飘荡的切实感受,更是异乡漂泊的真实写照。全诗音节顿挫,韵味悠长,较好地将唐音宋调合为一体,正如陈田在《明诗纪事》中所评:"近体有唐人格律,而时参宋派,永乐诗家最为杰出。"

梁潜的散文体格清隽,兼有纵横浩瀚之气,颇为时人称许。如《秋江送别图序》(节选):

> 余睹夫漳江水冷,下见沙石,渔歌中流,鸿飞数点。当此之时,能不怆焉于怀者几希。而添元方油然驾扁舟,攘臂江风,帆如奔马,欣欣然曾何别离之想?盖由其平昔往来之熟,胸次轩豁,襟怀倜傥,以四海为乡邑,舟楫为室庐,虽千里犹庭除也。向使添元拘拘于一邑之内,一丘壑之间,固有不堪其絷缚者,而何能如是?古人有以不读书万卷,不行地千里为歉,若添元之见闻识趣,岂特行地千里而已哉!庆守郭先生,职教汉阳,乡之先达也。添元往见焉,其告之曰:"昔张翰居江东,见秋风起而有思归之叹。今余于秋江之上,而有远游之乐。所遭或异,人情则同,先生其谓何如?"

这篇散文紧扣好友刘添元胸怀倜傥、四海为家、喜欢游乐的性格展开议论,赋予秋江秋风新的内涵。在梁潜笔下,秋江秋风不是自古文人悲秋的传统题材,而是秋兴远游、化归自然的健朗之辞。全文意气风发,爽健高朗,难怪杨士奇在《梁用之墓志铭》中评论梁潜:"为文章驰骋司马子长、韩退之、苏子瞻,亦间出庄、骚为奇,务去陈言出新意。"

在明代文坛,杨士奇是个举足轻重的人物。在他的倡导、影响下,明代"台阁体"风行百年,一唱百和,形成了"文归台阁"的垄断局面,因而后人把杨士奇称为明代"台阁体之祖"。

杨士奇(1365—1444),名寓,字士奇,以字行,号东里,江西泰和人。历五朝,官至华盖殿大学士,在内阁为辅臣四十余年,担任首辅二十一年。杨士奇以

"学行"见长,一生著作宏富,有《东里集》《文渊阁书目》《历代名臣奏议》等。他还先后担任《明太宗实录》《明仁宗实录》《明宣宗实录》总裁。谥"文贞"。

杨士奇开创了明代文学史上著名的"台阁体"诗风。台阁主要指当时的内阁与翰林院,又称"馆阁"。"台阁体"则是指以当时馆阁文臣杨士奇、杨荣、杨溥(三杨)为代表的一种文学创作风格。"三杨"都是当时的台阁重臣,故其诗文有"台阁体"之称。他们所处的永乐、洪熙、宣德时期,正是明朝的太平盛世,因此他们的诗文多追求雍容典雅,以欢庆盛典、宫廷宴饮、君臣游乐为主要创作内容,以奉和酬唱为主要创作方式。这种"颂圣德、歌太平"的诗风一时引起诸人模仿,对当时诗坛产生了重要影响。

杨士奇的台阁体诗并非像各类文学史中所说的"贫乏空洞",相反,他的台阁体诗充满了真实深厚的思想感情,饱含着自己对国家太平、百姓安居乐业的由衷喜悦,具有很强的文学感染力和时代意义。如七律《文华门侍朝观录囚多所宽宥喜而有作》:"日丽文华霁色新,炉烟不断上麒麟。大臣论谳持王制,睿旨全生体帝仁。真拟下车兴叹泣,旋看解纲动欢欣。朝廷宽大恩波厚,庆衍皇图亿万春。"诗歌既歌颂君主的宽大仁厚,又赞扬大臣们"论谳持王制",为仁政做出了贡献,写出了君臣相合、天下太平的美好景象。据《明史·杨士奇传》载:"当是时,帝励精图治,士奇等同心辅佐,海内号为治平。"明初盛世,与杨士奇的辅佐之功密不可分,他的诗正反映出当时他励精图治下的承平气象。又如《喜雨诗》:"好雨连朝苏久旱,无边喜意动宸衷。皇天洞鉴圣仁德,臣子深惭燮理功。每念升平均九土,已知舞蹈出三农。骈繁宠锡身难报,何幸衰年际屡丰。"一场好雨让诗人感慨,他为农民欢呼,也为朝廷喜悦。此诗传达出诗人的济世情怀和自豪心态。又如七律《怀来应制》:"霜红碧树被岩阿,流水青山喜再过。田事总知今岁好,人烟况比昔年多。彩云飞盖随雕辇,白玉行尊载紫驼。圣主时平此巡省,会闻游豫出讴歌。"诗人写流水青山的美好景象,写田事的繁盛和人口的增多,都指向太平盛世这个主题,真实反映了明初"仁宣之治"的景象。

杨士奇还有许多忧国忧民的诗作。洪熙元年(1425)清明节,杨士奇和黄淮等人陪皇太子朱瞻基谒长陵(明成祖朱棣墓)。黄淮赋诗《清明陪谒长陵过田家有感》,杨士奇随即和诗《次韵黄少保过田家有感》:"水旱农艰食,兹乡实可嗟。扫田纷拾稗,为饭杂蒸沙。岁赋征仍急,秋成望苦赊。吾徒何补益,肉食老京华。"此诗写出自己位居高位而百姓多艰的自责心态。当时在杨士奇等人的辅佐下,明仁宗励精图治,开启了"仁宣之治",但民间仍有疾苦。此诗写百姓食不果腹、政府徭役催逼的人间惨状,隐晦地表露诗人引咎自责的心理。

杨士奇的写景诗清真淡雅,颇含诗情画意。如《题画》诗:"鸟啼花落春暮,云白山青雨余。溪南有客访隐,林下何人著书。"花落春归,山青雨余,客人访隐,林下著书,写出了作者对隐居生活的向往和对自然美景的热爱。又如《发淮安》:"岸蓼疏红水荇青,茨菰花白小如萍。双鬟短袖惭人见,背立船头自采菱。"这首诗所描写的俨然一幅太湖流域的湖上风俗画,蓼花红、水草青、慈姑花白,船上的小姑娘扎着两个发髻,穿着短袖,见有人来,似乎有点儿害羞,背立着船头独自采菱。整个画面纯美清新,充满生机。年轻美丽而又略带羞涩的采菱女,与红、青、白的水上生物,还有碧绿的湖水,构成一幅美丽的人间湖景。全诗自然恬淡,物我交融,可以说是杨诗中的极品。

二、李祯小说《剪灯余话》

明代庐陵人李祯的小说《剪灯余话》,颇受世人瞩目。李祯(1376—1452),字昌祺,庐陵人。永乐二年(1404)进士,选庶吉士,参与编修《永乐大典》,后出任广西、河南左布政使。正统四年(1439)致仕归里。著有《运甓漫稿》《容膝轩草》等。

《剪灯余话》是李祯的文言短篇小说集。最初以抄本流行,宣德八年(1433)有了第一个刻本。全书仿瞿佑《剪灯新话》而作,共二十一篇。小说背景大多为明洪武年间,其中写得最动人的是爱情故事。这些爱情故事,既有人与人的世俗婚恋,也有人鬼情未了。在人间爱情系列中,大部分篇章以悲剧收场。《连理树记》中,当上官粹和贾蓬莱的爱情经过千辛万苦成为现实之后,为了保全爱情,上官粹宁肯不赴功名。但他们终究未能逃脱兵灾盗乱,强盗想迫使贾蓬莱相从,贾蓬莱却在葬夫后自刎。现实的爱情悲剧使他们墓上各生一树相向,虽然相隔二十步,但枝连柯抱。这丛密的连理树以无声的力量控诉人间的苦难。《鸾鸾传》写东平赵举之女赵鸾鸾与近邻之才子柳颖经过曲折磨难终成佳偶之事。元末战乱,鸾鸾被周万户掳去,柳颖艰苦跋涉找到鸾鸾,以重金赎回。两人为躲避乱世,保全爱情,隐居徂徕山麓。一日柳颖出城负米,被反贼杀死于道中。赵鸾鸾痛失爱侣,火葬其夫后自己也投火而死。

与人世间凄美的恋爱故事相比,《剪灯余话》人鬼恋的主人公要幸福得多,他们实现了人世间男女主人公苦苦寻求、希冀的幸福生活,展示了男女主人公旖旎、美丽和温馨的爱情生活。《田洙遇薛涛联句》写洪武年间的书生田洙，跨越时空，与唐代名妓薛涛的鬼魂相遇。两人缱绻缠绵，相互酬唱来取悦对方，在才子佳人的浪漫氛围中展示他们的文学才华。这个故事在品评人物上，出现了两个比较独特的场面，一是薛涛自论，一是当着薛涛论薛涛，给人耳目一新的感觉。田洙说："蜀中山水景物优美，自古出美女，如王昭君、卓文君、薛涛等人，拿你与她们相比，恐怕也有优劣吧？"美人说："王昭君远嫁匈奴，卓文君以卖酒为耻辱，两人貌美却命薄，都遭受痛苦。假如你遇到薛涛，也不过像今天这样罢了。由此说来，我算得优胜了。"文中的薛涛在论及前人的时候，毫不谦逊，当仁不让，非常客观地对前人的不足进行批评，同时对自己做出客观评价，表现出非同寻常的见识。而田洙在不知道眼前美人就是薛涛的时候，对薛涛的评论做出了自己的评价："薛涛是妓女，怎么可以与夫人相比？但是她的才貌，倒也可以算是难得了。"田洙对薛涛的妓女身份表示质疑，对她的才貌表示肯定。面对这种尴尬的情况，薛涛并没有生气，而是列举更多出色的诗句来证明自己的才学，进而批驳田洙以身份论人的错误观点。美人说："薛涛的作品，可以与杜牧的相媲美。她又特别善于制作小彩笺，到今天四川人仍然称颂'薛涛笺'。而你却因为她是妓女而看轻她，你不能说是薛涛的知音。"田洙后来知道美人并非人，于是与薛涛痛饮美酒，畅叙欢情。天快亮时，薛涛以一枝唐代的墨玉笔管相赠，哭诉作别。这种人鬼相恋的爱情，比现实中的纯美幸福。

《剪灯余话》中的很多故事还揭露了社会的腐朽黑暗。《何思明游酆都录》通过不喜佛道的何思明游酆都的故事，写在地狱中受到各种酷刑的罪犯。这些人原先都是人间地位显贵而政务不繁的官吏，却玩弄权术，接受贿赂，欺世盗名。他们有的看上去很廉洁，暗地里却贪污受贿；有的在乡里依仗官势，操纵公事。在地狱里，这些欺瞒世人、只顾自己私利的人，都受到了无尽的鞭挞。作者曲笔描写地狱罪犯，实则控诉和指责现实生活中以权谋私、贪赃枉法之徒。在《长安夜行录》中，作者借卖饼夫妇鬼魂之口，揭露开元盛世时宗室贵族们骄奢淫逸的生活。如岐王李范用餐，从来不摆设桌子，总让各舞女手捧器皿，让他品尝。申王遇到冷天从不烤火，而是把两只手放在歌伎的怀中，不多时就换好几个人。这些唐王宗室穷极奢淫，灭弃礼法，也是明代诸王腐朽生活的写照。

《剪灯余话》在写法上显示出作者对唐人传奇的有意模仿，但在题材、主题上都较唐传奇有所拓展，塑造了很多富有生命力的艺术形象，表现出作者谋篇布局的才华和高超的艺术表现力。《剪灯余话》不仅是文言小说复苏的代表作品，而且是文言短篇小说从唐传奇到《聊斋志异》重要的过渡环节。

第四节 清朝的庐陵文学

清代庐陵文学的成就远不如宋代和明代，不过也出现了贺贻孙、刘淑英等较为知名的文学家。

一、贺贻孙的诗歌创作

贺贻孙(1603—?)，字子翼，江西永新人，自号水田居士。贺贻孙出生在一个封建士大夫世家。先祖贺祈年，好文而富仁义，曾一次捐谷5000余石救济灾民，受到明英宗嘉奖，赐免三代税役。祖父贺嘉迁，研治《易经》，颇有声名。父亲贺康载(1577—1632)，字大舆，号青园，万历四十年(1612)举人，天启五年(1625)任浙江西安(今衢州)县令。据清嘉庆《西安县志·名宦》及清顺治《吉安府志·人物志·列传》载，贺康载任西安县令四年间，治政严明，洞悉民隐，廉政爱民。后调任山东兖州同知，分管治理黄河工程，政绩卓著。贺康载博学多才，擅长古诗文。在这样的书香世家。贺贻孙从小便受到了良好的教育，九岁能文，邑中称神童。天启、崇祯年间，贺贻孙场屋不顺，无缘及第。时天下大乱，他弃举业，隐居乡间。顺治七年(1650)学使慕其名，特列贡榜，不就。御史笪重光以"博学鸿儒"荐，书至，贺贻孙愀然道："吾逃世而不能逃名，名之累人实甚！"乃剪发缁，逃入深山。晚年家益贫，布衣蔬食，无愠色，唯日以著作自娱。有《诗筏》《骚筏》《水田居士文集》等传世。

贺贻孙的诗大部分反映现实生活，揭露了明清易代之际战争的残酷、官吏的暴虐、民生的疾苦。如《野哭》诗："哭声连夜近，焚纸又招魂。何事人烟薄，都为鬼火昏。归鸦失故苑，嘶马绕空村。我亦愁人侣，伤心早闭门。"该诗深刻反映了明末清初战争不断所带来的生灵涂炭、满目疮痍的社会面貌，反映了百姓乱世流离、人命危浅的现实，读之凄切哀婉，令人肝肠寸断。可以说，此诗有如曹操的《蒿里行》，成为乱世背景下的真实历史记录，堪称"诗史"。又如《村谣三十二首》，以乡村民谣的形式，尖锐而深刻地揭露了动乱时期妻离子散、民不聊生的社会景象："娇妻嫁去抵官银，临别牵裾吏尚嗔。""鬻儿权作斯须喜，明日朝餐省一人。"穷苦人家在生活重压下,不得不卖儿卖妻,这是何等悲惨的现实。贺贻孙在《杂兴》诗中说:"劳不息恶木,渴不饮盗泉。所以慷慨士,不忍受人怜。白刃随其后,黄金诱我前。一身且不惜,富贵安足牵!"他宁愿过艰难困苦的生活,也绝不与统治者同流合污,体现了庐陵文化"文章节义"的精神内核。

贺贻孙有一部分诗描写了其隐居生活。这类诗清新恬淡,表现了诗人安贫乐道、闲雅自适的情怀。如七言律诗《寓栗坪茅屋次刘杜三韵》:"结茅天半渺无涯,静夜空山绝物华。梦里风声翻纸帐,雨边萤影落灯花。青精味易和粗饭,绿柏香难斗苦茶。独喜埋名今渐久,无人问字到村家。"诗人深山结茅,静听风声吹帐,闲看萤影飞落,品尝粗茶淡饭,心底却感到由衷的喜悦。全诗反映出诗人淡泊功名、清闲自适的隐居情怀。又如《秋怀十四首》其二:"霜气饱黄花,霞光醉白鸟。山高秋复高,秋逐烟与草。物性相因缘,谁能割昏晓。我心同孤月,澹荡寄天表。不夜魄长圆,无云风自扫。秋色本自如,何劳费幽讨。世人贵耳目,漫羡素娥皎。躐梯上广寒,不识门前道。惆怅月中人,银丸弄空藻。"诗人羡慕广寒宫中幽居避世的嫦娥,渴望远离世事。只是作为纯正的儒者,他始终无法忘却现实。在《雨》诗中,诗人写道:"急雨来石壁,飘然空外泻。远树湿残红,徘徊莺不下。好鸟尚惜春,孤花已报夏。铁马从东来,阴云惨欲射。谁向磻溪隐,蓑笠恐不暇。寄愁与东风,注目寒江夜。"铁马东来、阴云密布,喻指战争席卷到了诗人的家乡永新,诗人愁绪满怀,纵使归隐,风景再好,也无法忘却现实,依然密切关注着时局的演变。

二、刘淑英的诗词创作

和贺贻孙同时期的庐陵诗人还有刘淑英。刘淑英(1619—1663),字静婉,号木屏、个山,安福人。其父刘铎,博学善文,刚毅忠烈。刘铎不满魏忠贤阉党专权,愤然在扇上题"阳至君王死,阴霾国事非"加以痛斥,为此被逮捕入狱,身遭数刑,不屈而死。后崇祯皇帝诛灭阉党,赠刘铎太仆少卿,谥"忠烈"。刘淑英秉承家教,自幼饱读诗书,攻读经史。因生于明末清初的动乱之世,其经历颇为曲折:幼年丧父,新婚丧夫。顺治三年(1646),清军攻入刘淑英家乡吉安。当时江南义军纷纷揭竿而起,刘淑英受此感染,倾尽家资招兵买马,亲自披甲佩剑训练队伍。南明将军张先璧驻永新,闻刘淑英名欲纳之为妾。淑英大怒,遂尽遣所部归里,奉佛以终。著有《个山遗集》。

刘淑英的诗词多为"伤国难、雪国耻"之作。其《军事未毕家人劝我以归》

诗云："屡世余家受主恩，结营细柳已成军。毁尽钗环纾国难，九原聊欲慰忠魂。"这首诗写的就是她毁家纾难的经历，读来荡气回肠。又如七律《禾川题壁》诗："凭空呵气补乾坤，砺志徒怀报国恩。麟阁许登功未建，玉楼待诏梦先骞。消磨铁胆甘吞剑，掘却双瞳欲挂门。为弃此身全节义，何妨碎剐裂芳魂！"全诗表现了作者报国无门的悲愤之情。刘淑英的诗继承了庐陵先贤文章节义和爱国主义的传统，显示出一股豪气、正气，诗风雄迈，格调高雅，这正是庐陵文学的主流和精髓。

刘淑英的词作虽不多，但风格鲜明而多样。她的词以小令居多，多为咏时之作，主要写气候的变迁，音韵谐婉，爽朗俊逸；长调则多为感事之作，慷慨豪迈。举义之前，她的词偏于写实，每有生活情趣之作以及离别相思等题材，风格清丽；举义受挫、流落他乡之时，她的词多为激愤悲郁之作，蕴含一股不屈与奇气。咏时之作如《临江仙·早春暮远》：

> 楼外山川浑入画，东风醉煞朝霞。远岸嫩碧吐萌芽，半帘微雨意，一泼漫银纱。　　镜匣人孤轻比目，罗衣点染群花，马蹄声遍白门斜。乱鸦惊晓渡，日底是京华。

此词写早春的景象，尽管是早春，却有衰飒之感，反映出作者心底的落寞与孤寂。刘淑英词中也有故国之思的作品，如《黄莺儿·感怀禾川归作》：

> 洒泪别秦关。木兰舟，寄小湾。丹心不逐出笼鹇。桃花马殷，屠龙剑闲，长祛片月里，羞颜病屑屑？岂堪殉国？宜卧首阳山。　　孤生天地宁有几，已占了，天之二。从容冷瞰尘寰事。半缕佯狂，一函愤烈，恼得天憔悴。买刀载酒空游世，笑看他、蟛虫负李。长天难卷野无据，惟有孤生是。

这是作者晚年回到故乡所作，写自己体弱多病，无以报国，唯有归隐，冷观世事。全词意蕴悲凉，但也透着一股激越之气。刘淑英的词作，没有女词人常有的绮罗纤秾、缠绵哀怨之态，而多浑厚激昂之情，兼有东坡之旷与稼轩之豪。她的爱国热情、铮铮傲骨、玲珑词心、卓绝才华，无不显示出庐陵文章节义的传统对她的深刻影响。

第五章　庐陵史学

第一节　灿若星汉的史学名家和卷帙浩繁的史学著作

一、灿若星汉的史学名家

据《四库全书》《续修四库全书》《四库全书存目丛书》记载和汪泰荣《庐陵古文献考略》等书不完全统计，包括今吉州区、青原区、吉安县、吉水县、安福县、永丰县、遂川县、万安县、泰和县、永新县、新干县、峡江县、井冈山市，以及历史上属于庐陵现属萍乡市辖的莲花县在内的庐陵史学家有数百人之多，具体分布如下：

吉安县（含吉州区、青原区）有陈岳（著有《春秋折衷论》）、王克贞（南唐进士）、周必大、罗泌（著有《路史》）、彭叔夏（著有《文苑英华辨证》）、邓光荐、欧阳玄（宋、辽、金史总裁官）、曾宏父（著有《石刻铺叙》）、萧常（撰有《续后汉书》）、欧阳士秀（撰有《孔子世家补》）、罗濬（撰有《宝庆四明志》）、刘辰翁、李祯、晏璧（著有《史钺》）、萧洵（著有《故宫遗录》）、刘昭（著有《东征忠义录》）、彭以明（编有《二十一史论赞辑要》）、刘日升（撰有《符司纪》）、叶时用（增补《明文武诸司衙门官制》）、彭殿元（参修《明史》）、张贞生（著有《庸书》）等人。

安福县有王孚（南朝志书家）、行思（唐禅宗高僧、宗教史学家）、刘闻（著有《春秋通旨》）、刘球（参修《宣宗实录》）、李时勉（参修《太祖实录》《永乐大典》）、彭时（参修《寰宇通志》《大明一统志》）、邹守益（哲学史家）、僧智藏（撰有《崇恩志略》）、吴云（撰有《灵谷寺志》）等人。

吉水县有杨万里、胡知柔（编有《象台首末》）、曾三异（著有《宋新旧官制通考》）、曾三英（著有《蒙史》）、解观（预修辽、金、元史）、周闻孙（修宋、辽、金史）、解缙、钱习礼（预修明成祖、仁宗、宣宗三朝实录）、王艮（预修《太祖实录》）、胡广（主持编纂《五经四书性理大全》）、周叙（重修宋、辽、金三史）、陈诚（撰有《西域番国志》《西域行程记》）、罗洪先（地图学家）、刘俨（《寰宇通志》总裁)、邓淮(编著《鹿城书院集》)、刘善(撰有《纲鉴附评》)、刘同升(删定《宋史》)等人。

永新县有郭昭庆(撰有《唐春秋》)、龙衮(著有《江南野史》)、刘友益(著有《通鉴纲目书法》)、刘定之(著有《宋史论》)、贺中男(著有《明经济名臣传》)、甘雨(编撰《白鹭洲书院志》)、龙文彬(编有《明会要》)、龙体刚(编有《半窗史略》)等人。

永丰县有一人独占两部正史的欧阳修、董史(著有《皇宋书录》)、郭世霖(编撰《使琉球录》)、刘绎(《江西通志》主纂)等人。

新干县有研究宋金和战关系的徐梦莘(撰有《三朝北盟会编》)、徐天麟(著有《西汉会要》《东汉会要》)、曾鲁(领衔编修《元史》)、朱孟震(编著《西南夷风土记》)、朱绶(编撰《东游纪程》)等人。

万安县有朱衡(著有《道南源委录》)、张雨(著有《边政考》)、赖良鸣(编撰《吉州人文纪略》)等人。

泰和县有曾安止(著有《禾谱》)、杨士奇、梁潜、尹直(参修《英宗实录》)、郭子章(著有《豫章书》)、罗钦顺(哲学史家)、郭孔延(著有《史通评释》)、方志史家胡定(纂修《南雄府志》)等人。

峡江县有"西江三孔"、曾先之(撰有《十八史略》)、金幼孜(撰有《北征录》《后北征录》)等人。

莲花县有刘元卿(与喻均合著《江右名贤编》)等人。

二、卷帙浩繁的史学著作

庐陵史学家主持或参编实录、撰写史著或史论,留下了许多"史备众体"的史学研究成果。据初步统计,《四库全书》史部载录庐陵籍作者史著(含存目)50余部。

史部正史类2部:欧阳修等奉敕编撰的《新唐书》《新五代史》。

史部别史类2部:罗泌撰《路史》,萧常撰《续后汉书》。

别史类存目2部:曾先之撰《十八史略》,龙体刚撰《半窗史略》。

杂史类存目7部:金幼孜撰《北征录》《后北征录》,杨士奇撰《三朝圣谕录》,刘定之撰《否泰录》,刘昭撰《东征忠义录》,郭世霖撰《使琉球录》,郭子章撰《平播始末》。

史部诏令奏议类1部:杨士奇等奉敕编《历代名臣奏议》。

诏令奏议类存目4部：杨士奇撰《代言录》《奏对录》，毛伯温撰《毛襄懋奏议》，曾忭撰《前川奏疏》。

史部传记类4部：胡知柔编《象台首末》，李维樾、林增志编《忠贞录》，李幼武续编《宋名臣言行录》，解缙等奉敕撰《古今列女传》。

传记类存目12部：欧阳士秀撰《孔子世家补》，陈虞岳撰《传信辨误录》，尹直撰《名相赞》《南宋名臣言行录》，邓淮撰《鹿城书院集》，张芹撰《备遗录》，郭子章撰《圣门人物志》《豫章书》，刘元卿等撰《江右名贤编》，贺中男撰《经济名臣传》，陈诚撰《西域番国志》（又名《使西域记》），赵璜撰《归闲述梦》等。

史部史钞类1部：彭以明编《二十一史论赞辑要》。

史部载记类1部：龙衮撰《江南野史》。

史部地理类2部：欧阳忞撰《舆地广记》，罗濬撰《宝庆四明志》。

地理类存目9部：萧洵撰《故宫遗录》，郭子章撰《郡县释名》《阿育王山志》，俞策撰《阁皂山志》，甘雨撰《白鹭洲书院志》，僧大然撰《青原志略》，僧智藏撰《崇恩志略》，吴云撰《灵谷寺志》，张贞生撰《玉山遗响》。

史部职官类1部：周必大撰《玉堂杂记》。

职官类存目1部：刘日升撰《符司纪》。

史部目录类4部：欧阳修等编著校正《崇文总目》，欧阳修撰《集古录》，曾宏父撰《石刻铺叙》，杨士奇编《文渊阁书目》。

史部史评类存目3部：刘辰翁撰《班马异同评》，刘定之撰《宋论》，刘善撰《纲鉴附评》。

有些史家生平事迹不详，编撰的史学著作存佚情况不明。《四库全书》未收录的包括宋代王伯刍著《史法杂著》，元代萧文孙（一作肖文孙）编撰的《忠孝二史》，明代萧良有（一作肖良有）编撰的《史汉评》，明末清初邓凯编撰的南明抗清斗争史著《滇缅纪闻》，清代高维翰编撰的《良史汇编》、黄作渠编撰的《论史辑要》、王赠芳编撰的《纲鉴要略》、王祜编撰的《吉安县纪事》、曾玉润编撰的《禹贡地理释》、萧孝曾编撰的《历朝世系便览》等。

第二节 求是创新的史学思想与多元深厚的史学渊源

一、求是创新的史学思想

著名的欧阳修研究专家刘德清教授将欧阳修的史学思想概括为三点:不没其实,论辨正统;天人相分,反对祥瑞;整饬道德,标举名节。其实,欧阳修的史学思想内涵还包括重民至治,经世致用;实录简著,明微别嫌;金石证史,法严词约;疑古惑经,褒贬义例;轻天重人,损君益民。

文学家、诗人杨万里虽无专门的史学著作,却有丰富的史学思想。杨万里提出了"索之古不若索之今"、史著要通俗简明、举才宜重史学修养、社会变革史观等著名的史学思想。

南宋政治家周必大虽无历史研究专著,但是刻印了许多重要历史文献,为他人的著述撰写了不少序言,反映了他的史学思想。周必大的史学思想概括起来就是"实事是正,多闻阙疑"八个字。彭叔夏曾和周必大(拜益国公)一同校勘《文苑英华》,他说:"叔夏尝闻太师益公先生之言曰:'校书之法,实事是正,多闻阙疑。'""实事是正,多闻阙疑"这一图书校勘方法成为后世校勘学的典范,备受推崇。

南宋抗元英雄文天祥写了大量咏史诗文,是一位爱国史学家。他虽未撰写专门的史学著作,却有丰富的史学思想,突出表现为爱国史观、民族史观和正气史观。

解缙主持修纂《永乐大典》,在编修过程中"刊定凡例,删述去取,并包古今,搜罗隐括,纤悉靡遗",不仅有文化传播之功,而且形成了自己独特的历史文献学思想,即"根实精明,随事类别""删述去取,并包古今""用韵以统字,用字以系事"。

郭子章是明代历史地理学者。他任职遍及大半个中国,每到一处,都饶有兴致地考察了解当地的山川河流、文物古迹、风俗物产等情况。他说:"予过两都、齐、鲁、燕、赵、吴、越、楚、蜀、五岭之区,入国问名,狱究其义。所未经历处,稽之谍记,考之明哲,久而成帙,名曰《郡县释名》。"这种调查研究思想体现在其《郡县释名》等历史地理学著作中。他的史学思想还包括"以人证书,天地券合"等。

"义理史学"又称"理学化史学",是以理学为指导思想的一种史学流派。"义理史学"肇端于北宋初年。明中叶以后,博古考信、史学经世等思潮逐渐兴起,但是,"义理史学"仍居主流地位。郭孔延生于万历二年(1574),受义理史学风气熏染,也有着浓厚的"义理史学"思想,具体表现为:注重褒贬,推崇《纲目》;帝蜀伪魏,崇尚正统;议论体例,考评优劣。

此外,罗泌、萧常、刘元卿、龙文彬等庐陵史学家也有自己的史学思想,在此不赘述。

二、多元深厚的史学渊源

庐陵史学的渊源主要受崇文重教、藏书兴盛、家教熏陶、先贤激励、爱国情怀、游历见闻等诸多因素的影响。

第一个因素是崇文重教。崇文重教最突出的表现就是书院教育。唐代中期,江西有书院 13 所,吉州占 3 所(皇寮书院、光禄书院、登东书院)。后唐时期,罗韬创办了匡山书院。宋代,白鹭洲书院成为江西四大书院之一。明代,江西省有书院 164 所,吉安府有 33 所。

书院的设立有利于学子游学求思,增长见识。少年文天祥曾经到固江侯城书院、万安鳌溪书院求学。青年文天祥到白鹭洲书院深造。时任吉州知州江万里在白鹭洲书院内建了一座"六君子祠",祀程颢、程颐、周敦颐、张载、邵雍、朱熹六位理学大师,传播理学思想。因此,"吉州理学之风著于海内"。江万里是朱熹的再传弟子,又是文天祥的老师,他以儒家"忠君为国,舍生取义"等忠节思想,陶冶了文天祥的情操。文天祥还得到了时任白鹭洲书院山长、"庐陵醇儒"欧阳守道的谆谆教诲。文天祥在《祭欧阳巽斋先生》一文中写道:"先生之学,如布帛菽粟,求为有益于世用,而不为高谈虚语,以自标榜于一时。先生之文,如水之有源,如木之有本,与人臣言依于忠,与人子言依于孝,不为曼衍而支离。"一个学识渊博、教人忠孝的教师形象,跃然纸上。可以说,文天祥的成才与爱国史观的形成,与江万里、欧阳守道等名师的教导是分不开的。

第二个因素是藏书兴盛。罗泌的祖父罗无竞嗜书如命。罗泌的父亲罗良弼,广采图书,家中藏书逾万卷。胡铨读《崇文总目》时,罗良弼告知:某书若干卷,某集若干卷。胡铨检书查对,果然无异。周必大作《跋罗良弼家欧阳公唐草赞》说:"长卿好古博雅,藏本朝名公帖至数十百纸。"杨士奇少年时家贫,以鸡换钱买书。他自称其先祖有藏书数万卷,元代毁于兵火。他将后来的俸禄大都用来买书,经过十多年,经史子集大略具备。

第三个因素是家教熏陶。欧阳修、周必大,都是幼年丧父,但是他们勤学不倦。欧阳修母亲"画荻教子",周必大也由"母亲督课之"。罗泌祖孙四代,包括侄孙、侄曾孙都有文史造诣,历代享有盛名。清康熙年间,江西参议施闰章给罗泌家族送去"史学世家"金匾,旌表其在史学研究上的杰出贡献。

文天祥的父亲文仪,人称革斋先生,是一位有学识的读书人。文仪对文天祥兄弟的教育非常严格,邓光荐在《文丞相督府忠义传》中描写了当时的情景:"夜呼近灯诵日课,诵竟,旁摘曲诘,使不早恬,以习于弗懈。小失睡,即示颜色。"文天祥的母亲曾德慈是泰和县名儒曾钰的女儿,知书达理,勤俭持家,为了给文天祥兄弟请家塾教师,不惜卖掉嫁妆,并且经常给文天祥讲历史上忠节人物的故事,陶冶了文天祥忠于国家和民族的高尚品质。后来,文天祥在诗中写道:"母尝教我忠,我不违母志。"

解缙也出身书香门第,从小受到良好的家庭教育。祖父解子元,至正五年(1345)进士,官至太史院校书郎。父亲解开,致力于学问,一心从事办学和著述,培养人才。母亲高妙莹,贤良淑惠,精通书史,善写小楷,通晓音律。解缙生长在文化氛围较浓的家庭,从小受到良好的家庭教育,传说他自幼聪敏绝伦,有"神童"之称。良好的家庭熏陶为解缙的史学研究奠定了扎实的文化知识基础。

第四个因素是先贤激励。杨万里的学术思想受到张浚和胡铨的影响。《宋史·杨万里传》记载:"时张浚谪永,杜门谢客,万里三往不得见。以书力请,始见之。浚勉以正心诚意之学,万里服其教终身。"杨万里在《胡公行状》中写道:"万里与公同郡,常从学。"又在《跋张魏公答忠简胡公书十二纸》中自己承认,"万里时丞零陵,一日并得二师。"所以《宋元学案》中,张浚和胡铨的门下都有杨万里。

青年文天祥入吉州学宫拜谒先贤的雕像时,立下"殁不俎豆期间,非夫也"的雄心壮志。他决心以欧阳修等人为榜样,为国为民,干一番事业。文天祥在《吉州州学贡士庄记》中说:"是邦学者,世修欧、周之业,人负胡、杨之气。"这说明欧阳修、周必大、胡铨、杨万里这几位先贤对庐陵后学的影响是非常深刻的,直接促成了庐陵"文章节义之邦"的形成。文天祥在他的老师欧阳守道所写的《欧阳监丞祠堂记》中,读到了先贤欧阳珣的英雄事迹和爱国精神。"当其慷慨城下痛哭以勉守者,但见有吾心,不见有使命也。此时宰之命,非君父之命;此君父之命,非宗庙社稷之命也。臣受命于君,君受命于宗庙社稷。"欧阳珣这种"社稷为重,君为轻"的思想,以及"战败而失其地,他日我师取之直;举以与之,他日我师取之曲"等掷地有声的爱国格言,对青年文天祥爱国史观的形成产生了深刻的影响。文天祥在《指南录》中写下千古绝唱——《正气歌》,歌颂了历史上 12 位忠节之士,以升华自己的人格理想,伸张为国尽忠守节的正气,集中展现了诗人崇高的民族英雄气概、爱国史观和正气史观。

第五个因素是爱国情怀。在金人南下、南宋政权岌岌可危的社会危机面前,杨万里以史证《易》,又以《易》解史,以"通变"史观思考着国家和民族的出路。在蒙古铁骑南侵,南宋王朝摇摇欲坠的严峻形势下,文天祥以天下为己任,毅然从忠君走上爱国的道路,实践了他早已许下的"报国臣有志,悔往不可湔""但令身未死,随力报乾坤""慷慨为烈士,从容为圣贤"的崇高理想和人生诺言。

第六个因素是游历见闻。据罗泌自述,他曾多方游历访问,广收博采史料传说,"访博士,适异书,讯旅人,求金石之遗,豫是有益。虽奴客必师,不知祈寒褥暑之为毒"。他遍寻上古帝王遗迹,"于衡湘得云阳之从,于广都得盘古之祀,于冯翊得史皇之墓,于蓝田得尊卢之采……于黄龙得女娲之碣,于茶水得炎帝之陵,于峨眉得黄帝之款"。游历增加了罗泌的见闻,他最终写成《路史》一书。

第三节　文史兼通的史学特色与内涵丰富的史学价值

一、文史兼通的史学特色
(一)通今博古,史家成群

1.通今博古。宋、明两代庐陵史学家均比较重视对前朝与本朝历史的研究,唐、五代史,宋史,明史的研究成果较多。

欧阳修早年已究览六经群史、诸子百家之书,有志于史学。《王彦章画像记》体现了欧阳修"治史以经世"的借鉴精神。欧阳修借五代时期梁、晋德胜之战,论及北宋与西夏战事,为宋代军事出谋划策。他的《新唐书》"创立纪统,裁成大体","据古鉴今,以立时治"。他所编著的《新五代史》立死事传、死节传、一行传、杂传等类传,分别记载忠臣、叛臣、逆臣。徐梦莘博采敕、制、诰、诏、国史、书疏、奏议、记序、碑志以及当时臣僚著述 200 余种,编成《三朝北盟会编》,斥责乱臣贼子,表彰忠臣义士。他在诗中言志:"平生学忠孝,余力从文章。"李幼武编撰了《宋名臣言行录续集》《宋名臣言行录别集》《宋名臣言行录外集》三部史书,是朱熹著《宋名臣言行录》的补编。罗泌撰成《路史》一书,记述上古迄两汉史事。为了使内容更加充实可信,罗泌常携书稿在身,赴各地走访,不断订正。

永乐八年(1410),金幼孜从明成祖出塞北征,编成《北征录》《后北征录》,按日记载亲身经历。杨士奇扈从明宣宗巡行居庸关外,把当时所写的日记和诗赋编成《西巡扈从纪行录》一卷。张芹《备遗录》,追记了"靖难之役"中建文帝及为之殉节诸臣的事迹。陈诚《西域番国志》,记载他自己于永乐年间与中官李达出使西域的事。刘昭《东征忠义录》,记载王守仁讨伐宁王朱宸濠的事件。范康生《仿指南录》,记载南明隆武二年(1646)他与万元吉、杨廷麟守赣州事。贺中男《明经济名臣传》,记载明朝当代经济人物。尹直《明良交泰录》十八卷,有十六卷记历代君臣问答之语,其中明代之事占了一半。尹直另有《南宋名臣言行录》十六卷、《謇斋琐缀录》八卷,前者录取陈俊卿等 123 人的言行,以此策励明朝人向宋名臣学习;后者大多记载明代掌故,关于内阁情况的记载尤为详细。

刘定之《否泰录》,记载了明英宗北征在"土木之变"中被俘及释归之事。刘定之另有《宋论》三卷,比王夫之的《宋论》早了二百多年。他给景泰帝上疏言边务时,认为战阵宜仿"宋吴玠、吴璘兄弟三叠阵法"及"韩世忠破金虏拐子马"法;通使宜如"宋仁宗遣富弼使契丹,用能结华夷之盟,以息战争";德学宜如司马光告其君主,皆以仁、明、武为言,而想做到仁、明、武,应学习朱熹的《通鉴纲目》。《明史·罗洪先传》说罗洪先"跃马挽强,考图观史,自天文、地志、礼乐、典章、河渠、边塞、战阵攻守,下逮阴阳、算数,靡不精究。至人才、吏事、国计、民情,悉加意咨访"。罗洪先辞官归乡后,创办石莲洞书院,传授理学,笔耕不辍,并曾至长沙岳麓书院讲"良知良能"学说。正因为罗洪先学识渊博、通今博古,所以才能编制《广舆图》。

2. 史家成群。庐陵突出的史学成就反映在庞大的史学研究群体以及史学研究的传承性上。古代吉水谷村诞生了 68 名进士、115 名举人,形成了父子兄弟齐名的文史哲经研究群体。谷村儒学大师李中的学生邹元标著有长篇历史小说《岳武穆精忠传》。后来谷村李邦华又受业于邹元标。李邦华中进士后,官至兵部尚书,著有《李忠肃奏议》《抚津疏草》《南枢新志》等。李邦华从子李日宣,中进士后,官至吏部尚书,著有《平回始末》等。李邦华之孙李长世,著有《忠孝渊源》等史著。李日宣从子李一伟著有《论二十一史》等史学研究专著。康熙九年(1670)进士,历任工、刑、户、礼四部尚书的谷村人李振裕编撰了《鉴古集览》等史书,总纂康熙版《吉水县志》16卷。

清代,黄宗羲、全祖望在《宋元学案》中,将王安石、苏轼列为"庐陵学案"的传人,使庐陵史学队伍得到发展壮大。王梓材、冯云濠编撰的《宋元学案补遗》,专门列出"庐陵续传",记载鄱阳李椿年是胡铨故旧,他潜心易学,卫道甚严,"与欧阳子之意默契"。黄宗羲《明儒学案》卷16至卷24,专门列出"江右王门学案",介绍了27位江右王门弟子的生平思想与学术传承关系,其中庐陵地区就有邹守益、欧阳德、聂豹、罗洪先、刘文敏、刘邦采、刘阳、刘晓、刘魁、王时槐、陈嘉谟、刘元卿、胡直、邹元标、罗大纮、宋仪望等16人,约占60%,反映了庐陵"江右王学"在中国哲学史上的群体形象及其学术影响,其中亦不乏史学成就。

(二)诗文咏史,文史俱佳

1. 诗文咏史。文天祥既是伟大的抗元英雄,又是杰出的爱国诗人。他的诗歌是充满爱国主义精神的史诗,是诗歌咏史的典范。文天祥诗歌中的爱国主义精神体现了他"死不愧庐陵"的爱家亲情、"近来又报秋风紧,颇觉忧时鬓欲斑"的忧患意识、"何日洗兵马,车书四海同"的统一祖国的宏愿、"但令身未死,随力报乾坤"的爱国情操、"人生自古谁无死,留取丹心照汗青"的英雄气概。

文天祥在诗歌中不断申明自己尽忠报国之志,如"著庭更有邦人笔,稽首承休学二忠。""欲酬长者殷勤祝,坎止流行学四忠。"(此处"二忠"指胡铨和周必大,"四忠"指胡铨、周必大、欧阳修、杨邦乂,他们谥号中都有一个"忠"字)"四忠"加上文天祥(谥"忠烈")和杨万里(谥"文节"),一起被誉为庐陵"五忠一节"。

文天祥在狱中集杜甫诗句讲述南宋末年的历史,倾注自己的感情,提出自己的见解,爱国史观、正气史观跃然纸上,嵌入字里行间。"集杜诗"是我国诗歌发展史上一个独特的创造。文天祥忧国忧民的情怀与杜甫相似相通,才能集杜诗200首而成为"文山诗史"。《文信公集杜诗》的目录、序言和诗歌本身就体现了"诗史"的特征。前四十四首有《社稷》《理宗·度宗》《误国权臣》《镇江之战》《将相弃国》《景炎拥立》《祥兴登极》《张世杰》等,写南宋灭亡经过,是宋末信史。自第四十五首至第五十二首,杂写死于国事的人物,包括《江丞相万里》《将军王安节》《陆枢密秀夫》等,反映了文天祥的爱国思想和民族气节观。从第五十三首至第一百零四首,写文天祥自己领导抗元斗争的经历,起于赣州勤王,终于被囚大都监狱,是极为悲壮和珍贵的宋末抗元斗争史诗。如《北行第九十》:"浮云暮南征,我马向北嘶。荆棘暗长原,子规昼夜啼。"此诗表达了文天祥的亡国之恨与爱国之情。

《文信公集杜诗》一百零五篇诗序,是最直接、最信实和最有价值的南宋末年史料。《黄州第七》序说:"始谓虏以襄阳船自汉入江,后乃知虏之未渡,蕲、黄已先降,故其渡也,襄、汉、蕲、黄之船皆在焉。"文天祥此序可以订正《续资治通鉴》和《元史》所记元军渡江史实。

2. 文史兼通。庐陵史家义理、辞章、考据兼修并举,融经于史,经史合一,以经证史,以易解史,史以载道。唐宋散文八大家,北宋占六家,其中欧阳修是宋六家之首。欧阳修是北宋诗文革新运动的主帅,是当之无愧的一代文宗。欧阳修不仅是文学家,还是史学家,在二十四史中,他一人独占两部正史。欧阳修继承了《史记》《汉书》文史并茂的传统,编撰的《新唐书》《新五代史》文史俱佳。清初学者钱谦益认为《新五代史》中的文章"直欲祧班而祢马",其中最具代表的是"《唐六臣》《伶人》《宦者》诸传",所发议论酣畅淋漓,"绰有太史公之风"。欧阳修在文史创作上成绩可观,经史子集均为一时之冠,被钱穆誉为"通人"。钱穆认为:"中国学问经史子集四部,欧阳修已一人兼之。"梁启超评价欧阳修"在隋唐、五代空气沉闷以后,能够有自觉心,能够自成一家之言,不惟想做司马迁,而且要做孔子"。

杨万里既是诗人,又是以史证易、以易解史的大家。周必大是文学巨匠,又是重视史料、精于校勘的史学家。文天祥的《指南录》既是文学作品,又是"诗文咏史"的杰作。解缙文学功底深厚,擅长妙对,他主编的《永乐大典》,体现了他的"史学、史才、史识"之长,文史学识兼具。

贺贻孙同样是庐陵史家中不得不提的一位。他9岁能文,被称为神童。科场失意后,绝意仕途,结社豫章,师法欧阳修、曾巩古文。明亡后,隐居不出,潜心治学,著有《史论》3卷。该书"工于持论,执摘幽隐,援引比类,多切中綮肯,凡昔贤所未发及发而未畅者,皆一一能达其说"。另著有博物学著作《水田居掌录》20 卷,分天文、地舆、人类、人事、时令、典汇、史余、诗文、书画、技艺、声音、释教、仙迹、居室、服饰、器用、文具、珍宝、四夷等门类。由此可见,具有崇高民族气节的贺贻孙是文史兼通的爱国学者。

(三)金石证史,谱牒补史

1. 金石证史。欧阳修为《集古录》部分篇目撰写跋语,成《集古录跋尾》10 卷。周必大十分赞赏欧阳修编纂《集古录》保存古文字史料的难能可贵的精神。他指出:"昔公为《集古录》,上起周穆,下迄五代,虽仙释诡怪,平时力辟而不语者,苟一字画可取,一事迹可记,莫不咸在,既轴而藏之,又从而发扬之,惟恐其泯没无闻于世。"周必大十分重视原碑刻的文献价值,他通过对金石碑刻的考证,补订纸本文献之失。周必大记录其兄周必正在舒州做官时,曾发现当地李白书堂旁的山崖上有李白《瀑布诗》一首。宋人蔡絛《西清诗话》载有此诗,但与此石刻本有多处不同。周必大通过对这两种版本进行比较,对《西清诗话》所载表示怀疑。

2. 谱牒补史。除欧阳修创编《欧阳氏谱图》,庐陵历史上有不少学者编撰了人物年谱、族谱、家谱等谱牒学专著,为正史拾遗补阙。

宋代,吉水人王端礼编撰了《茶谱》1 卷;吉水人罗耒恭编撰了《欧阳文忠公年谱并辨谤》2 卷;刘清之中进士后编撰了《庐陵第四塘刘氏族谱》;周必大之子周纶编撰了《周文忠公年谱》1 卷。

明代,罗洪先编撰了《秀川罗氏族谱》5 卷;曾赐贵编撰了《曾氏一家言》;杨士奇编纂了《杨氏家乘》20 卷,他的后人编撰了《文贞公年谱》;罗彦洪编撰了《历代年谱》;刘铖中进士后,为父亲刘球编撰了《刘忠愍年谱》,使忠节之士刘球的史料得以保存;胡乔岱纂修了《胡氏通谱》;邹守益编撰了《阳明先生年谱》2 卷;曾孔化中进士后编纂了《庐陵曾氏家乘》32 卷;郭子章的祖父郭云塘编撰了《谱疑》1 卷、《谱辩》1 卷等谱牒学著作;郭子章次子郭孔延编撰了《郭公青螺年谱》1 卷;贺钧编撰了《唐令贺氏谱》3 卷。

清代,施男编撰了《施氏一家言》10 卷;欧阳安世编《续修安福令欧阳公通谱》;道光三年(1823)进士、官至广东巡抚的黄赞汤编撰了《绳其武斋自撰年谱》1 卷;李孚竹续修《李氏家谱》;文耕心编撰《坑东固塘文氏族谱》;文子鸿编撰《文氏统谱》18 卷。

(四)史学批评,哲理思辨

1. 史学批评。关于倪思、刘辰翁撰《班马异同评》一书的用意,马端临《文献通考》云："以班史仍《史记》之旧而多删改,大抵务趋简严,然或删而遗其事实,或改而失其本意。因其异则可以知其笔力之优劣而又知作史、述史之法矣。"

《史记·魏其武安侯列传》写武安侯田蚡做了丞相以后贪权弄势。"荐人或起家至二千石,权移主上。上乃曰:'君除吏已尽未?吾亦欲除吏。'尝请考工地益宅,上怒曰:'君何不遂取武库!'是后乃退。"《汉书》把汉武帝两句话里的"已""君何不"几个字给删掉了。刘辰翁认为这几个字"英明可畏",《汉书》不应该将其删除。

《史记·项羽本纪》写鸿门宴上范增"数目项王,举所佩玉块以示之者三",要项羽下决心收拾刘邦,而项羽始终"默然不应"。刘辰翁据此评论道:"项王为人不忍,于此可见。此伯(项伯)之所以敢语而增(范增)之所以不敢怒也。"他指出项羽"为人不忍",点明了项羽放虎归山导致日后垓下失败的深层原因。

刘辰翁评论《史记·项羽本纪》说:"《汉书》籍传(即《项籍传》),必不称'王'而称'羽'。羽,字也。《史记》世家(编者按:应为本纪),首尾'项王',至是独'籍',皆语势宜然。"《汉书》将项羽由"本纪"降格为"列传",而且在传里根本不称"王"而一律称"羽",对此刘辰翁评论指出,这种称谓是出于"语势"的需要。

明代郭孔延的《史通评释》也是一部史评著作,全书博引群籍,评释详赡,议论博洽,观点鲜明,在我国史学理论史上具有一定的地位。

2.哲理思辨。庐陵史学明显受到理学的影响。理学思潮推动宋人对传注乃至经典进行审察,进而对史籍进行考辨,由惑传注而疑经,由疑经而疑古,由疑古而疑史,由疑史而考史。这种曲曲折折、一疑再疑的过程,最后促成了宋代史学界古籍辨伪和考证之学的兴起。

欧阳修不仅是著名的史学家,而且是理学的重要先驱。他敢于疑古惑经,在理解史的基础上评史。他认为《十翼》非孔子所作,对《周礼》等古籍也发出疑问。他提出"天理"等范畴,对理学理论体系的形成做出了贡献。他认为支配社会兴衰的是"人理",编写历史时应以"书人不书天"为基本原则,主张德政、重民爱民、师古不泥古等。

文天祥、刘辰翁、邓光荐等人的文集,理学思想十分丰富,他们可算得上朱子后学。邹守益、罗洪先等是江右王门的代表人物,阳明心学无疑影响了江右王门弟子的史学研究。理学和心学是庐陵史家哲理思辨、研经治史的重要理论依据。唯物主义思想是杨万里、罗钦顺等人探讨世界本源、从事哲学和史学研究的思想基础。

（五）以易解史，世家声誉

1. 以易解史，以史证易。欧阳修《易童子问》等文章，着重从义理上解易，使易学与史学相通。杨万里是以史证易的代表人物，是易学中的义理派。把史学纳入易学体系中，以历史事实解说易理，成为他史学思想的有机组成部分。欧阳修、杨万里等以易证史、说史、辨史、论史，以史解易，显示出他们深邃的历史眼光，促进了史学思想的进步。

杨万里是易学"两派六宗"中"史事宗"易学的代表人物之一。他的易学著作《诚斋易传》采取"援史入易"的方法，通过总结历史治乱经验来解释易道，形成极富特色的史事易学。《诚斋易传》全书引史例众多，甚至每爻下都引数例，在数量上远超之前及同时代学者。杨万里引史精细，史易之间的配合更为圆融，《诚斋易传》实为"史事宗"易学巅峰之作。杨万里在《诚斋易传》中总共引用了近 400 条史例，几乎囊括了自上古尧舜至宋的全部历史，以此改变宋代易学家空言性命、游谈无根的学术流弊，倡明易学为有用之学。杨万里引《尚书》中益戒舜、禹戒舜的史例说明"亢龙有悔"的意蕴，用梁武帝、唐明皇晚年史例从反面说明此理。他在注释屯卦卦辞时，分析了汉高祖能够战胜项羽夺得天下的原因，成为"以易解史"的典范。

杨万里对于后世易学影响深远。元代董真卿的《周易会通》、胡震的《周易衍义》都引用了《诚斋易传》以史解易之文。明代易学大家来知德在其《周易集注》中引用的史例与杨万里如出一辙。杨万里的《诚斋易传》正式让"史事宗"成为易学宗派之一，其影响一直延续到近代。

2. 会通治史，史学世家。元代安福人李廉编撰了《春秋诸传会通》24 卷，四库馆臣评价道："廉实忠义之士，非以空言说经者矣。"

明成化初年，尹直以经筵讲官的身份参修《英宗实录》。总裁官引汉昌邑王（刘贺）、更始帝（刘玄）的例子，欲革去景泰帝朱祁钰帝号。尹直抗辩说："且昌邑旋立旋废，景泰帝则为宗庙社稷主七年。更始无所受命，景泰帝则策命于母后……不宜去帝号。"

庐陵历史上的史学世家主要有欧阳修世家、徐梦莘世家、曾敏行世家、邹守益世家和郭子章世家。

欧阳修是北宋文坛宗师、史学泰斗。欧阳修的长子欧阳发,少好学,拜胡瑗为师,探研古代制度文物,旁及天文地理、古乐钟律,苏轼极称其学。欧阳发继承父业,著有《古今系谱图》《宋朝二府年表》《年号录》《浑仪》《刻漏》《晷影法要》《灵台秘苑》等历史研究专著。欧阳修的三子欧阳棐,治平四年(1067)进士,著有《历代年表》《三十国年纪》《九朝史略》《尧历》《合朔图》等。此外,欧阳棐还为欧阳修编纂的金石学巨著《集古录》撰写目录,实现了"父子同撰"。

徐梦莘一家都是史学名家。徐梦莘融经学尤其是《春秋》于史学之中。徐梦莘著有《三朝北盟会编》250卷、《北盟集补》50卷。徐梦莘的弟弟徐得之,编撰了《左氏国纪》《史记年纪》《郴江志》等史学著作。徐梦莘的从子徐天麟,仿《唐会要》编成《西汉会要》70卷、《东汉会要》40卷。徐得之之子徐筠著有《周礼微言》《汉官考》《修水志》等。时人称徐家"长于史学"。

《独醒杂志》作者曾敏行有7个儿子(三聘、三异、三英等),均有文史成就,不愧"史学世家"称誉。曾三聘撰有《存存斋稿》30卷等。曾三异撰有《宋新旧官制通考》10卷、《宋新旧官制通释》2卷、《通鉴通释》2卷等。曾三英著有《南北边筹》18卷,周必大、杨万里为之作序。吕祖谦评价道:"史学求博易,求约难。是书文简而事备,可谓约史。"曾三聘族侄曾宏父著有书法学名著《石刻铺叙》2卷。曾三聘之子曾宏正任《新淦志》总纂。

邹守益是明代著名的理学家,但其家族撰写了不少史志著作,史学思想深邃。邹守益三子邹善,嘉靖三十五年(1556)进士,官至广东右布政使,著有《诸儒粹语》等。邹善次子邹德溥,万历十一年(1583)进士,奉敕修《职方志》。邹善从子邹德泳,万历十四年(1586)进士,著有《易林说疑》《复古书院志》等。

郭子章一家,从他的祖父郭云塘编撰《谱疑》《谱辩》,到他自己编撰大量的历史、方志、地理著作,再到他的儿子郭孔延编撰《史通评释》20卷,郭孔太编撰《经传正误》3卷,郭孔陵编撰《医药》24卷,再到他的孙子郭承昊编撰《锦衣卫志》30卷,曾孙郭懋祚编撰《群书备考续》等,6代人从事史学著述,是名副其实的史学世家。

二、内涵丰富的史学价值

庐陵史学在中国史学史上具有重要地位。以罗泌《路史》为例,多数学者对其持肯定态度。南宋费辉《路史别序》称赞《路史》"立言远过贾谊,而叙述则在庄、马之间,班、范而下不论也。"元代盛如梓评论道:"观其引援该博,无书不读,且文字奇古……博学如斯,古今有几?"明代胡应麟作《罗氏〈路史〉序》称:"罗氏此编最称后出,乃独穷搜眇邈,剧探幽微……乃若灵篇秘笈,散见群书,久缺传流,向湮纪录者,率赖是编,提携弗坠。后世亦因综核,大都良哉,学圃之邓林,词场之宝筏也。"近代学者梁启超认为:"罗长源《路史》……比类钩索之勤不可诬也。其《国名纪》之一部,条贯绵密,实史界创作;且其时《古本竹书纪年》及皇甫士安辈所著书,皆未亡佚,其所取材者,多今日所不及睹,故可宝也。"又说:"罗泌做《路史》……用的方法很多,有许多前人所不注意的史迹他也注意到,在史学界也有点价值。"著名史学家吕思勉认为:"惟《路史》最为卓绝,所搜异说极多;排比虽或失当,然考证论断,多有特识,亦非规规于世俗之绳墨者,所能望其项背也。"

(一)史料价值

龙衮《江南野史》保留有部分详备而且宝贵的南唐史料。罗泌《路史》包括《前纪》《后纪》《国名纪》《余论》《发挥》等部分,是研究上古史、神话史、文化史以及上古民族史不可或缺的参考书,具有重要的史料及研究价值。有学者认为,《路史》是罗泌"搜集百家,辑而成史"的结果,其儿子罗苹为书作注,更是旁征博引,保留了不少神话资料。例如,《路史》将南宋以前众多文献中有关女娲的各种神话传说材料搜集到一起,《后纪》卷二《女皇氏》便是各种女娲资料的总汇,记述了不少地方存在的女娲陵、女娲墓、女娲庙,为探讨古代的女娲信仰提供了重要史料。

陈诚的《西域番国志》和《西域行程记》一直受到中外学者瞩目,是研究中西交通史的珍贵史料。《西域番国志》所载内容极为丰富,包括西域各地方位、山川走势、居民、隶属、历史沿革、名称由来、疆域变迁、古籍、建筑、宗教、语言文字、军事态势、民俗、气候、物产、商品经济、集市贸易、货币、税收等,还记载了伊斯兰教徒的生活习俗等。《明太宗文皇帝实录》载:"吏部员外郎陈诚等使西域还,西域诸国哈烈、撒马儿罕、火州、土鲁番、失剌思、俺都淮等处各遣使贡文豹、西马、方物。诚上《使西域记》,所历凡十七国,三川、风俗、物产悉备焉。"明英宗正统年间,陈诚从曾孙陈汝实辑陈诚表状诗文,编成《陈竹山先生文集》。资政大夫、吏部尚书兼国史总裁王直为《文集》作序说:"后之君子,欲征西域之事,而于此考览焉。"《西域番国志》中不少文字被抄录、摘引或辑入《学海类编》《大明一统志》《名山藏》《明史》《大清一统志》等书。由此可见,陈诚的《西域番国志》具有重要的史料价值。

（二）校勘价值

周必大是一位校勘学家。他编订欧阳修文集，不是一般的翻印，而是依据出土文物认真考据、校勘，指瑕纠谬。解缙主持修纂的《永乐大典》所采文献多为宋元旧本，具有较高的版本价值，是校勘传世著作中十分珍贵的善本，据此可以校勘、订正某些古书的错误。例如据《永乐大典》可知，《本草类要》的作者应该是南宋的詹端方，而不是谬传的明代詹瑞芳。《海外新发现〈永乐大典〉十七卷》中引进了 10 余种宋、金、元医药文献以及零散的医学史料，可以作为现传医药文献的校勘、辑佚或补辑的依据，具有较高的学术研究价值。《永乐大典》所录医书大都为宋、金、元的善本，例如《证类本草》《汤液本草》《东垣试效方》等，可用来与现存医药文献做对校，具有重要的校勘学价值。

（三）辑佚价值

《路史》引用佚书总数为 737 部，史料价值极高。《路史》成书于南宋中后期，而绝大部分的古籍均是在南宋之后才陆续亡佚不存的，这就使《路史》具有很高的辑佚学、校勘学价值。《永乐大典》保留了许多世无传本的珍文秘典，为世所公认之辑佚渊薮。清初学者全祖望、李绂于雍正年间首次利用《永乐大典》辑佚古书。乾隆时修《四库全书》，曾从《永乐大典》中辑出已佚宋元医书 21 种，著名的《苏沈良方》《济生方》《产育宝庆方》《太医局程文》《瑞竹堂经验方》等，都是从《永乐大典》中辑佚产生的。

1207 年，金章宗尊用欧阳修《新五代史》，明令削去薛居正《五代史》，《旧五代史》逐渐亡佚。清邵晋涵等以从《永乐大典》与《册府元龟》中辑录编纂的辑本为底本，整理而成《旧五代史》。据陈垣先生统计，《旧五代史》辑本引《永乐大典》八百十六条、《册府元龟》三百条。学术界认为这部辑本，大致恢复了原来面貌的十之七八。1983 年，中国社会科学院文学研究所张凡研究员依据《永乐大典》原文，辑补了《旧五代史》失辑和脱漏的文字，并按今本《旧五代史》"纪""列传""天文志"等体例排列，供史家参考订正。

至乾隆四十六年（1781），《永乐大典》中已辑出散佚古书 300 余种，其中一半以上是集部的典籍。抄入《四库全书》集部别集类的辑佚书共有 164 种，其中宋人文集 128 种、金元人文集 30 种、明人文集 6 种。《永乐大典》的辑佚工作，从清代开始就一直没有中断过，四库馆臣进行了大规模的辑佚后，又有缪荃孙、王国维、罗振玉、赵万里、孔凡礼等先后辑出不少失传之书,《宋会要辑稿》就是依据《永乐大典》辑补而成的。从《永乐大典》中辑出的许多地方志资料,为新编方志提供了重要线索。20 世纪 80 年代,马蓉等学者利用中华书局影印出版的《永乐大典》和他们通过各种渠道收集到的中华书局影印本所未收录的、海外收藏的十多卷《永乐大典》残卷,对《永乐大典》收录的方志进行了一次全面的辑佚,并将辑佚的成果收录在《永乐大典方志辑佚》一书中。例如,《永乐大典》收录的《应天府志》中有关宫室方面的资料,为万历版《应天府志》所不载,可以补万历版《应天府志》之缺。

第六章　庐陵心学

第一节　儒学的演进

一、儒学的价值及其理论论证

在中国思想文化史上,宋明理学具有极其重要的意义,在相当程度上塑造了中国人的思想和行为。宋明理学并不是一个单一的理论体系,不同的理学家往往有不同的视角和观点,最终都统一于理学这一旗帜之下。人们通常把宋明理学分为程朱理学和陆王心学两大派别。明代以来,程朱理学一直是官方哲学,在江西思想文化领域占主导地位。江西最为著名的两个书院——庐山白鹿洞书院和吉安白鹭洲书院长期是程朱理学研究与传播的重要基地。但是,心学才是江西在思想领域最突出的成就。所谓陆王心学,陆指陆九渊(1139—1193),字子静,号存斋,世称象山先生,是心学的创始人,江西金溪人。他和朱熹在鹅湖书院的辩论、在白鹿洞书院的会讲是中国思想史上的大事。王指王阳明(1472—1529),名守仁,字伯安,世称阳明先生。王阳明是浙江余姚人,但江西是王阳明建立"三不朽"伟业的基地,"阳明一生精神,俱在江右",尤其是在庐陵地区。阳明心学对庐陵地方文化发展产生了巨大而深远的影响,成为庐陵文化的重要组成部分。我们所说的庐陵心学,正是指阳明学在庐陵地区传播和发展的成果。

要认识和理解庐陵心学,首先必须对宋明理学有一个基本的认识,这就必须了解儒学的演进过程。毕竟,儒学发展到宋明时期,形成了新的知识和理论形态,即理学,所以宋明理学又被称为新儒学。

众所周知,儒家的创始人是孔子。孔子生活的时代,礼崩乐坏,天下大乱。孔子认为,要实现天下太平,必须严格遵守传统的礼法制度,自觉地摆正自己在社会生活中的位置,自觉做到君君、臣臣、父父、子子——后来发展成儒家名教纲常。孔子指出,遵守礼法并不是一件难事,只要践行"仁"即可。"仁"扎根于自然的情感基础，即"孝悌"。所谓"孝悌仁之本"，孔子认为每个人都可以做到，子曰："仁远乎哉？我欲仁，斯仁至矣。"孔子的学说在当时即广泛传播，产生了很大的社会影响。后来，孟子和荀子进行了进一步论证，儒家学说得以不断完善。孟子称，人性本善，人有四端，孔子的学说既合乎人性，也是社会的需要。荀子认为，人性本恶，所以需要圣人制定道德规范即礼法制度加以约束，使人们切实做到君君、臣臣、父父、子子，进而实现天下太平。问题是，儒家把实现天下太平寄托于人们的道德自觉，这显然是不现实的——国家本质上是一种暴力机器，尤其是收拾天下大乱局面，重建稳定的社会秩序更需要外部的强制措施，甚至是冷酷的力量。在这个意义上，儒学可以说是一种乌托邦理想。正因为如此，儒家思想无法成为收拾天下大乱局面、重建稳定社会秩序的指导思想。秦的统一，便是在法家思想的指导下展开的。

但儒家名教纲常的价值毋庸置疑。这是因为，任何一个统治者显然都希望民众自觉地摆正自己在社会生活中的位置，遵守礼法制度。同时，任何一种有效政治制度和社会秩序都必须建立在某种道德价值和道德规范之上。正因为如此，天下大乱之际，儒学确实发挥不了很大的作用，会受到冷落甚至嘲讽，但时局一旦稳定下来，统治者通常会大力倡导儒学。那么，如何让人们接受和信服儒学，自觉践行儒家名教纲常呢？这就需要论证儒家名教纲常的合理性。

论证儒家名教纲常的合理性，大致说来有两种途径：一是工具性论证，即强调儒家名教纲常是一种不可替代的实现天下太平的有效工具方法；二是价值性论证，即论证儒家名教纲常本身就具有绝对价值，是绝对真理，因此任何人都必须无条件遵守，即便付出生命代价也在所不惜。

工具性论证看起来的确合情合理，也合乎人们的日常思维习惯，但论证起来却有些麻烦，缺乏足够的说服力。人们普遍承认，儒家名教纲常也确乎合乎社会需要，但就其政治社会目标而言，儒学从没有经过大规模的社会实践的检验，充其量只能牵强附会地以传说中的三皇五帝或尧舜禹汤说事，这显然是一个很大的缺陷，儒家因此受到很多人的攻击，以至于失去人们的信任。汉高祖刘邦最初就非常瞧不起儒生。而当汉元帝把汉武帝"罢黜百家，独尊儒术"的政策落到实处以后，西汉迅速走向腐朽衰败。王莽以儒家古文经为指导的改制不但没有挽救严重的社会危机，反而使自己身败名裂。东汉对儒学的重视为后人所艳羡，但东汉外戚与宦官交替专权，社会腐败黑暗，根本谈不上天下太平。正因为如此,尽管自汉武帝以后,儒学一直是官方哲学,实际上在国家政治中的作用非常有限。在中国学术思想史上,两汉的学术主流是儒家经学,也就是研究儒家经典的学问,魏晋时期则是玄学,隋唐时期佛学繁荣,居于官方哲学地位的儒学可能只是起到装饰门面的作用,所谓"儒门淡泊,收拾不住"。这表明,工具性论证具有极大的局限性,并不能真正使人相信儒学是真理。

价值性论证则不同。持这种观点的人强调,儒家名教纲常不仅有用,是社会的需要,更是人世间的绝对真理。显然,如果是绝对真理,那任何人都必须无条件遵守,即使牺牲也在所不惜。董仲舒论证说,至高无上的"天"是有意志的,而儒家名教纲常充分体现了天意,否则就会遭到天谴,因此必须无条件遵守。董仲舒的论证影响很大,正是在董仲舒等人的努力下,儒家获得了独尊地位,成为官方哲学。但是,董仲舒的论证是非常粗糙的。人们发现,天的意志是可疑的,罪大恶极者实际上并没有遭到天的惩处,而好人也未必有好报,这就是说,董仲舒的论证存在着很大的漏洞。

二、理学的诞生

无论如何,必须找到一种新的理论方法论证儒学的真理性价值,论证儒家名教纲常是必须无条件遵守的绝对真理。

陆九渊和王阳明认为程朱理学是错误的,他们认为,既然是天理,是绝对真理,就一定不是说在嘴上、写在纸上、挂在墙上的东西,一定不是那些"满口仁义道德,满腹男盗女娼"的"伪道学"口中的东西,所以,天理只能存在于每个人的心中,心外无物,心外无理,所以万事先修心。这就是陆王心学。

尽管陆王心学是在批判程朱理学的基础上发展起来的,但二者的宗旨意图和思维模式是一致的,陆王心学和程朱理学之间的分歧是理学内部的分歧,属于宋明理学范畴,或者说是宋明理学的不同表现形式。

三、庐陵心学

简单地说,心学的研究对象和内容是如何修心。在陆九渊那里,"吾心即是宇宙,宇宙即是吾心",人的使命就是"发明本心","先立其大";在王阳明那里,知行合一,修心的关键,或者说人的使命就是致良知。陆九渊对庐陵地区影响不大,而"阳明一生精神,俱在江右",主要是在庐陵地区。吉安府的青原讲会和安福县的复古书院是公认的全国研究和传播阳明学的重要场所。

阳明学的核心问题是致良知,但什么是良知,如何致良知并没有现成的答案。王阳明本人也没有说清楚,更没有给出结论。他强调,良知本体存在于每个人的心中,如何致良知必须因人而异。问题是,从学术理论上,或者从逻辑上说,学者必须给出普遍性、一致性的论证。王阳明在世时,他本人的意见和建议就是绝对权威。王阳明去世后,弟子们对阳明学便有自己的理解和解释,阳明学因此分裂为不同的学术流派,在庐陵地区则形成了江右王门学派。江右是江西的俗称,但江右王门学派学者主要是庐陵人。另外,永新人颜钧、永丰人何心隐则是泰州学派的著名学者,在本地影响不是很大,但在思想文化界颇有影响。我们把庐陵心学学者的理论和实践成就称为庐陵心学。

第二节　庐陵心学的社会文化基础

一、概说

阳明心学之所以能够在庐陵地区发展和传播,进而成为庐陵文化的重要组成部分,首先是因为阳明心学传播和发展的坚实的社会文化基础或者说肥沃的社会文化土壤。关于庐陵地区的历史文化传统,万历《吉安府志》有一段非常精练的描述,称:

> 秦汉而上,去吴楚越国都遐远,阖闾、勾践、楚熊商之风不及渐靡,地非要害,战争少,人生手不持戈刃,惟勤耕穑樵渔,乐其父母妻子,以故冠带衣履未逮中都,而山川醇灵之气含而未泄。人民敦庞质厚,鲜所凋残,犹有初古之遗焉。自唐颜真卿从事吉州,铿訇大节,诵慕无穷。至欧阳修一代大儒,开宋三百年文章之盛。士相继起者,必以通经学古为高,以救时行道为贤,以犯颜敢谏为忠。家诵诗书,人怀慷慨,文章节义遂甲天下。故家世胄,族有谱,家有祠,岁时祭祀必以礼。长幼之节,疏不间亲,贵必下贱,苍头臧获,长子孙数十世,名义相续属不绝。家范肃于刑律,乡评严于斧钺。士食旧德之名氏,农服先畴之畎亩。流风遗俗,盖庶几西京成周之间焉。

这一段关于庐陵文化特征的描述后成为当地士民的共识,为各种史志所转引。简单地说,在万历《吉安府志》看来,吉安的历史文化也就是庐陵文化有如下四个重要特点:

1.吉安地处吴头楚尾,开发得比较晚,长期落后于中原地区。

2. 吉安的战略地位不重要, 战争很少, 社会长期相对和平稳定。

3. 在颜真卿、欧阳修的影响下, 宋代以来, 吉安的文化教育发达繁荣, 人才辈出, "家诵诗书, 人怀慷慨, 文章节义遂甲天下"。

4. 宗族组织严密, 宗法势力强大, 是维系社会整合的强有力的规范。

二、文章节义与民风好讼

庐陵社会文化的上述四个特点又衍生出两个极为重要的社会文化现象。

1. 教育繁荣, 科举成就显赫。由于长期相对落后、战略地位不重要、社会长期相对和平稳定, 庐陵地区成为北方民众躲避战乱的理想选择。实际上, 人们所称的庐陵文化基本上是由南迁到庐陵地区的移民及其后裔创造出来的。对于南迁到庐陵的移民及其后裔来说, 保持原有的文化传统, 继续追求治国平天下的理想是合理的、必然的选择。庐陵离国家政治权力中心不算遥远, 没有天然的阻隔, 经济上虽然不是特别发达, 但也不算落后, 这使他们不仅有理由, 更有条件继续追求治国平天下的理想, 尽可能回归国家政治权力中心。但由于本地的战略地位不太重要, 要走向国家政治权力中心, 追求治国平天下的理想, 发展教育, 通过科举考试步入仕途几乎是唯一的选择。正因为如此, 宋代以后, 吉安的教育非常繁荣, 科举成就在全国名列前茅。同时, 保持原有的文化传统, 发展教育, 继续追求治国平天下的理想还能够体现出相对于原有居民的优越性。

2. "民风好讼"。"民风好讼"是江西地方文化, 尤其是庐陵文化一大特色或者说一大痼疾。其原因很复杂, 主要有二: 一是不同宗族(往往是迁自不同地方)之间的矛盾和冲突, 二是文章节义传统。宗族组织严密, 宗法势力强大, 一方面意味着宗族内部有一套协调机制, 另一方面也意味着宗族之间必然会为争夺资源而产生尖锐复杂的矛盾。庐陵地区文化教育发达, 又有文章节义传统, 一方面意味着任何事情都必须严格区分出是非曲直, 必须不惜代价地坚持原则, 坚守立场, 这就非常容易激化社会矛盾; 另一方面, 人们会相信政府, 相信国家法律制度。一旦发生矛盾纠纷, 人们更多的是诉诸官府, 诉诸法制, 而不是诉诸武力, 进行宗族械斗, 甚至聚啸山林。而大批读书人的存在又使他们有进行诉讼的知识与技能, 这又在相当程度上助长了"好讼之风"。王阳明在《重修文山祠记》中写道:

> 吉士之以气节行义, 后先炳耀, 谓非闻公(编者按: 指文天祥)之风而兴

不可也。然忠义之降,激而为气节;气节之弊,流而为客气。其上焉者无所为而为,固公所谓成仁取义者矣;其次有所为矣,然犹其气之近于正者也;迨其弊也,遂有凭其愤戾粗鄙之气,以行其妒嫉褊鷙之私。士流于矫拂,民入于健讼,人欲炽而天理灭。而犹自视以为气节,若是者容有之乎?

儒家的理想是"无讼"。好讼之风不仅为执政者不愿看到和无法接受,对本地民众的社会生活也绝不是好事,不是本地民众喜闻乐见的。毕竟,诉讼要耗费人力、物力与财力,即使赢得诉讼,也往往会留下无穷的后患。无论如何,和谐稳定的社会秩序是人们的普遍追求,天下太平是人们的普遍梦想。而对于真诚追求"大学之道"的儒家学者而言,这一现实更是无法接受的。

此外,庐陵地区拥有青原山、武功山等佛教和道教名山胜境,宗教文化发达,也是阳明心学传播和发展,进而形成庐陵心学的重要的社会文化基础。毕竟,阳明学在相当程度上吸收、借鉴了道教,尤其是佛教禅宗的理论学说。

以上便是阳明心学在吉安地区传播和发展,进而形成庐陵心学的社会文化基础:文化教育的繁荣意味着地方上有大量儒学人才,为庐陵心学的形成提供了坚实的知识社会学基础;而消弭好讼之风的内在需要又为阳明学、庐陵心学提供了努力方向或者说用武之地。

第三节　王阳明与吉安

阳明心学能够在明代吉安府传播和发展,进而形成庐陵心学,就不得不提王阳明本人与庐陵之间的缘分。

他先是于正德五年(1510)出任庐陵知县,仅6个多月即离职。正德十四年(1519),王阳明以吉安为基地平定宁王朱宸濠叛乱,在吉安仅停留20天。此后几次只是路过做短暂停留而已。王阳明在庐陵待的时间并不长,却在相当程度上决定了庐陵心学的面貌。

一、庐陵知县

早在被贬为贵州龙场驿丞时,王阳明即与吉安结缘。据地方史志记载,时任贵州按察使的安福人刘丙曾延请王阳明讲学,王阳明非常感激。结束龙场生涯后,王阳明被任命为庐陵知县,这也是王阳明第一次担任地方行政主官。据

《王阳明年谱》记载：

> 先生三月至庐陵。为政不事威刑，惟以开导人心为本。莅任初，首询里役，察各乡贫富奸良之实而低昂之。狱牒盈庭，不即断射，稽国初旧制，慎选里正三老，坐申明亭，使之委曲劝谕。民胥悔胜气嚣讼，至有涕泣而归者。由是囹圄日清。在县七阅月，遗告示十有六，大抵谆谆慰父老，使教子弟，毋令荡僻。城中失火，身祷返风，以血禳火，而火即灭。因使城中辟火巷，定水次兑运，绝镇守横征，杜神会之借办，立保甲以弭盗，清驿递以延宾旅。至今数十年犹踵行之。

简单地说，王阳明担任庐陵知县期间的贡献有五：一是努力营造良好的舆论氛围，充分发挥宗族宗法组织的作用，让宗族宗法领袖和地方士绅成为维持地方政治社会秩序的主力军，尽可能消弭"民风好讼"这一由来已久的社会痼疾；二是尽可能减轻甚至免除民众的苛捐杂税；三是建章立制，维护地方治安；四是赈灾救民；五是为防范火灾而进行城市改造。所有这些作为，可能谈不上政绩显赫，但充分体现了王阳明亲民爱民、勇于担当的精神，赢得庐陵士绅民众的敬仰和爱戴，尤其是其消弭好讼之风的努力与成就，特别具有针对性，影响深远，在相当程度上决定了庐陵阳明学者的学术思想特点。

由于担任庐陵知县时树立了巨大的威望，也由于吉安本地的文章节义传统，因此后来王阳明以吉安为基地平定宁王朱宸濠叛乱，得到了吉安士民的大力支持。吉安士民成为平乱的先锋和主力军。

二、传道吉安

正德十五年（1520）六月，王阳明前往赣州，在吉安停留了两天，出席了吉安士民为他举办的欢迎宴会，并于次日与邹守益等人游览了青原山。王阳明向邹守益等人提议，希望把青原山建设成为弘扬良知的基地。后来在邹守益等人的努力下，青原山成为全国最为重要的阳明学研究和传播中心。

嘉靖六年（1527），王阳明前往广西平乱，途经吉安，在螺川驿做短暂停留，对前来欢迎拜谒的学者发表了重要讲话。《王阳明年谱》载：

> 至吉安，大会士友螺川。诸生彭簪、王钊、刘阳、欧阳瑜等，偕旧游三百余，迎入螺川驿中。先生立谈不倦，曰："尧舜生知安行的圣人，犹兢兢业业，用困勉的工夫。吾侪以困勉的资质，而悠悠荡荡，坐享生知安行的成功，岂不误己误人？"又曰："良知之妙，真是周流六虚，变通不居。若假以文

过饰非,为害大矣。"临别嘱曰:"工夫只是简易真切。愈真切,愈简易;愈简易,愈真切。"

他忙里偷闲,致信安福的阳明学者,对安福惜阴会给予了热情支持和鼓励。这是王阳明最后一次到吉安,因劳累过度,在回乡途中病逝于赣州大余。

第四节　群星璀璨

一、江右四贤

庐陵心学是吉安的王阳明追随者和阳明学的信仰者艰苦努力和辛勤付出的成果。黄宗羲的《明儒学案》介绍了 27 名江右王门学派学者,其中吉安人占了 16 名,邹守益、欧阳德、聂豹、罗洪先四人被公认为江右王门学派的领袖,被誉为"江右王门四贤"。这四人在学术思想史上有着重要的地位,对地方文化影响深远。

安福的邹守益,字谦之,号东廓,是当时公认的江右王门学派领袖,也是王阳明最得意的弟子之一,王阳明对他寄予很大的期望。邹守益出生于一个官宦家庭,自小聪颖过人,16 岁即中乡举,因为恰逢母亲去世,不能立即进京参加会试。正德六年(1511),邹守益高中探花,授翰林院编修,第二年即以身体健康为由辞职回乡侍奉父亲,并在家乡讲学。

王阳明还在任庐陵知县时,邹守益就曾慕名前往拜访,正德十四年(1519)四月,邹守益前往赣州拜访正在巡抚南、赣、汀、漳的王阳明,请求王阳明为他的父亲邹贤写墓志铭。当时的赣州是王阳明讲学的中心。一天听完讲后,邹守益向王阳明提出了一个困惑他很久的问题:为什么同是讲道德修养,《大学》强调"格物致知"是基础和出发点,而《中庸》则首先强调"戒惧""慎独"? 王阳明告诉他:心外无理,一切取决于心,"格物致知"和"戒惧""慎独"其实是一回事。邹守益豁然开朗,正式拜王阳明为师。从此,邹守益坚定不移追随王阳明,毕生以研究传播阳明学为使命,成为江右王门当仁不让的领袖。

就在邹守益拜师王阳明两个月后,宁王朱宸濠在南昌发动叛乱,王阳明以吉安为根据地举兵平叛。当时在家的邹守益闻讯带领家人星夜赶赴吉安,成为王阳明平叛的得力助手,为王阳明成功平定朱宸濠之乱做出了贡献。不过,由于王阳明在平定朱宸濠之乱之后遭到不少的恶毒猜忌,牵连邹守益也得不到官方的肯定和奖赏。嘉靖皇帝即位后,邹守益才被起用,继续担任翰林编修。嘉靖三年(1524),邹守益在"大礼仪"事件中获罪,被贬为广德州判官。此后屡经起落,后官至南京国子祭酒。嘉靖二十年(1541),九庙发生火灾,这在当时被认为是一种严重的"天变",是上天对人世的严重不满和警告。嘉靖帝下令文武大臣检讨时政的得失,大臣们大多检讨自己的过失,只有邹守益提出,发生"天变"不仅是臣民的责任,皇帝也应当好好反省自己的过失。嘉靖帝大怒,将邹守益革职,"着冠带闲住"。邹守益的官场生涯宣告结束。

在学术理论方面,邹守益谨守师门,但也有所创新。邹守益认为,致良知,成为圣贤很不容易,需要付出艰苦的努力。恶有如田中的杂草一样,容易滋长,必须随时耕耘,禾苗才能苗壮成长。人必须从内心深处保持对世界、对名教纲常的敬畏,"修己以敬",平时应当"戒惧""慎独",如履如临,这才是致良知最核心、最基本的方法。与传统说法不同的是,邹守益强调,"戒慎恐惧"不是消极无为,而应当自强不息。说到底,致良知,成为圣贤,就是要积极承担社会责任,为治国平天下而奋斗。

泰和的欧阳德(1496—1554),字崇一,号南野,同样天资聪颖,20岁中乡举。他年少时就非常崇拜王阳明。当时社会上对王阳明的非议不少,但欧阳德坚信王阳明的"心即理""知行合一"是绝对真理。为了追求真理,欧阳德放弃了进京参加会试的机会,前往赣州拜王阳明为师。王阳明对欧阳德特别欣赏和信赖,称他为"小秀才",经常和他探讨问题,有时还请欧阳德代为向他人解释说明问题。嘉靖二年(1523),王阳明闲居绍兴后,欧阳德才进京参加会试。当年会试的题目有诋毁王阳明的意思,欧阳德毫不犹豫,完全按照王阳明的理论立论,居然被录取了。此后,欧阳德仕途顺利,长期官居要职,最后在礼部尚书任上去世。

走上仕途后,欧阳德充分利用其丰富的政治资源和人脉资源传播阳明学。由于官居要职,尤其后来担任礼部尚书,在学术思想文化界拥有很大的号召力,投到欧阳德门下的人非常多,当时即有"南野门人半天下"之说。嘉靖三十二年(1553),欧阳德与聂豹、徐阶、程文德等人一起在灵济宫主讲阳明学,前来听讲的达五千人之多,引起了很大的轰动。在欧阳德等人的努力下,阳明学逐步由一家之言变成一国之学。

在学术思想上,欧阳德也被认为是王学正传。他最大的贡献是对良知和知识的关系进行了细致的分析研究。欧阳德指出,良知纯粹是出自人的内心,人所有的道德观念、道德情感和道德行为都是由人的良知自动提供的,并不依赖于任何外在的对象和经验意识或书本知识。当然,人需要知识,治国平天下需要渊博的知识和高超的技能,但这些并不意味着良知,绝不能把知识,包括儒学知识误认为良知本身,所以,良知与知识有着本质的区别,绝不能混淆。"犹闻见者聪明之用,而不可以闻见为聪明。"欧阳德说,人之所以会违背内在的良知,犯下种种恶行,是因为受到了私意或私欲的干扰。这个时候,知识还有可能推波助澜。所谓致良知,就是努力使良知充分发挥出来,使自己的方方面面完全处于良知的指导之下。其实,每个人都具有良知,说到底,人只要"循其良知"即可。

永丰的聂豹(1487—1563),字文蔚,号双江,是"江右王门四贤"中年纪最大的,不过他接触王阳明和阳明学却比邹守益、欧阳德等人晚得多。聂豹科举仕途生涯不是很顺利。30岁时中举人,次年中进士,后历任华亭知县、苏州知府等。1531年,因父亲去世回乡丁忧,此后近十年没有得到朝廷起用。1541年,聂豹被任命为平阳知府,后升任陕西按察司副使,很快又被弹劾,被迫辞职回家。1547年底被逮捕入狱,一年多后获释。1550年,聂豹再次被起用,之后仕途顺利,官至兵部尚书、太子太保。1555年,聂豹致仕回乡,1563年去世。

聂豹早年倾慕和接受的是陈献章、湛若水的江门心学。1526年,聂豹前往绍兴拜访王阳明,尽管非常敬佩王阳明,却没有拜王阳明为师。王阳明对聂豹很赞赏,却也清楚聂豹并没有信服自己。王阳明一面亲自致信聂豹,向他阐述自己的学术目标宗旨,一面请欧阳德做工作,邀请聂豹加入自己的阵营。聂豹后来接受了王阳明的良知说,并相信这就是圣学。王阳明去世后,在钱德洪等人的主持和见证下,聂豹补办了拜师王阳明的手续和仪式。

聂豹在坚守阳明学基本理论和原则的基础上,结合自己独特的生命体验,提出了独特的理论观点:"归寂"以致良知。聂豹曾长期在翠微山中养病,万籁俱寂,没有任何事物和念头干扰之际,他感受到自己最真切、最自然的存在,更感受到自己与天地万物融为一体,发现虚寂意义非凡。后来在监狱中,聂豹在极度的宁静中"忽见此心真体,光明莹彻,万物皆备",再次感受到自己与天地万物融为一体。有了这些神奇的体验,他从学理层面对"心"展开分析研究。聂豹认为,"心"可以分为"静"和"动"两种状态,"心"静的时候是一种至善的本然存在,通过"心"动,人感知世界万象,并表现出喜怒哀乐。正是在"心"动的过程中,"心"本体也就是良知本体有可能被物欲蒙蔽,从而滋生出种种的恶。这就意味着,只有回归内心的本然状态,才能使良知本体不受物欲的蒙蔽。聂豹因此断定,"良知本寂",致良知只能"求寂于心","归寂"才是致良知唯一正确的方法。只有"归寂""主静",才能以本然至善的心感受世界,承担世界,进而与天地万物融为一体。

聂豹的归寂说立即遭到包括邹守益在内的诸多阳明学者的严厉批评,他们认为所谓"归寂"与禅学并没有区别,说到底就是一种禅学。聂豹坚决否认,他强调,"归寂"正是为了致良知,从而更好地承担起对人生和社会的责任,与禅宗的绝伦弃物不可同日而语。

聂豹的归寂说得到了吉水人罗洪先的赞同。罗洪先一生没有见过王阳明,也不以阳明弟子或阳明学传人自居,他认为自己只是"阳明后学",但当时的人们公认罗洪先是阳明学的登堂入室者,是江右王门学派的领袖人物。

罗洪先(1504—1564),字达夫,号念庵,出身于官宦家庭,从小便接受了良好的教育。正德十三年(1518),罗洪先听说王阳明在赣州讲学,想前往赣州问学王阳明,被父亲制止。不过,他设法看到了薛侃刊刻的《传习录》,立即沉迷其中,"奔假手抄,玩读忘寝",立志成为圣贤。1529年,罗洪先考中状元,被任命为翰林院修撰。罗洪先为官时间甚短,1534年便被削职为民。不过,由于状元的名望和渊博的学识,罗洪先备受社会各界尊重。同时,罗洪先也没有放弃成仁成圣的人生理想追求。他深入钻研治国平天下的知识和技能,并取得了其他多方面的成就。尤其是在地理学方面,他精心绘制的两卷《广舆图》,是我国历史上最早的分省地图集,在中国乃至世界地理学史上占有重要地位。

罗洪先自称,他在接触到王阳明的良知说并立志成为圣贤之后,遍访师友,却始终没有找到门径,最后是在聂豹的启迪下,才悟出以"收摄保聚"为核心的"主静说"。罗洪先同样认为,人很容易沉溺于对现实世界的感知之中,并随着欲望的发展,滋生出各种恶。只有"收摄保聚",确保心本体,也就是良知本体不受诱惑和污染,才能从根本上消除人的私欲,进而成为圣贤,达到圣人的精神境界。罗洪先后来又认为,仅仅强调"收摄保聚"是不够的,人不仅要使"心"不受诱惑和污染,还必须"合吾与物而同为一体",承担起对国家和社会的责任和义务。

当时有一种比较流行的说法认为:因为每个人都拥有良知,或者说对每个人来说,良知都是现成的,所以人只要自然地、不加粉饰地生活,拒绝外部世界的诱惑,良知也就会自然而然地显现出来。这种良知现成说认为,致良知未必需要进行严格的修炼。罗洪先对此特别忧虑和愤怒,他特别强调修炼的重要性,指出:"世间那有现成良知?良知非万死工夫,断不能生也,不是现成可得。"罗洪先的这一思想观点在当时产生了巨大的影响。

二、群星璀璨

除了上述的江右四贤外,庐陵地区的其他杰出江右王门学派学者众多,群星璀璨,其中尤以刘文敏、刘邦采、王时槐、胡直、邹元标等人的成就和影响最大。

刘文敏(1490—1572),字宜充,号两峰,安福人,在江右王门学派中具有特殊地位。他一生未仕,但因其学术地位和影响,去世时,江西学政专门发文表彰,并助祭致祭。对于一介平民而言,这是一份特殊的荣耀。

据记载,刘文敏自幼朴实,年轻时和族人刘邦采一起学习,两人都立志成为圣贤,为此甚至焦虑到半夜无法入睡。在读到王阳明的《传习录》后,刘文敏坚信阳明学是圣学,但在认真体味之后,又觉得自己难以理解和消化,必须亲自拜师王阳明才行。经过商量,刘文敏和刘邦采等人一起前往拜师王阳明,成为阳明学的坚定追随者和传播者,为此甚至拒绝继续参加科举考试。

刘文敏认为,致良知、成为圣贤的关键是践行王阳明的"心外无物"说和"心即理"说,为此必须立志涵养良知本体,超越纷繁复杂的社会现象,拒绝现实世界的各种名利诱惑,涵养良知本体,让"心"做主宰,在日常生活实践中做人做事,不计较一时的得失毁誉。

刘邦采(1492—1577),字君亮,号狮泉,是江西最早接受阳明学的学者之一。在与刘文敏一起拜师王阳明后,由于领悟能力强,刘邦采受到王阳明的欣赏。刘邦采和刘文敏回乡后,即与同样师事王阳明的刘晓等人共同发起组织了江西最早的阳明学讲会——安福惜阴会,对于推动安福和吉安成为全国研究和传播阳明学的基地做出了非常重要的贡献。

刘邦采认为成为圣贤的唯一途径就是"求诸心",并对当时广泛流行的良知现成说非常不满。刘邦采指出,致良知并不是一件容易的事情,绝不能信任所谓的现成良知,必须经过艰苦的努力,"一日不学,则一日失其所以为心;一时不学,则一时失其所以为心",必须"性命兼修",体悟到良知本体的存在,在日常生活实践中严格进行道德修养,千方百计排除物欲的干扰,自觉地遵守儒家名教纲常。

王时槐(1522—1605),字子植,号塘南,是刘文敏的著名弟子,是江右王门学派的第二代领袖人物。他出身于安福的一个耕读世家,从小受到良好的教育。他一面致力于科举考试,一面"刻意为学",探求安身立命,达到圣人精神境界的方法途径。王时槐于嘉靖二十六年(1547)考取进士,历官南京兵部主事、礼部郎中、太仆少卿等。隆庆末年,出任陕西参政,同年以京察罢归。

王时槐一直致力于探求安身立命、成仁成圣之道,即便政务繁忙,也积极与各界学者进行学术探讨和交流。被罢官后,他便全身心地投入心学研究,探究致良知的方法途径。王时槐在晚年提出了独树一帜的理论主张,即"透性研几"以致良知说。

王时槐认为,人的良知居于"心之体"和"心之用"、"未发"和"已发"之间。因此致良知必须在"心之体"和"心之用"、"未发"和"已发"之间用功。"心之体"即"性",是先天的、自然的存在,人实际上无法直接把握,只能通过修行磨砺使"性"显现出来,这就是"透性"。"心之体"和"心之用"之间存在着某种微妙的联系,这就是"几",也就是世界的"动之微"。人必须努力把握这种联系,把握这种"动之微",这就是"研几"。简单地说,所谓"透性研几"就是人既必须在静中涵养,又必须在日常生活实践中严以修身律己,自觉遵守名教纲常。

胡直(1517—1585),字正甫,号庐山,出身于泰和一个士绅家庭。胡直的父亲是阳明学积极的追随者,曾与何廷仁、黄弘纲等人共学。但青年胡直对阳明学没有好感,希望成为军事家或文豪,甚至还撰文批判王阳明的格物致知说。后来因种种机缘,胡直问学于欧阳德,拜罗洪先为师。年近不惑时,胡直受欧阳德去世消息的刺激,开始沉下心来,认真研究心学。

胡直把王阳明的"心外无物"说发挥到极致,提出"心造天地万物""理在心,不在天地万物"。当然,这并不意味着人可以随心所欲、为所欲为,因为世界有"天则",良知就是天则。因此,所谓致良知,一方面必须积极汲取禅学的智慧,"明心见性",实现良知本体和良知运用的一致,承担起对天下国家的责任和义务;另一方面必须在日常生活中"循吾觉性",因为良知即觉性,只要"循吾觉性"，良知本体就能发用流行，人的视听言动就自然而然地与名教纲常完全一致。

吉水人邹元标（1551—1624），字尔瞻，号南皋，在政治史上的名气大过其在学术思想史上的名气。他的这种名气并不是因为他在政治有什么重大建树，而在于他在政坛上不惜一切代价地坚持自己的儒家理想和原则，与一切在他看来有违儒家理想和原则的行为做坚决的批判和斗争，这使得他仕途坎坷，为官时间不长。他深切地感受到，社会风气败坏了，人心出了严重问题。无法在政坛上有所作为的他试图通过讲学以"正人心"。在他看来，阳明学是"正人心"的最有效的思想武器。

邹元标去世时，王阳明已经去世近百年了。经过一个世纪的传播和发展，阳明学在社会上产生巨大影响的同时，也产生了极大的流弊。人们开口闭口王阳明，开口闭口致良知，但对王阳明的真精神、致良知的真谛却不甚了了。邹元标对此非常痛心，他不辞辛苦，四处奔波，利用一切机会宣讲阳明学，努力弘扬阳明真精神。

在学术理论方面，邹元标认为，既然"心外无物"，所谓致良知无非就是体悟和回归良知之自然本性。具体地说，就是在日常生活中不能有自己的私意，即"不起意"。因为一旦有私意，就会蒙蔽良知本体。只有"不起意"，大公无私，才能尽到个人对家庭、社会和国家的责任和义务。邹元标提出，要做到"不起意"很不容易，必须艰苦修炼。他将修炼分为三个层次：首先要"悟"，既要"悟"到立志成为圣贤的重要性，这是产生成仁成圣的内在动力前提条件，同时又只能通过"悟"来把握心本体或者说良知本体；其次，人必须在生活实践中"修"，即严格遵守名教纲常，使自己的全部思想和行为与名教纲常完全一致；最后是"证"，即随时对"悟"和"修"的正确与否进行验证，对照检查自己的全部思想和行为是否完全合乎君子之道。

三、颜钧与何心隐

庐陵地区阳明学者众多，除了主流的江右王门学派学者外，永新人颜钧、永丰人何心隐是公认的泰州学派的代表人物。泰州学派的创始人王艮（1483—1541），原名银，根据王阳明的建议更名为王艮，字汝止，号心斋。1520 年在南昌拜王阳明为师，创立了影响巨大的泰州学派。泰州学派认为，良知就是人的自然本性，发展到后来则走向狂禅，无视儒家名教纲常，与王阳明的宗旨背道而驰,因而被认为是阳明学的异端,遭到江右王门学派的猛烈抨击。颜钧和何心隐确信他们是阳明良知学的信仰者和实践者,而且通过他们的努力使阳明良知学更加深入人心。也就是说,他们在用自己的方式传播所理解的阳明良知学。

颜钧(1504—1596),字子和,号山农,后因避万历皇帝朱翊钧讳,改名铎。颜钧年轻时在哥哥颜钥的引导下读过《传习录》,后拜师王艮的弟子徐樾,并曾拜见过王艮,经常自命为王艮的直传弟子,称王艮为师,称王阳明为师道或道祖。颜钧并没有受过良好的教育,文化程度不高,既没有能力也没有兴趣深究良知学理论并著书立说。他是根据自己的生活阅历和生命体验来理解和传播阳明学的。在颜钧看来,阳明心学其实简单明白,并不是什么高深玄妙的东西,无非是使人心不受污染,良知发用流行,并且在这个基础上使社会和谐稳定,人人幸福生活。

颜钧在读到《传习录》中的"精神心思,凝聚融结,如猫捕鼠,如鸡覆卵"四句话时,大受启发,认为这是把握和体验人心,使人心不受污染的关键所在。他决定亲自体验一番,于是默坐澄心七日,竟觉得获得了某种神奇的体验,相信自己认识和体悟到了心的奥秘所在。从此,他到处宣扬"七日闭关法"的奇妙,并声称这不仅可以消除个人"心火",享受生命的快乐,还可以使社会和谐稳定,人人享受幸福生活。

于是,颜钧先是在家乡组织"萃和会",教育和引导乡亲消除"心火","人人亲悦,家家协和",据说收到了非常好的效果。颜钧的母亲去世后,萃和会解散。为了实现自己的理想,颜钧出游四方,到处讲学,嘉靖十九年(1540),颜钧在南昌发布《急救心火榜》,强调人和人心才是最重要的,只有"急救心火",才能享受幸福和快乐——快乐是"心"的追求与目标,也是阳明致良知的宗旨。《急救心火榜》引起强烈反响,颜钧于是在同仁祠开门授徒讲学,据说有 1500 多人前来听讲。后来成为泰州学派中坚的南城人罗汝芳(1515—1588)就是这个时候来拜师颜钧的。

颜钧后来进一步提出,人一定要相信自己,"自信其心",而不能禁锢人心,必须任其自然、开心遂乐,这才是真正的致良知。他的这一思想后来遭到严厉批判,因为任其自然、开心遂乐就有可能践踏名教纲常。黄宗羲说,这样一来,"遂非名教所能羁络矣"。

何心隐(1517—1579)是颜钧的弟子,本名梁汝元,字乾柱,号夫山。他 30

岁时中举,不过他放弃了会试,并且一直没有做官。对他来说,道德修养或者说致良知的目标无非就是修身、齐家、治国、平天下。他没有踏上仕途,自然就没有治国平天下的条件和机会,于是把修身齐家置于首位。中举后,他在家乡组织"聚和会",以实践其"齐家"的理想。"聚和会"有着较为严密的组织,目的是教育和引导各个阶层的家族团结一致、相亲相爱、和谐相处。由于他抨击地方政府横征暴敛而被搜捕,聚和会在坚持了6年之后宣告解体。梁汝元自此改名何心隐,浪迹天涯,云游讲学。后得罪张居正,卒遭杀害。何心隐主张"心""仁"即太极,为万物本原。他还提出"育欲"思想,肯定人的物欲是人的本然要求,反对道学家把人欲看成罪恶。

第五节　庐陵心学的传播:讲会与书院

一、吉安阳明学讲会的兴起:惜阴会

王阳明认为心外无物,心即理,一切取决于自己的心,所以关键在于个人的体悟,这既需要老师随时随地指点启迪,又需要同志之间相互交流。嘉靖四年(1525)九月,王阳明回故乡扫墓,发现弟子分散各地,不能相互交流,共同进步,于是倡议组织讲会,要求门人定期到龙泉寺中天阁聚会,一起交流致良知的心得与体会。

王阳明的倡议自然得到热烈响应,中天阁讲会迅速开展起来。尽管中天阁讲会的存续时间不长,但作为一种模式,很快得到推广。嘉靖五年(1526),安福的刘文敏、刘邦采等人拜师王阳明回家后,考虑到本地阳明学者很多,于是和早年拜师王阳明的刘晓等人商议,认为可以参照中天阁讲会的形式,组织本地学者和其他志同道合者每隔一个月聚会五天,让大家有机会在一起相互切磋,相互砥砺,由"有志者若干人"提供食宿和后勤保障服务。讲会地点选在他们自家的刘氏宗祠。他们将这个讲会命名为"惜阴会"。王阳明获悉后,兴奋地写下了《惜阴说》一文,对惜阴会给予高度评价,为惜阴会的发展注入了强大的动力。

安福惜阴会虽然是依照中天阁讲会建立起来的,但两者有着明显的区别。中天阁讲会主要是将阳明学者聚集在一起切磋交流,而安福惜阴会的参加者除了阳明学者外,更多的是宗族邻里中的志同道合者。这些人的文化程度未必很高,只是宗族首领或在地方上有一定声望的人,他们不一定能够从学理层面理解良知说,但相信人必须讲良知,良知说能够指导人们自觉遵纪守法,与名教纲常保持一致,使宗族和社会秩序和谐稳定。因此,惜阴会主要指向社会实践而不是学术研讨。惜阴会的这一做法很快成为安福县乃至吉安府各县阳明学讲会的标准模式。

惜阴会模式首先在安福各地推广开来,当地陆续涌现出大大小小的阳明学讲会。这些讲会通常有自己的名称,但统称惜阴会。其中,邹守益及其家族、王时槐和刘元卿的贡献尤为突出。邹守益家族长期主持东山会。王时槐致仕回乡后,在积极参加安福各地讲会的同时,与陈嘉谟一起在吉安府创办了西原惜阴会。刘元卿则推动安福西乡各家族组织了大量的小型家族讲会。

二、青原讲会

在安福惜阴会的影响下,吉安府其他各县的阳明学者也创办了不少大大小小的阳明学讲会。嘉靖十二年(1533),邹守益回到安福后,觉得阳明学者散居各地,缺乏沟通联络,有必要把各县的阳明学讲会组织联合起来,组织一个全府性质的大型讲会。他和刘邦采等人商量后,将讲会地点选在青原山净居禅寺。他们的这一倡议得到各地学者的积极响应。经过各方共同努力,同年七月,第一次全吉安府性质的阳明学讲会举行。

邹守益之所以将地点选在青原山净居禅寺,主要有以下几个方面的原因。首先,青原山风景秀丽,在中国佛教史上具有非常重要的地位。王阳明与青原山尤其是净居禅寺有不解之缘,正德十五年(1520)六月,王阳明与邹守益等人游览青原山净居禅寺时,便提议把青原山建设成为研究和弘扬阳明学的基地。在这里举办讲会,既能实现王阳明的遗愿,传播阳明精神,又有利于提高本地乃至省内外王门学者的凝聚力和影响力。其次,青原山净居禅寺位于吉安府城旁的赣江之滨,各地参会者从陆路和水路前往比较方便。再次,青原山净居禅寺作为著名的禅宗道场,清静自然,有较多的房舍,能够给参会者提供食宿保障,让人们专心聚会交流。

青原阳明学讲会实际上是以安福惜阴会为基础扩展而成的,也被命名为惜阴会。作为吉安府各地阳明学讲会的总会,青原讲会虽然不可能频繁举行,但也做到了定期举行。第一次青原阳明学讲会的成功举行,让邹守益等人有了将这一讲会办成全府乃至全国研究和弘扬阳明学的基地的信心,于是决定每年春季和秋季各举办一次。第二年,青原讲会如期举行,且规模更大,参加者达200人。

青原阳明学讲会最初由与吉安府城相邻的五个县的王门学者和士绅参加,很快扩大到吉安府所辖的全部九个县,成为真正全府性质的讲会,影响迅速扩大。再后来,不仅是吉安府各县的王门学者和士绅,江西其他府县(主要是赣州和抚州)的阳明学者,就连江浙地区的王门学者也踊跃参加。浙中王门领袖钱德洪、王畿就几次率领他们的弟子不远千里赴会。他们的参会,充分表明青原阳明学讲会的巨大影响力和崇高地位。

三、讲会式书院

讲会要长期维持,必须要有固定的场所,依托寺庙或宗祠显然不是长久之计。书院是可资利用的资源。不过,传统书院大抵上是教学机构,有着较为严格的日常管理制度,人数也比较稳定,而讲会不是连续性的聚会交流活动,参加人数也并不固定。这就意味着,如果在书院中举行讲会,就很可能会冲击书院原有的正常教学秩序。书院固然欢迎名师硕儒来讲学,但不会欢迎热热闹闹的定期的聚会活动,新建讲会式书院就成为吉安阳明学领袖的努力方向。

邹守益罢官回乡后,便倡议筹建一所安福全县性质的书院,主要用于开展讲会活动。邹守益的倡议立即获得广泛的响应。经过各方共同努力,嘉靖十五年(1536),安福复古书院建成。与传统的书院不同,复古书院主要供阳明学讲会之用,平时也可以供人们读书,但一般不组织教学活动。复古书院不仅是安福县阳明学者的交流中心,也吸引了全府乃至全国的阳明学者参加,成为阳明心学在江西繁荣发展的重要标志和象征。

有了复古书院这一榜样,安福各乡的讲会式书院纷纷建立起来,其中以南乡的复真书院,西乡的复礼书院、识仁书院,北乡的连山书院,东乡的道东书院最为著名。除了安福县,吉安府其他各县也建起了不少讲会式书院,但更多的是利用原有的书院作为讲会场所,新建的书院通常也要兼顾教学之用。

庐陵县以南部仁善、淳化、儒行三乡共建的明学书院最为著名。仁善、淳化、儒行三乡与泰和接壤,距庐陵县城(吉安府城)较远,参加吉安府城的讲会活动甚为不便。在地方士绅的倡议下,三乡决定向安福学习,筹资自建一所书院,供士子聚会讲习之用,明学书院很快建成,成为当地阳明学阵地。在吉安府城,嘉靖五年(1526),王阳明的弟子黄宗明重建了白鹭洲书院,在组织教学的同时,作为研究和传播阳明学的重要基地。由于水患威胁,嘉靖二十一年(1542),吉安知府何其高将白鹭洲书院迁建于府城南关外仁寿山,改称白鹭书院,包括邹守益、罗洪先在内的几乎所有的江右王门学派领袖人物都在这里讲学。另外,李邦华等人长期主持的城内的依仁书院和依仁会也很有影响。

罗洪先和邹元标以家乡吉水作为他们重要的传道基地。罗洪先在家守孝期间,就积极参加青原讲会活动,参与本地玉虚院的讲学活动,遭到本县罗侨的严厉批评,说他有违孝道,有违礼制。他还长时间主持雪浪阁玄潭会,后来又长期隐居石莲洞。因为名声太大,前来问学的人非常多,罗洪先于是创设石莲洞书院,供讲学讲会之用。

邹元标回乡后,把研究阳明学、传播阳明精神作为自己的神圣使命,热心参加各地的阳明学讲会活动,对重振吉安府的阳明学讲会活动做出了极其重要的贡献。邹元标到处讲学,甚至带病冒雪赶100多里地前往文昌书院讲学。不过,他最主要的讲学基地是吉水县城的仁文书院。仁文书院是在原文江书院的旧址上建立起来的。文江书院在张居正禁毁书院时遭到严重破坏,后由知县徐学聚主持修复,并更名为仁文书院。在邹元标的主持下,仁文书院经常举办讲会活动,名为仁文会。仁文会设有会约和会簿,影响很大。万历年间,几乎吉水县所有的知名学者都出自邹元标门下,其地位和影响力不言而喻。

聂豹为阳明学在永丰的传播做出了极大的贡献,但并没有在永丰组织起阳明学讲会,也没有创办讲会式书院。永丰阳明学讲会主要由另一位阳明学者郭汝霖主持。郭汝霖倡导兴建永丰太极书院,作为举办讲会和教化民众的场所。他还组织成立了小型阳明学讲会——敦复会,参加者限本地士人,在地方上有一定的影响。

泰和拥有欧阳德、胡直这样的著名阳明学者,但也有著名的"江右大儒"、王阳明的朋友兼最有力的批判者罗钦顺。尽管在欧阳德等人的推动下,阳明学得到传播,胡直等人也组织了小型阳明学讲会——五人会,但泰和的阳明学者声望和影响根本无力与罗钦顺抗衡,阳明学讲会始终无法在泰和真正发展起来,影响并不大。相比较而言,泰和的萃和书院在研究和传播阳明学方面做出了一定的贡献。

除了安福、庐陵、吉水、永丰、泰和,吉安府其他各县也建立了各种大大小小的讲会和讲会式书院,如嘉靖二十七年(1548)朱通等人创建的万安云兴书院,万历年间永新知县余懋衡创建的明新书院和尹台创建的崇正书院等。

四、青原会馆

尽管各地讲会和书院众多,但青原讲会始终是阳明学在吉安的标志和象征。为了让青原阳明学讲会能够有一个固定的场所,除了讲会式书院,会馆形式也进入了江右王门学者的视线。邹守益很早就意识到这一点,嘉靖后期,他开始筹建青原会馆,作为青原阳明学讲会的固定场所。但由于第一代江右王门弟子尤其是领袖人物先后去世,加上后来张居正禁毁书院、禁止私人讲学,青原阳明学讲会趋于沉寂,青原会馆筹建工作停止。青原讲会恢复后,青原会馆的筹建工作随即提上议事日程。在吉安府地方官员的大力支持下,青原会馆建成。

青原会馆就建在净居寺的僧舍旁边,由五贤祠和传心堂两部分构成。五贤祠祀王阳明,配享邹守益、聂豹、欧阳德、罗洪先。为了使会馆能够顺利运行,确保青原阳明学讲会持续开展,青原会馆购置了400亩良田,以田租作为会馆运行和讲会开展的经费保障。

新建的青原会馆并不能完全满足举办阳明学讲会的需要,讲会开展时,还是要借用净居寺的僧舍。万历四十三年(1615),净居寺住持真元禅师强烈反对寺院旁边设立会馆举行讲会活动,要求青原会馆从寺内迁出。当时主持讲会的邹元标和郭子章等人也认为阳明学讲会长期依附于寺庙不妥,便决定重建青原会馆,使青原会馆与净居禅寺分开。他们的这一提议得到吉安地方各级政府官员的高度重视和大力支持,士民更是踊跃捐献。万历四十五年(1617),在各方的努力下,新的青原会馆建成。不过,彼时阳明学在全国范围内实际上已经走向了末路,青原阳明学讲会活动难以为继,阳明会馆也疏于管理,逐步损毁。

第六节　教化社会,流风久远

一、教化社会

"阳明一生精神,俱在江右",不仅是因为庐陵地区有众多在学术领域卓有成就的阳明学者,更重要的是,他们努力以阳明精神指导社会实践,在社会教化方面做出了不懈的努力,并取得了显著的成效,使阳明精神扎根社会。除了前述的书院和讲会,庐陵地区的阳明学者还通过各种途径,如发布告示、刊印通俗读物、推行乡约等,加强宗族和家族的管理,教育和引导民众严格遵守名教纲常,切实维护政治社会秩序,共创和谐稳定的乡村社会。罗洪先曾发布《谕俗四条》劝诫教育民众:

> 凡人莫不自食其力,皆以力之所及为享之厚薄,未有饱食无所事事者。若终日怠荒,忘其本业,不独身为弃材,殃咎亦至。

> 居家宜厚于宾祭,薄于自给。却须量入为出,勿相竞为侈靡。否则不至失所,必致败德。然吝啬过甚,则怨恶随之,亦所不可。

> 宗族邻里以谦和退让为尚,不可校量是非。久之情意浃洽,争讼自解。盖今人小不能忍,一言之间,遽欲求直,报复相寻,毕竟何益。

> 训子弟、教诗书、守道理为第一事,不得假之声势,诱以利欲,盖年少习惯成性,既长变化甚难,此系家道盛衰,不可不慎。

王时槐经常对家族成员谆谆教诲,并颁布了《谕族四条》,对宗族成员提出严格要求:

> 孝报亲恩,友笃同气。勤戒业荒,俭防志肆。谨言勿忤,慎行若畏。六德具敦,是谓良士。身安家和,神明锡祉。

> 贪噬招夺,忿怒构怨。憸毒自害,淫酗人贱。恃强必折,逞词必偾。六恶犯之,是为祸本。身辱家危,神明降谴。

> 崇德曰贵,多仁曰富。阴骘曰福,流芳曰寿。广推慈心,普施宇宙。薄己利人,彼苍垂祐。不愧两间,庆延尔后。

> 亲贤袭芳,如兰斯佩。狎邪蒙臭,如投窒秽。耳听正言,目见正事。身习正行,中存正意。夕惕日乾,庶免沦坠。

刘元卿在社会教化方面的成效尤为显著。针对安福西乡彪悍的民风,隆庆二年(1568),刘元卿制定了《家规十八条》,内容包括忠顺、谨祠祀、顺父母、和兄弟、别长幼、正闺门、教子弟、睦邻里、论任恤、论谨厚、守丧葬、勤职业、崇节俭、戒溺女、戒争讼、戒信巫。这些规定后来收入他的宗族族谱之中,作为世代必须遵守的准则,至今依然为当地刘氏家族和其他各家族所遵循。

刘元卿在主持复礼、识仁书院的同时,专门制定了"名门四训""乡俗十二戒""正俗十四条"。这些训诫名义上虽然只是针对参加复礼、识仁等书院讲会活动的参加者,但基于书院尤其是活动参加者的社会地位和威望,这些训诫产生了极大的社会影响。"名门四训"的内容为敬父母、爱兄弟、正室家、教子弟。"乡俗十二戒"的内容为戒世家废学、戒婚姻索财、戒丧礼妄费、戒大祠滥主、戒忿怒争斗、戒磊算谋财、戒溺女忍心、戒演扮戏文、戒僧人混俗、戒修赖人命、戒子弟赌博、戒土豪唆讼。"正俗十四条"的内容为重礼教、明义利、崇俭约、尚和睦、念贫穷、端蒙养、戒忿怒、禁溺女、禁搬戏、禁尚斗、禁佛事、禁墨衰、禁拖欠、禁纳叛。尤其是"正俗十四条",被当地士绅广泛推行,后来还被编进地方史志中,用以劝诫地方风俗,作为规范地方风俗的条约。

二、流风久远

经过几代人一百多年的传承与努力,阳明精神在吉安地区深入人心,渗透到地方历史文化传统之中,深刻地影响着民众的社会文化生活,在相当程度上改变了地方的风气。

首先,当地的"好讼之风"得到有效抑制,邻里间更加和睦。吉安的阳明学者致力于加强宗法建设和宗族管理,推行乡约,创办大大小小的阳明学讲会尤其是家族式讲会,取得了极为显著的成效。一般说来,宗族内发生矛盾和纠纷通常在宗族内部依家规、族规解决。家规、族规在解决内部矛盾纠纷方面历来非常有效,因为拒绝裁决结果往往会遭到全族人的制裁,后果是非常严重的。不同宗族的人发生矛盾和纠纷以前非常麻烦,是诉讼的主要来源,现在一般依据乡约调停解决,如果不服,还可以请书院或地方上的读书人调解。书院师生在地方上的地位非常高,主导着强大的舆论力量,人们一般都会接受书院的调解,如果拒绝接受书院的调解,会被人们唾骂。泰和的萃和书院,安福的复真书院、道东书院实际上也是地方调解中心,对维护安宁和谐的地方社会秩序发挥了极其重要的作用。

其次,在阳明精神的指导下,人们把"正心术"置于压倒一切的地位,明代晚期和清代各地制定的家规家训基本上是把"正心术"作为第一条,而且往往以"阳明先生曰"作为依据,可见王阳明巨大而深远的影响力。

再次,读书人参加科举考试的热情大幅下降。因为一切取决于"心",只要通过自己的努力致良知,就可以成为圣贤,就可以达到圣人的精神境界,而参加科举考试却未必能实现这一目标。当年刘文敏即拒绝参加科举考试,依然得到广泛尊重。读书人于是不再把参加科举考试入仕视为头等大事,更愿意在家乡修炼自己,努力提高家乡的社会道德水平,改善家乡的社会风气,使家乡民众和谐相处,守望相助。尽管进入清代,吉安的科举成就大不如前,但基层社会教育文化水平,尤其是文明程度很高。人们依然怀念王阳明。白鹭洲书院收集的《书院歌》唱道:

　　生知为良,致知永彰。先觉觉后,淫目不张。淫目不张,唯先生是唱!

第七章　吉州窑与庐陵艺术

第一节　陶瓷艺术与吉州窑

中国陶瓷文化源远流长,在丰富多彩的陶瓷文化中,江西的陶瓷艺术取得了令人瞩目的辉煌成就。吉州窑是江西陶瓷王国中的瑰宝之一,在中国陶瓷史上占有十分重要的地位。

吉州窑是我国现有保存较完好的古代名窑遗址之一,地处吉州永和(今吉安县永和镇)。由于当时永和又属东昌县治,故吉州窑又名东昌窑、永和窑。吉州窑于晚唐五代时期创烧,于元末明初衰落终烧,历时约500年,至今已有1100多年的历史,创造了精美丰富而具有浓厚地方风格与民族艺术特色的陶瓷艺术品。吉州窑学习当时定窑、磁州窑、龙泉窑、建窑、景德镇窑的艺术技巧风格,集南北陶瓷名窑之大成而又独具风格。其产品种类多、釉色全,所产瓷器已发现的有120余种,按胎釉可分为青釉瓷、乳白釉瓷、绿釉瓷、黑釉瓷、彩绘瓷、雕塑瓷和玻璃器等,其中黑釉瓷(亦称天目釉瓷)最为著名,"木叶天目"和"剪纸贴花天目"享誉中外。

一、永和镇的位置与吉州窑的分布

永和镇处吉安县东南隅,是一个冲积平原,东西长约10千米,南北宽约9千米,北距吉安市约8千米,三面环水,一面连山,濒临赣江,上溯赣州,下达南昌。

据《东昌志》记载,五代时,永和镇"民聚其地,耕且陶焉"。到宋时,瓷业兴旺,"辟坊巷六街三市……附而居者至数千家"。锦绣铺有几千户,百尺层楼万余家,呈现出"民物繁庶,舟车辐辏"的繁荣景象,永和镇也成为"天下三镇"(另两镇为佛山和汉口)之一。"六街三市"是当时最繁华处,据专家考证,六街分别为瓷器街、莲池街、茅草街、锡器街、鸳鸯街和米行街,街市以今桐木桥肖家(当地称之为"中街")为界,往北为"下街",往南为"上街"。今永和镇的古瓷片、窑具俯拾即是,有用匣钵和窑砖铺成各种图案的长街古巷,依旧保留了古瓷城的风貌。

吉州窑遗址分布在永和镇西南的一块平地上,自塔里前至东面的林家园长约 2 千米,从东南的辅顺庙到西北的窑门岭宽达 1.5 千米,窑址总面积为 80 500 平方米,堆积为 726 800 平方米。现有废窑 24 处,即窑岭、茅庵岭、牛牯岭、后背岭、窑门岭、官家塘岭、屋后岭、猪婆石岭、蒋家岭、七眼塘岭、松树岭、曹门岭、乱葬戈岭、尹家山岭、本觉寺岭、上蒋岭、讲经台岭、曾家岭、斜家岭、枫树岭、柘树岭、自家岭、天足岭、下瓦窑岭,是我国现在保存完好的古名窑遗址之一。

二、吉州窑的兴衰及其产品艺术特色的嬗变

吉州窑于晚唐创烧,历五代、北宋,鼎盛于南宋,至元末终烧,根据陶瓷器型与装饰艺术的发展变化,吉州窑的发展变化可以划分为四个时期:初创期,从晚唐历五代至北宋,大约在公元 900 年到 960 年;发展期,为北宋早期、中期,大约在公元 960 年到 1072 年;鼎盛期,自北宋晚期至南宋末年,大约在公元 1072 年到 1279 年;衰落期,为元代,大约在公元 1271 年至 1368 年。不同时期的产品各具特色,清楚地彰显出吉州窑兴衰演变的历史轨迹。

(一)晚唐五代:初创期

唐代,瓷制的器皿种类繁多、造型美观,且更广泛地应用于人们的日常生活中。在瓷业迅速发展的背景下,吉州窑的兴起绝非偶然。

首先,吉州自古为江西中部重镇,自唐初大庾岭梅关驿道开通之后,吉州成为南来北往的交通要道,经济、教育、文化日趋发达。永和镇随着吉州的发展日渐繁荣,逐渐深厚的文化积淀奠定了吉州窑诞生的人文基础。

其次,吉州窑所在地永和镇具备成为一个瓷器制造中心的自然条件。其一,永和镇有丰富的烧制瓷器的原料。这个总面积 59 平方千米的冲积平原地下有用来烧制白瓷的白土,不远处的青原山鸡冈岭也蕴藏着丰富的瓷土。吉州窑生产的瓷器成本低、质量高、售价好,自然不断吸引各地工匠来吉州窑创业,这是吉州窑兴起的主要自然原因之一。其二,永和镇处于江南丘陵地带,拥有大规模瓷业生产的燃料。宋人庄绰的《鸡肋编》载:"吉州江水之东有二山。其一皆松杉筹筱,草木经冬不凋,号曰青原。"与永和镇隔江相望的青原山,绵延几十千米,为吉州窑提供了丰富的燃料资源。永和镇的上游是广袤的山区,大量的窑柴可以沿赣江顺流而下,到永和镇码头卸货,从另一方面保证了窑柴的供应。历史上，永和镇就曾经有专门从事窑柴交易的茅草街。其三，永和镇位于赣江之滨，便利的水陆交通有利于陶瓷产品的销售。从永和出发，往北达吉水、峡江、樟树、丰城、南昌，入鄱阳湖，经九江再入长江；往南可达赣州，与章水、贡水、川水、蜀水相连，翻过大庾岭，还可以与浈水、北江相连，直达广州；往西沿禾水，可进湖南；往东经赣州，可进入贡江，通过石城抵达琴江上游卸货，请挑夫担着货物走十几里山路进入福建省，在沙溪的上游下船，顺流而下，进入闽江，直达海口（福建福清海口镇）转抵泉州港。丰富的瓷土原料、充足的燃料储备、便利的交通，奠定了一个瓷业中心形成和发展基础。

再次，吉州的优质瓷土使得吉州窑的产品更具竞争力。譬如，洪州窑的瓷土是黄土，烧出的器物呈青灰色；而吉州窑地下蕴藏着丰富的白土资源，土质更白更细润，且易开采。这种土经过淘洗去渣、陈腐去杂、拉坯成型，做出来的瓷器，胎色灰白，颇得市场欢迎。譬如吉州窑乳白釉瓷制瓷过程，便省去施化妆土的工序，直接在胎上施釉，节省人工，降低成本，提高了竞争能力。随着生产规模的扩大，吉州窑产品以其质优价廉，相继挤垮周边其他窑场。大约在晚唐时期，同在赣江边的洪州窑衰落，工匠大都南迁一二百里，来吉州窑谋生。

受上述条件影响，永和镇在晚唐五代时期终于成为江西一个重要的制瓷中心。不过，初创时期的吉州窑产品，受当时南方的越窑和洪州窑影响较大，不论是器型还是装饰尚未形成自己的独特风格，烧制技术也未臻完美。此时吉州窑的产品具有以下特点。

1.品种较少，烧制技艺较粗

瓷器产品种类较少，主要有碗、罐、壶、盘、钵之类，底足以玉璧底、饼足、矮圈足为主。如图7-1所示乳白釉折唇碗、素胎卷唇盘、酱褐釉双耳罐、酱褐釉壶等皆为晚唐的产品。此外，五代时期还有青白釉温酒注壶，还少量生产乳白釉莲瓣纹高足杯、乳白釉碟和盏等。

这一时期主要运用流行的漏斗状匣钵正烧法。漏斗状匣钵正烧法是用一个漏斗形匣钵装烧一件器物。这种单烧法成品率高，但费工费时，产量极低。此外，"衬块"垫烧法也用于当时的青瓷烧制中，具体方法是入窑烧制之前在器物之间衬以小块高岭土。这种方法可以使器物烧成后不粘连，但器底或足沿会留有支烧痕迹，影响器物美观。初创期的吉州窑陶瓷垫烧瑕疵明显。

晚唐五代乳白釉折唇碗

晚唐素胎卷唇盘

晚唐酱褐釉双耳罐

晚唐酱褐釉壶

图 7-1 晚唐五代时期的吉州窑产品

2.以青瓷和乳白釉瓷为主,瓷质较粗糙

晚唐吉州窑所产多为青瓷,乳白釉瓷很少,胎色多为青灰或青黑,主要上的是酱褐釉、青釉等,胎骨厚重,质地较粗且夹有细砂。工匠们常在胎壁上先施一层细腻的灰白色化妆土,然后再上釉,以减少胎壁的粗涩感。

五代吉州窑多产乳白釉瓷器。此时胎质已经由青色变为灰白色,釉也由青色变为乳白色。器物为突出乳白色调,釉下无刻印花纹,釉上无彩绘,且大多为日用器皿,几乎没有陈设器。器型较之晚唐,多了钵和盏等。

初创期的产品胎骨发灰,瓷器釉色单一,瓷质略粗。其中,青瓷化学成分具有含硅量不高、含铁量偏高、含钾量特高的特点,烧成温度偏低,与宋代以后吉州窑胎釉成分差异较大,说明瓷土选料、加工和器物制作技术尚处于较为原始粗糙的状态。

(二)北宋早中期:发展期

公元 960 年,北宋立国,结束了五代十国分裂割据的局面。国内经济及生产力迅速得到恢复和发展,陶瓷手工业空前发达,名窑迭起,如著名的河南汝窑、汴京官窑、河北定窑、河南钧窑、陕西耀州窑、江西景德镇窑、浙江龙泉窑等,烧制工艺都进入成熟阶段,吉州窑附近的新干塔下窑、临川白浒窑和赣州七里镇窑也都进入发展期。而吉州窑制瓷业在五代末已经有所发展,在邻近瓷窑的

乳白釉高足碗

黑釉筒形深腹罐

黑釉盘口双系瓜棱腹执壶

褐色莲纹水盂

北宋褐色点彩龟形水滴

乳白釉褐彩童子

图7-2 北宋早中期的吉州窑产品

相互促进下,吉州窑发展迅速。图7-2可见这一时期吉州窑的部分产品。这一时期吉州窑的产品具有如下特点。

1.烧制技术提高,器物品种增多

这时吉州窑的制瓷工艺,开始采用垫圈(俗称窑钱)法,即在器底与匣钵之间衬上圈状窑钱装烧,以免滴釉粘连。此外,在施釉方法上也有所改进,采用器外施半截釉,器内底垫圈处不施釉的方法。这些工艺改进对提高陶瓷成品率、提升陶瓷装饰艺术都是极有成效的。

这一时期,民用器皿品种增多,初创期少量生产的碗、罐、壶、盏、碟、杯等器皿,此时已是常见产品,另增加了盆、水盂、水滴、瓷塑等。水滴又称砚滴,是一种文房用具,与砚合用,为之贮水或注水,器型小而秀巧。此时吉州窑产品造型各异,有动物、植物和几何形等,以动物造型为多;瓷塑题材也丰富多彩,且带有浓郁的民间工艺特色和鲜明的地方乡土气息。

2.以单色釉瓷为主,主要生产乳白釉、青白釉与黑釉瓷

北宋早中期的吉州窑瓷器以单色釉瓷为主。此时,酱褐釉瓷、青灰釉瓷已经停烧,继续烧造的主要是乳白釉、青白釉、黑釉等单色釉瓷。吉州窑北宋早期瓷器多为乳白釉瓷,中期后以青白釉瓷和黑釉瓷为主。

吉州窑此时生产的乳白釉瓷,主要见于碗、钵、碟、莲瓣纹高足杯、瓷塑等。青白釉瓷器造型在乳白釉瓷器的基础上进一步丰富,除碗、罐、壶、盘、钵、盏、高足杯等日用器皿,还生产水滴、瓷塑等文房用品和玩耍精细器皿。此时的黑釉瓷产品主要有盏、碗,其次有罐、壶、盆、杯等,造型较单调。吉州窑黑釉瓷因釉中含铁量较低,含钛、钾、钙、镁量相对较高,故烧成后纯黑色少,多黑中泛褐、泛紫、泛红,有的器物薄处为褐红色,厚处近黑色。

北宋中期后,吉州窑从主要生产乳白釉瓷转而生产青白釉、黑釉瓷,是由当时的消费需求决定的。北宋文人好温软如玉的青白瓷,为了获取市场,为了自身发展,吉州窑在北宋中期大量烧制青白瓷。北宋人好斗茶,所以黑瓷的需求量大大提升,吉州窑也开始大量生产黑釉瓷,黑釉瓷也由此得到长足发展。斗茶是一种竞技游戏,人们先把茶叶、食盐、香料、炒熟的糯米、淀粉之类的混合物研成粉末,按照一定的比例制作成茶饼保存待用。斗茶时,将茶饼用开水冲兑搅拌,茶汤表面会形成大量白色泡沫,以泡沫多而消失得慢者为胜。因为检验茶的白色泡沫以黑色茶盏效果最佳,所以斗茶的双方或数方往往采用黑色茶盏。此外,黑色茶盏胎体厚重,能长时间保持茶汤的温度且价格低廉,所以深受普通百姓喜爱。

可以这样说,这一时期吉州窑陶瓷产品的特点,是我国瓷业繁荣发展、彼此激烈竞争的大背景下,受到世风时尚影响的结果,为接下来的繁荣鼎盛期奠定了基础。

3.图案纹饰由仿制逐步形成自身特点

在北宋早期,吉州窑图案纹饰以印花为主,题材主要包括莲花、牡丹、缠枝花草等花卉,鱼、云龙、鸾凤等动物,多仿制,在刻划花和印花上并没有形成自身的风格特点,只是融会了同时期其他窑口的装饰技法以增加自身装饰品类。北宋中期以后,刻花、篦点及篦刻纹饰在器物上大量出现,或用褐彩书写款识"吉""记""福""慧""太平""本觉"等字样。

吉州窑黑釉瓷釉面装饰有其自身的发展规律。黑釉瓷器外壁施薄釉均不

及底,有的仅施至腹中部,在烧制过程因釉厚而下垂形成"流泪"的现象很少见,底足切削较粗涩。装饰上,最早的黑釉瓷多是素天目,少数器物器身有条状印纹及弦纹,素天目发展到后来会使用乳白色釉点组成简单图案装饰在黑釉上。

(三)北宋后期至南宋末:鼎盛期

公元 1073 年至 1279 年,即北宋后期至南宋末,吉州窑陶瓷生产达到鼎盛期,这是历史发展的必然结果。从 1125 年开始,金灭辽、灭北宋,蒙古灭西夏、灭金,中国北方社会很长一段时间兵荒马乱、生灵涂炭、时局动荡。随着宋室南渡,经济文化重心进一步南移,官窑也迁往南方。相对于北方,江南社会在这一段历史时期内比较稳定,经济取得了长足发展。因此,南方的瓷业发展进入黄金期。

早在北宋元丰年间,吉州永和镇就以"纵横不十里"的一隅之地,成为"民物繁庶,舟车辐辏",可与汉口、佛山并称"天下三镇"之一的瓷城。宋室南迁后,吉州社会稳定,经济发达,人丁繁庶,交通便利,文化事业随之兴旺发达。继北宋中期的欧阳修、刘沆、刘弇之后,这里诞生了周必大、杨万里、胡铨、刘辰翁、文天祥等一大批历史文化名人,形成了灿烂辉煌的庐陵文化。吉州窑以其优越的自然资源条件和良好的社会文化氛围,吸引了大批北方移民,其中不乏北方名窑的能工巧匠。这一时期的永和镇,仅窑工就有 3 万多人,他们博采众长,大胆自主创新,融合南北工艺,制瓷技艺达到鼎盛。如吉州窑效仿定窑,采用覆烧法,并对其做了改进,增加了窑炉的装烧量,从而提高了生产效率和经济效益。吉州窑产品的主要特点如下。

1. 产品种类繁多,出现有名的民间大师

吉州窑鼎盛期的产品,除了碗、罐、壶、盘、钵、盏、碟、杯、枕、盆、水盂、水滴、瓷塑等,还新增了炉、瓶、梅瓶、粉盒等,做工非常精致。这一时期的产品不仅种类齐全,而且制瓷技艺高超、产品精美,具有很高的艺术价值。唯一不足的是,由于长期开采,优质瓷土日渐稀少,再加上宋室南渡以来,南方赋税增重,为了节约原料成本,此时的瓷器个体比之前要小,胎壁偏薄。

此时,吉州窑也出现了不少民间瓷艺大师,如舒翁、舒娇父女就是其中的代表。据《景德镇陶录》记载:"吉州窑昔有五窑,五窑中惟舒姓烧者颇佳,舒翁工为玩具,翁之女舒娇尤善陶。"关于舒氏父女生活的时代,古籍中亦有明确记载:"永和镇舒翁、舒娇,其器重仙佛,盛于乾道间;余见有元祐、崇宁者。"不难看出,

舒翁与舒娇从事制瓷活动的具体年代应为北宋晚期的元祐、崇宁年间到南宋早期的乾道年间,而此时正是吉州窑陶瓷器型与装饰艺术的鼎盛期。

2.釉色丰富多彩,以彩绘瓷和黑釉瓷为主

北宋晚期的吉州窑,开始从烧单一品种朝多品种方向发展,黑釉瓷、彩绘瓷、乳白釉瓷、青白釉瓷、绿釉瓷、黄釉瓷、酱褐釉瓷等在南宋时都已大量生产。其中,釉下彩绘瓷和黑釉瓷成为吉州窑风格的标志。

吉州窑彩绘瓷始烧于北宋晚期,整个南宋时期都是彩绘瓷的鼎盛时期。彩绘瓷有素胎彩绘和釉下彩绘,都是直接在细腻的坯胎上彩绘,有的直接入窑烧制,有的施以薄釉。吉州窑瓷胎细润,烧制出来的瓷器彩绘线条清晰、图案明了。图7-3可见北宋末至南宋末吉州窑的部分彩绘瓷。

釉下彩绘兰草纹梅瓶　　　釉下彩绘鸳鸯戏水纹瓶　　　釉下彩绘梅喜纹长颈瓶

束腰枕　　　　　　　人物瓷塑　　　　　　　粉盒

图7-3　北宋末至南宋末吉州窑的彩绘瓷

黑釉瓷又称天目瓷,是吉州窑最有名望、最具代表性、产量最大、品种最丰富的产品。黑釉瓷在南宋得到较大发展,直到元末终烧。南宋中后期,由于建窑的衰落,吉州窑成为宋代民间黑釉瓷的精品生产地。吉州窑高档黑釉瓷多施三道釉:第一道为褐色底釉,第二道为黑色面釉,第三道为装饰釉(包括兔毫釉、花釉、玳瑁釉、虎皮斑釉、油滴釉、鹧鸪斑等),于是剪纸贴花、木叶天目、兔毫纹、鹧鸪纹、虎皮纹、玳瑁纹等纷纷出现,相对于建窑产品,可谓青出于蓝而胜于蓝。图7-4可见北宋末至南宋末吉州窑的黑釉瓷产品。

黑釉玳瑁纹碟　　　　黑釉剪纸剔花枝梅纹壶　　　　黑釉剔花长颈瓶

黑釉圈足炉　　　　　黑釉筒式炉　　　　　黑釉木叶盏

图7-4　北宋末至南宋末吉州窑的黑釉瓷

3.装饰风格追求自然和谐,具有浓郁地方民俗特色和文化意味

这一历史时期,吉州窑装饰也逐渐形成自己独特的风格,追求自然和谐,具有浓郁的地方民俗特色和文化意味。

吉州窑的黑釉装饰独具特色。吉州窑的能工巧匠们利用廉价的黑色釉料,通过独特的制作方法(如复杂的窑变技术),烧制出了各种各样的精美装饰纹样,达到了很高的艺术水平。吉州窑黑釉瓷剪纸贴花纹样丰富,常见的纹样有梅花纹、龙纹、凤纹、吉语纹、木叶纹等。

黑釉瓷中,尤其值得一提的是黑釉木叶瓷器。木叶纹是吉州窑的一大绝技,是吉州窑工匠的创新,标志着我国陶瓷釉面装饰工艺发展到了一个新阶段。工匠们用木叶装饰碗盏时,所用树叶采自吉州当地常见的桑树、樟树等。工匠先将叶片浸泡腐蚀,去除叶衣,只取叶茎和叶脉,在茶盏坯上涂抹一层黑釉后,再将沾有黄釉的叶片平整地铺在盏内。神奇的窑火使两种不同颜色的釉在高温中发生变化,进而生成清晰的叶脉图像。工匠们制作时信手拈来,没有刻意挑选叶片,也没有固定的图案设计样式,多根据灵感来布置安排,因此烧成后叶片姿态各异,与黑釉、黄釉相映衬,显得清爽明朗。黑釉木叶纹饰可以视为吉州窑工匠崇尚自然,进而追求天然纹样的杰出创造。在宋人斗茶活动中,随着沸水的注入,茶盏中的木叶呈现漂浮状态,令人顿生遐思,感受到生命的活力与大自然的魅力。可以说,吉州窑黑釉天目盏中的木叶纹,是吉州先民的智慧结晶,是吉州窑工的简约心灵与清纯自然相融合的境界美与艺术美。北宋后期,吉州窑有底足刻"供御""进盏"的黑釉茶盏,说明窑场曾生产宫廷用器。

这一时期,吉州窑的彩绘瓷装饰也颇具特色,表现了陶工们对客观事物的直接感受和质朴理想,寄托了自己的情感和愿望,如鱼的眼睛,植物的叶茎、叶脉,鸟的翅膀,鹿的肋骨,等等,格调质朴,乡土气息浓郁,反映了民间传统审美情趣。其装饰纹样主要包括两大类:一是鸾凤、莲花、飞蝶、牡丹、双鱼、跃鹿、喜鹊闹枝、鸳鸯戏水以及梅兰竹菊等,这些花纹装饰往往与民间风俗有关,表现世人憧憬并追求美好生活的乐观心态。二是八卦纹、海水波涛纹、圈纹、莲瓣、连弧纹、回纹、卷草纹、缠枝纹、编织纹、弦纹等与宗教色彩和传统图案有关的纹饰,蕴含着深厚的传统文化意蕴。

(四)衰落期:元代

吉州窑陶瓷器型与装饰艺术的衰落期为元代,在公元1271年至1368年。吉州窑的衰落是多种因素综合影响下的结果。

首先,在元代,吉州窑黑釉瓷在世风时尚的影响下逐渐走向衰落。入主中原的蒙古贵族,向来以白为美,崇尚白釉瓷,较多使用青白釉茶盏。元代中期,景德镇生产出的青花瓷茶具,受到上流社会青睐,枢府瓷改在景德镇定烧,由此影响到民间习俗,吉州窑的黑釉瓷逐渐被冷落,没有了市场。与此同时,元代的饮茶方式也发生了改变,改为开水泡茶,如用黑色茶盏就看不清茶水颜色。而且,元代不再嗜好斗茶,而喜好喝奶茶,黑釉茶盏在社会上层眼中风光不再。上有所好,下必仿效,吉州窑黑釉瓷的衰落不可避免。

其次,吉州窑白釉瓷的质量,不如同时期的景德镇白瓷,而吉州窑彩绘瓷器在南宋的兴起,进一步加快了吉州窑白釉瓷的衰落。由于吉州窑把有限的优质白土用来做彩绘瓷,因此白瓷大多由普通白土做成,只能沦为粗瓷。另外,高额的税收和生产成本的提升,迫使吉州窑采用覆烧法烧制白瓷碗,造成瓷碗具有难以洗净的缺陷,从而影响到人们的饮食卫生,吉州窑白釉瓷也逐渐被消费者抛弃。宋末至元代,贪官奸商相互勾结,像吉州窑这样"半官半民"的窑场受到的剥削更重,商人无利可图,也不太愿意经销了。此外,关于吉州窑的衰落,民间还有"窑工封窑随文丞相"的说法。南宋末年,元军南侵,临安岌岌可危。文天祥起兵勤王,永和窑工封窑出镇,加入文天祥的义军。他们中的大多数倒在了战场上,剩下的四散逃难,制瓷技艺由此失传。

虽然元代前期的野蛮统治给全国经济、文化带来了严重破坏,但繁荣兴盛的对外贸易还是刺激了各种手工业的发展。吉州窑的陶瓷生产虽已是强弩之末,但仍然有一定的生产规模。这时吉州窑陶瓷产品有以下主要特点。

1. 产品种类减少,黑釉装饰衰落,多生产粗瓷

元代吉州窑除了生产一些精致的外贸瓷,基本上不生产高档瓷,产品多为粗糙的黑釉瓷、青白瓷。此时的吉州窑白瓷大部分是青白釉瓷器,器型有碗、碟、高足杯、玉壶春瓶和荷叶形盖罐等,而且粗糙的多,精致的少;碗盘覆烧的多,仰烧的少;印花的多,刻花的少;日用瓷多,陈设瓷少;胎质粗松,胎壁较薄。宋代最具吉州窑特色的黑釉瓷逐渐走向没落,黑釉瓷产品多为粗品,以生产低档的黑釉碗、盏、碟、罐等为主,胎形及胎质较粗糙,胎壁更薄。至于元代彩绘瓷,则由于吉州窑高档瓷土的缺乏,除少数枕外,多数小而精。

元代吉州窑产品的装饰釉的种类明显减少。原来精致的兔毫釉、剪纸贴花纹、玳瑁釉的装饰非常少了,木叶纹基本上不见了,取而代之的是粗厚的半釉和涩圈。此时的黑釉瓷有两个特点:一是多生产涩圈黑釉碗、盘,多施一道釉,不再打底釉;二是多生产内施白釉、外施黑釉的碗、盏等器具。另外,元代吉州窑多见黑釉剔花梅瓶,多为小口,底足施釉,具有明显上下接痕等元瓷特点。

2. 外贸彩绘瓷器纹饰精美

吉州窑在元代生产的瓷器整体水平下降,但也出产了一部分制作精美的瓷器销往海外。元代吉州窑出产的这部分产品保持了较高的艺术水准,尤其在彩

绘装饰纹样上可谓精美工致。这一时期的外贸彩绘瓷纹饰有两个值得注意的地方:其一,海涛纹成为典型纹样之一,如水波纹扁腹瓶、海涛纹带座炉等;其二,多数外贸彩绘瓷的纹饰布满器身或采用多层次的绘画,装饰画面非常饱满,线条流畅,纹样清晰,主次分明,繁而不乱,如缠枝纹瓷瓶、花釉圈点纹梅瓶等堪称精品(图7-5)。这些外贸彩绘瓷器纹饰彰显了元代吉州窑高超的制瓷技艺,但仍然改变不了吉州窑在元代走向衰亡的命运。

缠枝纹瓷瓶　　　　　　圈点纹花釉梅瓶　　　　　　水波纹扁腹瓶

海涛纹带座炉　　　　　　诗文枕　　　　　　黑釉涩圈碗

图7-5　元代的吉州窑产品

三、吉州窑的历史地位和影响

1. 吉州窑在我国陶瓷史上起着承前启后的作用。吉州窑是江西三大窑场之一,是我国古代著名的窑口之一,它上承越窑和洪州窑的制瓷技艺,繁荣时融合南北各大名窑的艺术技巧并创造出独具特色的吉州窑瓷器,下启景德镇瓷器的辉煌。元初的景德镇制瓷工匠,大多是永和镇人,他们将釉下彩绘等先进技法带到景德镇,因此有"先有永和镇,后有景德镇"之说。景德镇当时没有青花器,也没有彩绘器,元代忽然大量生产青花瓷,正是基于吉州窑的工匠与技术。景德镇陶瓷艺术的繁荣和吉州窑之间有着重要的联系。

2. 吉州窑产品以其独特的装饰工艺在中国陶瓷史上独树一帜,为中国瓷艺的发展做出了卓越的贡献。吉州窑是以生产日用陶瓷为主的民窑,其陶瓷装饰艺术集我国南北名窑之大成的同时又将民间艺术引入制瓷工艺,形成了独特的风格。吉州窑的能工巧匠们充分利用窑变技术,研制创烧了色彩缤纷、璀璨夺目的黑釉窑变瓷,给人以自然、清新、亮丽的美感。其中,黑釉剪纸贴花和木叶纹饰首创中国陶瓷装饰艺术的民间风格,质朴、明快、自然且生活气息浓郁。吉州窑独创的釉下彩绘,开辟了中国陶瓷装饰艺术的崭新天地,打破了陶瓷"北白南黑"的模式。另外,吉州窑将传统人文图样注入瓷艺,赋予了中国陶瓷装饰艺术更深厚的文化内涵。

3. 吉州窑为中国和世界的贸易往来和文化交流做出了重大贡献。吉州窑极盛于南宋,其生产的陶瓷器物是宋元之际主要的外贸商品。20 世纪 70 年代,朝鲜半岛西南部的新安海域发现一艘开往朝鲜、日本的中国元代沉船,人们从沉船中打捞出 15 000 余件古陶瓷,其中很多是吉州窑烧制的。如今,世界不少国家的博物馆和收藏家都藏有吉州窑的名贵产品。吉州窑烧制的具有兔毫斑、鹧鸪斑、玳瑁斑、剪纸贴花工艺的茶盏在日本被誉为国宝。韩国国立中央博物馆收藏的 42 件吉州窑瓷器,被视为稀世珍品。英国国家博物馆对收藏的吉州窑陶瓷这样解说:"吉州凤首白瓷瓶最为杰出,堪称瓷中尤物。"1982 年,吉州窑古陶瓷研究所和吉州陶瓷厂成立后,吉州窑的部分产品生产得到恢复,一些仿古瓷、陈设瓷先后销往美、英、法、日等国,继续为中外贸易往来和文化交流发光发热。

第二节　歌舞艺术

我国的歌舞艺术源远流长,在出土的历史文物和石刻、壁画中,对几千年前的歌舞艺术做了大量生动形象的刻画。歌舞艺术亦起源于人类劳动。《吕氏春秋·古乐》记载:"昔葛天氏之乐,三人操牛尾,投足以歌八阕:一曰《载民》,二曰《玄鸟》,三曰《遂草木》,四曰《奋五谷》,五曰《敬天常》,六曰《达帝功》,七曰《依地德》,八曰《总禽兽之极》。"这里的"葛天氏之乐"就是先民抽取一些有代表性的劳动生活场景(包括宗教祭祀)以歌舞的形式加以表现。我国的第一部诗歌总集《诗经》其实也是一部记载先民歌乐的典籍。在古代,统治者多成立专门的机构来掌管歌舞音乐。如汉代的乐府、唐代的教坊等。历朝历代均有宫廷乐队表演歌舞艺术,供统治者娱乐享受。在民间,各民族在劳动生活中都有自己独特的歌舞艺术来表现本民族对劳动生活的热爱与理解。这些形式多样、内涵丰富的民间歌舞艺术最终汇成了中华民族瑰丽多姿的歌舞艺术长河。

庐陵的歌舞艺术是庐陵古代劳动人民智慧的结晶。长期以来,在庐陵这块土地上,出现了不少富有地方色彩的音乐、舞蹈、戏剧等歌舞艺术,也诞生了不少艺术家。

一、歌声能止万人喧的许和子

许和子,吉州永新人,大约活跃于唐开元、天宝年间。她出身于当地的音乐世家,父亲是一名乐工,使她从小就得到了良好的音乐熏陶。开元中后期,许和子被征召入宫,成了宫中教坊"宜春院"的一名"内人",以籍贯"永新"为名。

唐玄宗于开元二年(714)设置左右教坊,掌管宫廷的俳优杂技。宜春院即为当时宫廷教坊音乐机构之一,专由女伶歌伎组成。这些歌伎称为"内人",又因她们常在皇帝跟前演出,故又叫"前头人"。宜春院设在皇城东面东宫内,与承恩殿宜秋院并列。这里三面临水,一面靠山,风景秀丽,是排练歌舞的好地方。许和子生得美丽,身材又好,而且聪明伶俐,虚心好学,加上天生的"金嗓子",很快她就成为一名优秀的宫廷歌手。她把生动活泼的江南民歌曲调融汇于典雅庄重的宫廷音乐中,变古调为新声,创造了一种新的歌唱艺术。女伶们每天在宜春院引吭高歌,清脆、高亢、悠扬的歌声荡漾在长安上空。

许和子的生平事迹虽未见正史记载,但野史笔记则记载甚详。段安节《乐府杂录》称:

> 开元中,内人有许和子者,本吉州永新县乐家女也,开元末选入宫,即以永新名之,籍于宜春院。既美且慧,善歌,能变新声。韩娥、延年殁后千余载,旷无其人,至永新始继其能。遇高秋朗月,台殿清虚,喉啭一声,响传九陌。明皇尝独召李谟吹笛逐其歌,曲终管裂,其妙如此。

王仁裕在《开元天宝遗事》中也记载:"宫妓永新者,善歌,最受明皇宠爱。每对御奏歌,则丝竹之声莫能遏。帝尝谓左右曰:'此女歌直千金。'"

《乐府杂录》还记载,一次唐明皇在勤政楼率文武百官观看鱼龙百戏。这样的盛大典礼,长安城的百姓当然不愿错过,于是出现了"观者数千万众"的景象,人声鼎沸,场面喧闹无比。唐明皇见此极不高兴,准备罢宴离开。这时,高力士想到了许和子,连忙奏请玄宗宣许和子登楼演唱。许和子"撩鬓举袂,直奏曼声",顿时广场寂静,"若无一人"。她的歌声悠扬婉转,给人以极大的艺术享受。她那富有感情的歌唱,深深地打动了听众的心,使"喜者闻之气勇,愁者闻之肠绝"。歌毕,全场欢声雷动。从此,"永新善歌"之名传遍五湖四海。

天宝十四载(755),安史之乱爆发,许和子逃出长安。她与普通民众一样饱受战乱之苦,颠沛流离,据说最后流落风尘,郁郁老死。人们当然不会忘记这样一位杰出的艺术家,据唐人冯翊子《桂苑丛谈》记载,后人曾把许和子唱的歌曲编为国乐曲,命名为《永新妇》,以纪念这位杰出的女歌唱家。

二、永新盾牌舞

历史上,吉安永新不但出了歌唱家许和子,而且有永新小鼓等曲艺,更有闻名遐迩、威武雄壮的盾牌舞。

永新盾牌舞是一种集武术、杂技、舞蹈与音乐于一体的综合性民间舞蹈,又称藤牌舞、滚挡牌等,源于古代军中的盾牌战术。明代抗倭名将戚继光(1528—1587)著《纪效新书·藤牌总说篇》云:"以藤为牌,近出福建。铳子虽不能御格,而矢石、枪刀皆可蔽,所以代甲胄之用。"永新盾牌舞流传于今永新县龙源口、烟阁等南部乡镇,龙源口镇南塘村素有"不练盾牌舞,不是男子汉"之说。至于盾牌舞是何时传入永新的,说法各异。一种说法是太平天国起义失败后,太平军一部流落到永新的南乡,为抵抗清军的镇压,他们潜心操练成这套盾牌舞,后被尚武的南塘村人习得,并经不断改进,逐渐演变成既具演武目的,又有观赏价值的民间舞蹈。另一种说法是,过去南塘村一带经常天旱缺水,村民为争水常发生械斗。南塘村村民为避免吃亏,在县城找来一位武师,这位武师便将盾牌舞传授给了南唐村民们。练习盾牌舞大大提高了南塘村人的武术功底,从此,盾牌舞在该村世代相传,至今已传了十几代。

盾牌舞动作粗犷刚健,气势雄健浑厚,队形新颖奇特,充满浓郁的民族特色和磅礴的战斗气势,在民间舞蹈中形成了自己独树一帜的艺术风格。

盾牌舞有一套传统的、颇具庄严和悲壮色彩的表演形式。表演的武士一律头裹长巾,上穿黑底镶白边的对襟短衫,下着黑色紧口裤,裹绑腿,脚蹬黄麻草鞋。一人手执带响环的钢叉,扮演将官或敌方骑兵;其余的人则一手持盾,一手握刀,个个威武雄壮(图7-6)。盾牌舞一般在元宵节表演。表演前,武士们在族长的带领下来到宗祠举行祭拜仪式。仪式由族长主持,先摆好香烛贡品,再在厅柱上贴上"天下奇楼多,世间此功少"的对联,然后族长带领大家向祖先叩首行礼,接着杀公鸡、供血酒,再拜,最后燃放鞭炮,敲锣打鼓,开始登场表演。

图7-6　盾牌舞表演

盾牌舞的表演内容主要为两军对垒破阵,相互攻守,但阵型变幻莫测。整个表演分8个阵型,包括四角阵、长蛇阵、八字阵、黄蜂阵、龙门阵、荷包阵、打花牌和收式。表演开始时,武士分据四方,持盾勇猛攻击,左冲右突,此乃四角阵。紧接着阵型一变,变成头尾相接的长蛇阵,两军对峙,武士们踏着急促的鼓点大声呐喊。踏步一阵之后,阵型突变为八字阵。在一阵急促的鼓点中,八位武士并排翻滚格挡,宛如黄蜂出洞,是为黄蜂阵。接下来便是包围和反包围的荷包阵、龙门阵。最出彩的是打花牌,武士们凭借着平日苦练的武功,真刀真叉打出了令人眼花缭乱的"跳牌""扯牌""壕牌""滚牌""躲牌"等动作,紧张惊险,扣人心弦。

盾牌舞的音乐也别具一格。经过一代代民间艺人的加工,盾牌舞的音乐在打击乐的基础上吸取了灯彩、采茶戏和唢呐的特色,随着剧情的发展,时如疾风骤雨,时如丽日和风,时如小桥流水。

中华人民共和国成立后,党和政府大力挖掘整理民间艺术遗产。盾牌舞作为民俗文化的"活化石",以其独有的特色在永新乡村重放光芒。1953年,盾牌舞到北京中南海怀仁堂演出,之后,原东北军区文工团将盾牌舞带到朝鲜和苏联等国演出。1957年,南塘村的吴王生等十几名民间艺人在江西第一届民间艺术会演中表演了盾牌舞;同年又赴北京参加了全国民间音乐舞蹈会演,获优秀节目奖。1984年,江西电视台将盾牌舞作为民族民间舞蹈集锦节目之一,搬上荧屏。1987年,上海科技电影制片厂又两次将盾牌舞搬上银幕。

进入21世纪,永新县重新挖掘整理盾牌舞,投入了大量的人力、物力和财力,并设立了专门研究会,剔除了以往节目中的一些封建迷信元素,融入了不少现代气息浓厚的表演形式,使之不断发扬光大。2005年,全新的永新盾牌舞参加了南昌国际傩文化艺术节踩街表演和江西省民间艺术节调演,并作为江西省唯一选送的民间艺术节目,赴广东省汕尾市参加首届泛珠三角"9+2"民间艺术表演大赛。2006年,永新盾牌舞入选第一批国家级非物质文化遗产名录。

作为一种独特的民间艺术,盾牌舞深受当地老百姓的欢迎。如今,它已成为永新乃至井冈山、泰和等周边地区农民农闲时健身娱乐的绝好形式,也成了农村婚嫁、庆贺子女升学等喜庆日子里的"保留节目"。

三、吉安采茶戏

采茶戏是流行在江西、湖北、湖南、安徽、福建、广东、广西等地的一种戏曲类别,以江西最普遍。江西几乎各地市都有自己的采茶戏,如赣南采茶戏、南昌采茶戏、抚州采茶戏、高安采茶戏、吉安采茶戏等。

一般认为,采茶戏大致形成于清中期至清末。采茶戏的起源与盛产茶叶有关。明朝,赣南、赣东、赣北茶区每逢谷雨季节,妇女上山采茶,经常唱山歌以鼓舞劳动热情。这种在茶区流传的山歌,被人称为"采茶歌"。采茶戏由民间采茶歌和采茶灯演唱发展而来,继而成为一种有人物和故事情节的民间小戏。由于它一般只有二旦一丑,或一生一旦一丑,故又名"三角班"。

吉安采茶戏是江西吉安一个具有本地风味,由民间"花鼓班""三角班"发展而来,后期又形成"半班"的戏曲剧种。它由抚州的宜黄传入,并深受樟树、新余等地的"花鼓班"影响。清末,一度在永丰、吉水等地盛行的宜黄戏和汉剧相继衰落,许多宜黄戏、汉剧艺人加入花鼓戏班,使花鼓戏在唱腔、行当、角色、演奏等方面均得到充实。之后,花鼓班又逐渐被永丰县的三角班吸收融化,最后发展成"七唱三打"的半班。花鼓班和三角班都是由小生、小旦、小丑三个角色组成,半班则增加了青衣、正生、花脸等行当角色和唢呐、笛子、堂鼓、锣、钹等乐器,并能演出整本大戏。花鼓戏、三角班、半班既是同一剧种,又有一些差别,后来统称为吉安采茶戏(图7-7)。

图7-7 吉安采茶戏剧照

清末,吉安采茶戏盛行,当时的吉安城内就有"同和堂"与"同合堂"两个班社经常演出,产生较大影响,甚至遭到官府禁演。同治版《安福县志》载,吉安知府曾于同治二年(1863)颁布禁令:一禁花会标及一切赌博,二禁三角班及游娼。今天,吉安采茶戏仍在永丰、吉水、吉安、峡江、新干、安福、万安、泰和、遂川等县流行,还远及抚州的乐安,赣州的宁都、石城等地。

吉安采茶戏的传统剧目很丰富。1956年全区剧目工作会议记录有149个,其中大戏41个,分为单头戏(独角戏)、三角班戏、半班戏三大类。吉安采茶戏的唱腔和表演具有鲜明的吉安地方特色:唱腔吸收了山歌小调的元素,风格粗犷、朴实,易于表现现实生活,共有曲调100余种;表演保留了灯彩的风格,具有诙谐、欢快等特点,如小丑坐矮桩、走矮步、走小脚步,小生耍折扇等。

吉安采茶戏在发展过程中还曾深受吉安戏的影响。如《曹福走雪》《平贵回窑》《五郎会兄》《鬼打贼》《小尼姑下山》等剧目都是从吉安戏移植而来,而《耍金扇》《卖花钱》《小放牛》《张三卖布》《戒洋烟》等剧目则继承了吉安戏部分表演艺术。此外,吉安采茶戏还有部分剧目来自宜黄戏、汉剧等。

吉安采茶戏的内容多反映质朴、风趣、开朗、乐观的农家生活,具有浓郁的乡土气息,其中虽难免有低级、庸俗的内容,但大多健康向上,反映了劳动人民的真情实感。

在第二次国内革命战争时期,井冈山一带曾用采茶戏演出过《大放马》《欢送哥哥上南方》《志愿当红军》《工农兵团结》《白军自叹》《慰劳红军家属》等剧目。

中华人民共和国成立后,在"百花齐放,百家争鸣"的文艺方针指引下,吉安采茶戏日臻繁荣。各县如雨后春笋般出现了不少专业剧团或业余剧团,整理、改编演出了《补背褡》《看相》《卖花记》《放羊记》《毛朋记》《孟姜女》等。其中,《补背褡》《放羊记》《毛朋记》《孟姜女》均由上海唱片厂录制过唱片。各县还创作了历史剧《魏宫秋》《解缙闹殿》《文天祥》,改编了苏区现代戏《父与子》。其中,《父与子》赴省参加庆祝中华人民共和国成立十周年献礼表演。《补背褡》《家庭夜战队》《两头肥猪》《春风万里》等剧目还获得了省会演优秀剧目奖。

第三节　绘画、书法与碑刻

庐陵的书画艺术在中国书画史上享有盛名。庐陵历史上出过不少书画艺术大家,如郭诩、解易、王铉同、郭仪霄、龙骧、饶其寅等都是当时声名远播的绘画大师。此外,欧阳修、杨万里、文天祥、解缙、杨士奇等文学大家,同时也是著名的书法家。他们以不朽的杰作为中国书画史增添了辉煌的一页。

一、绘画

郭诩(1456—1532),字仁弘,自号清狂,吉安泰和人,明代书画家,尤其擅长山水人物、花鸟牛马。郭诩的画风格豪放,笔法简略,在明中期别具一格,同时期的画家如沈周、吴伟、杜堇等,都推重其艺术造诣。

郭诩的写意画,细笔不落纤媚,粗笔不近狂率,神气奔淌静穆,耐人玩味。他曾遍历名山,认为"岂必谱也,画在是矣"。就是说,学画不必一定依从画谱,自然山水、花鸟虫鱼都是一幅幅鲜活的图画。上海博物馆现藏《郭诩花卉草虫画册》（又称《杂画册》）两本,一本为淡彩,一本为水墨,所收《青蛙草蝶图》《牛背横笛图》,都是画中精品。

郭诩的人物画,内容多为历史人物故事,采用白描手法,运笔如行云流水,不着颜色而光彩照人,有很高的艺术价值,史载"天下竞传其画,购之百金"。《朱文正公像》《漂母饭韩信图》等,都是人物画的精品。郭诩作画,多有题跋,诗画结合,隽永有致,寓意纯正,具有深刻的社会意义。如他的《漂母饭韩信图》题诗云:"胯下谁怜大将身,良谋未遂且安贫。独嗟项羽重瞳目,不及江头一妇女。"清代戏曲作家谢堃的《书画所见录》记载:郭诩晚年曾画一幅《镜鉴图》,上面题有"此镜千金不易酬,此镜一览露九州。我欲献君置殿头,照见天下赤子皆穷愁"的诗,表现了画家对民生疾苦的关心。

其传世作品还有《东山携妓图》轴,嘉靖五年(1526)作,图录于《中国名画宝鉴》,现藏台北故宫博物院;《琵琶行图》轴,上书白居易长诗《琵琶行》,藏故宫博物院;等等。

郭仪霄(1775—?),字羽可,吉安永丰人。嘉庆二十四年(1819)举人,援例授内阁中书。其诗、书、画闻名海内,时称"三绝"。有《诵芬堂诗钞》《诵芬堂文钞》等传世。

郭仪霄尤擅画竹,时人赠诗称"古之与可今羽可"(编者注:古之与可即文同,字与可,北宋著名画家,擅画竹,曾任湖州知州,世称文湖州)。近人义宁(今江西修水)陈师曾仿郭仪霄之作画竹墨盒,上题:"吾乡郭仪霄,画竹自比文湖州,风格高迈,不在金冬心、罗两峰下。其笔墨流传甚少,故罕有知之者。特一仿之,世有搜奇之士,或因是以求得其零篇片纸,亦殊可贵也。"(图7-8)陈师曾将郭仪霄与"扬州八怪"中的金农(号冬心先生)、罗聘(号两峰)相提并论,足见陈师曾对郭仪霄的重视。

二、书法

北宋著名的文学家、史学家

图7-8 陈师曾所画竹墨盒

欧阳修的书法著称于世,其书法深受唐代大书法家颜真卿的影响。朱熹说:"欧阳公作字如其为人,外若优游,中实刚劲。"欧阳修善写楷书,苏东坡曾如此评价:"欧阳文忠公用尖笔干墨作方阔字,神采秀发,膏润无穷。后人观之,如见其清眸丰颊,进趋晔如也。"欧阳修也挚爱金石之学,"于天下金石之刻无所不阅,又从而品藻焉,成《集古录》十卷"。他还是一位书法理论家,著有《论南北朝书》《论仙篆》《六一题跋》及《集古录跋尾》(图7-9)等。

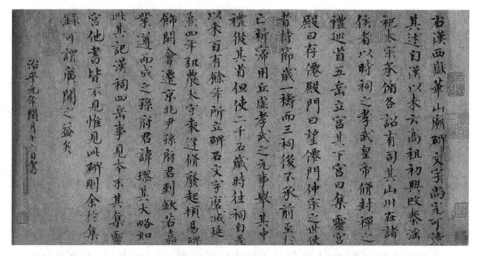

图7-9 《集古录跋尾》(局部)(藏台北故宫博物院)

欧阳修的书法作品《致端明侍读留台执事尺牍》(图7-10),是他晚年写给司马光的信札,又称"上恩帖"。苏轼曾称此书"字形结体宽扁,起笔露锋芒,且多渴笔",我们可以看到此帖横细直粗、撇笔枯长等笔画线条特点。全作的用笔

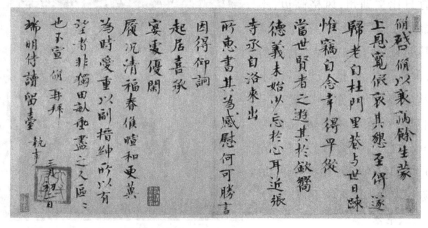

图7-10 《致端明侍读留台执事尺牍》(藏台北故宫博物院)

精谨,点画之间,一丝不苟,这是欧阳修书法的最大特色,也充分彰显了他重视法度的性格。

南宋文天祥也是一位书法大家。文天祥喜作大字,他的书法宗"二王"(王羲之、王献之),以《圣教序》为蓝本,并参照北宋书法家米芾的部分结字特点,在运笔时则以黄庭坚悠扬笔致为指归,笔画粗细变化不大,但注意布置安排中的疏密变化。观其作品仿佛有一股清泉在流淌,秀逸且富文人气息(图7-11)。

图7-11　文天祥书法作品

在南宋书法界,朱熹提出对"宋四家"(苏轼、黄庭坚、米芾、蔡襄)加以开拓创新,但由于持反对意见的人不少,于是便出现了返归"二王"正宗的呼声,文天祥便是其中代表。但是,每位书法家都不可能完全摆脱那些优秀书法家的影响,因此,文天祥或多或少也受到"宋四家"的影响。

他的《〈木鸡集序〉卷》(图7-12)作于咸淳九年(1273)冬,是应他的同乡张强的邀请,以草书撰写的一篇序文。这件作品点画精劲微妙,轻起轻落,显得清疏挺竦,有一股神逸癯然的姿态。在结字中,他很注意留空,所以他的每个字的结构显得十分空灵,字与字的联结以气势连贯为主,而不强调笔画之间的连带。另外,他将每个字的重心压得较低,故字显得沉稳而有姿态,这无疑是受了米芾的影响。这件作品的书写速度不疾不缓,从容不迫,颇有大家的风范。他

图7-12 《〈木鸡集序〉卷》(局部)(藏辽宁省博物馆)

的这种笔画及行气的处理方式,可能与他采用篆法与章草有关,因为他对这两种字体也并不陌生。所以,我们可以肯定地说,文天祥是比较向往魏晋的古朴书风的。

他的另一名作《谢昌元〈座右自警辞〉卷》(图7-13)也是一篇草书,写的是他的老师谢昌元所作的一篇短文。此书字体纤细灵动,翻转流动,清代安岐《墨缘汇观》评曰:"笔法清劲纵任,不苟其辞。"此卷书后有大量名家题跋,因文天祥的"孤忠完节"而被视为"天球河图"。

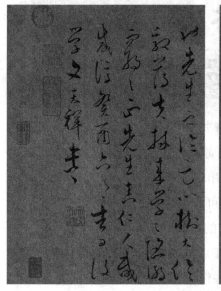
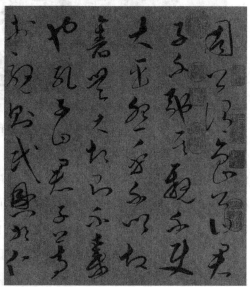

图7-13 《谢昌元〈座右自警辞〉卷》(节选)(藏中国国家博物馆)

从整个宋代的书法格局来看,文天祥的书法并不占很重要的位置,然而其刚正不阿的品性,为后代读书人树立了一个榜样。古人常把人品与书品联系起来,所以在后人的评价中也基本上是出于这一立场。明代王鏊说:"公之精忠大节,焯焯天地间……而字画精妙,虽纸墨之微,亦皆不苟。"这是说文天祥的字画与处事为人一样一丝不苟。

解缙是明初的书法名家,他既精于小楷,又擅长行草,用笔精妙。解缙喜欢写狂草,其草书开晚明狂草先河。明人吴宽《家藏集》云:"永乐时,人多能书,当以学士解公为首……下笔圆滑纯熟。"明何乔远《名山藏》称:"缙学书得法于危素、周伯琦,其书傲让相缀,神气自倍。"有墨迹《书唐人诗》《宋赵恒殿试佚事》《游七星岩诗》及《自书诗卷》(图7—14)等传世。

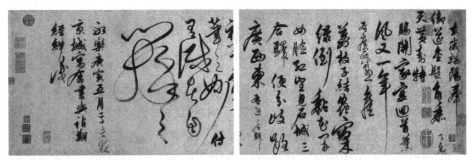

图7—14 《自书诗卷》(节选)(藏故宫博物院)

《自书诗卷》共录自作诗7首,是解缙于1407—1410年在广西、交趾为官期间所作。除第六首《过藤县》外,其余6首均见于解缙《文毅集》。此卷创作于永乐八年(1410),时解缙刚从边陲入京奏事,之后不久即被陷入狱,5年后惨死狱中。此书笔势纵横超逸,奔放洒脱,点画出规入矩,绝无草率牵强之处,章法经营尤见匠心。全篇一气呵成,神气自备,显示出解缙驾驭长卷游刃有余的不凡功力。从卷末款识中可见解缙本人对此卷是颇为得意的。他把这件得意之作送给侄儿祯期(解缙兄解纶之子),解祯期亦以书名,不失门风。

解缙的草书,师法唐代大书法家怀素。他的另一杰作《宋赵恒殿试佚事》(图7—15),运笔矫健劲拔,锋颖多变,顿挫圆转,挥洒自若。其用墨浓而干,墨色黝黑如漆,墨韵飞动,气势流畅奔放,更添风采。

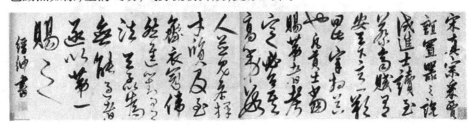

图7—15 《宋赵恒殿试佚事》(藏上海博物馆)

三、碑刻

碑刻是指刻在碑上的文字或图案,一般是用书法字体刻在碑石上,故也是书法艺术之一。刻碑往往还具有某种重大意义,或纪念备忘,或尊重景仰,或昭示告知等。

佛教禅宗圣地青原山有"墨迹四宝":唐代大书法家颜真卿留下的"祖关"字碑、宋代黄庭坚的诗碑、宋代抗金名臣李纲的诗碑和宋末抗元英雄文天祥书写的"青原山"匾额。

青原山净居寺山门牌坊上有"祖关"二字石刻(图7-16),是唐代书法家颜真卿任吉州司马时的手笔,书于大历二年(767)末。颜真卿写字有一个癖好,喜欢写异体字。"祖关"两个字就是异体字,故一般人认不出来,但是这两个字的名气大,被后世誉为不多见的颜氏八分书体。清代翁方纲题曰:"鲁公八分惟见《东方赞》题额,未有如此之大者,诚可宝也。"净居寺门横额"青原山"三字为文天祥手书。传说文天祥看到青原山泉水横溢,有"青原无底"之势,便用糯米、泥沙调和堵之,并在上面倒插一荆柴,且许愿说,若是月后荆柴复活,便修青原山寺作为纪念。一个月后,文天祥重游青原山,见荆柴枝繁叶茂,惊奇不已,于是将荆树作为神树保护,并手书"青原山"三个大字,大兴土木。一时香火鼎盛,朝拜者如潮。这三个大字至今还嵌刻在青原山山口红亭上(图7-17)。

图7-16 颜真卿书"祖关"

图7-17 文天祥书"青原山"

净居寺气势雄伟,四周环境清幽。寺内的建筑物上雕龙画凤,飞禽走兽,栩栩如生。大殿两侧的墙上还嵌有宋代诗人黄庭坚题诗石刻。宋元丰四年(1081),黄庭坚任吉州太和(今泰和)县令,游青原山时作《次周元翁法曹游青原山寺长韵》。后人将其墨迹刻在青石板上,嵌于大殿两侧的墙上。

庐陵还有一处闻名海内的碑刻,就是宋代大文豪欧阳修所撰《泷冈阡表》。宋皇祐五年(1053),欧阳修扶母亲郑夫人灵柩归葬吉安永丰沙溪。为悼念已故的父母,欧阳修撰《先君墓表》,后更名为《泷冈阡表》,并竖碑于父母陵墓前。此《泷冈阡表》碑用的是青州石,碑身高2.12米,宽0.96米,厚0.24米(图7-18)。碑文为正楷阴文,字体端庄大方,刚健有力。该碑现已移至永丰县欧阳修纪念馆内。

图7-18 《泷冈阡表》碑

第八章　庐陵民俗

第一节　庐陵民俗概述

庐陵的民风民俗有着赣中地区的明显特色。在地理环境上,庐陵的吉泰盆地几乎是千里赣江的分界线。吉泰盆地以南,赣江水流的落差较大,是江西南面高山深谷之地;而盆地以北,赣江水流趋近平缓,山地低矮,峡江、新干地区与南昌几乎连成平地。山势与水形等地理环境是地方民俗习惯形成的重要因素,而山水交错的庐陵,也由此产生了比较明显的区域风俗特点。

庐陵的东部是永丰。永丰与抚州相邻,山水相依,连接了赣中两个重要的文化区域:庐陵和临川。从这一点说,永丰的风俗是庐陵、临川两地风俗的过渡地带。但是,从历史渊源上看,永丰原属吉水,是吉水的一部分。北宋至和元年(1054)析吉水的报恩、云盖、龙云、兴平、永丰、明德建永丰县。过了近一百年的绍兴十八年(1148),永丰云盖划属抚州乐安。永丰县对于抚州与庐陵之间民俗的渗透与促进是显而易见的。比如抚州宜黄的戏曲传入庐陵,便有一条明显的路径。清道光年间,宜黄三脚班流入永丰藤田。1845年,永丰县层山村村民郭銮龙向宜黄人学戏后,自组三角班。光绪年间,宜黄谭坊三角班来永丰县城传艺。很快,永丰艺人把三角班传入吉水,再由吉水传进吉安城。民国时期,庐陵有了本地色彩的三角班,抚州的民间艺术之花终在庐陵各地绽放。民间风俗大概就是像这样相互渗透、相互影响的。

庐陵南部是遂川、万安二县。在宋以前,两县均属万安,与赣南相邻。至今,两县说客家话的人都占有很大的比例,与赣南通婚的现象很普遍。因此,两县受客家风俗的影响特别大。庐陵境内的山区,有很多客家人居住,客家人恪守祖俗,尽管这种客家民俗受到了庐陵本地民俗的影响,但始终带有明显的客家特色。从这一点说,客家民俗是吉安民俗文化的一个组成部分,二者相互影响,共同发展。

庐陵西部是安福、永新二县。安福的泸水和永新的禾水都是从两地的西面高山发源,向东流淌,然后注入赣江。尤其是永新、宁冈,与湖南相邻,受湘文化的影响大,其民风民俗难免夹杂着湘俗。安福古代一部分隶属长沙郡,秦汉时期叫安成县,直到隋开皇九年(589)才与安平合为一县,隶属吉州。由于历史、地理的原因,安福也有着明显的楚风湘韵,赣西的民俗色彩较浓。

庐陵北面的新干、峡江,隋唐时期隶属吉州,北宋淳化三年(992)划归临江府管辖,地势与今南昌连为一片,加上语言属南昌方言区,因此新干、峡江的民俗和庐陵其他地区有明显差异。尤其是新干县,其乡俗更多带着今樟树的色彩。虽然民国初年,新干、峡江又重新归属吉安,但其乡风民俗没有什么变化。比如庐陵其他地方的农村有"女儿女婿在娘家不可以同宿一间房内"的风俗,但新干、峡江就没有。

庐陵在唐代以前,生产技术、文化教育等方面相对滞后,这与当时我国的政治文化中心有直接的关系。唐以前的京都离庐陵遥远,庐陵是所谓的僻壤远地,读书人少,记录本土风俗的文献更是稀少。最早记述庐陵地方民情风俗的典籍是《安成记》,由南北朝时期的安福人王孚撰写。唐中期以前,庐陵地区仍然是蛮荒之地,朝廷官员被贬多流放至此,如杜审言、颜真卿都是从朝廷高位上被贬谪到吉州。唐后期,北方大乱,战争不断,民不聊生,士大夫们举家南逃,吉安成了北方客民南下的重要居住选择地。他们带来了先进的生产技术与思想观念,对吉安的社会发展产生了积极的影响。尤其在五代十国时期,江南的社会相对安稳,经济发展迅速,地处赣中地区的庐陵经过几十年的开垦,经济得到空前的发展,仓廪充实,百姓安居乐业。北方的世家大族南下后,对教育尤为重视,他们办起了书院,开始书写庐陵文化教育的新篇章。到了北宋初期,庐陵地区的政治、经济、文化面貌有了历史性的巨变,出现了大批读书人。从此,通过科举之途而在朝中任官的庐陵人不断增加。读书入仕,致仕归乡,是移风易俗的重要因素,也是形成具有庐陵区域特点的风俗的重要因素。这一点,在历代庐陵人的著述中得到了充分的体现。

庐陵民俗沟通着庐陵的历史与现实,既蕴含着中华民族的传统文化基因,又融入了庐陵儿女的智慧、技艺和品德,是中华民俗文化、庐陵文化的重要组成部分,是我们了解庐陵传统文化与人民生活的一个窗口。

自北宋后,吉安历代府志、县志对民俗都有记载。光绪版《吉安府志》对历代志书中有关风俗的描述做了汇辑。这里摘录几段描述文字,以见一斑。

写泰和县的:

> 泰和县,士人绰有风致,好书画,细民多技艺,物产颇饶于他邑。谭经之士,知爱名检,荷锄之夫,不忌贵游。山谷编氓奉公,趋义赴之如流水。

> 俗喜诗书而尊儒雅,不独世业之家延师教子,虽闾阎之陋,山谷之穷,序塾相望,弦诵声相闻。

> 男女重于敦本忠义,本乎性成,不为势屈利诱。尤谨婚姻,而重氏族。疾病多事祷禳,筑葬偏信风水。

写吉水县的:

> 吉水县,百里之疆,多业儒。吾乡远近之间,多世族。儒业多,故宦达之士隆;世族多,故诗书之习盛。

写永新县的:

> 永新县,僻在江南西道,与荆楚为邻。其地有崇山叠嶂,平田沃野,又有寒泉清流,以灌溉之。其君子好义而尚文,其小人力耕而喜斗。其俗信鬼巫,鸡卜以祈年。

从以上记载可以看出,泰和人崇文重义,多才多艺,不管是世家大族还是平民百姓,都特别重视子女的教育;吉水自古读书风气浓,崇文重教,世家大族多;永新地方偏僻,老百姓好斗,信鬼神的风气比较浓。

虽然几个县相隔不远,民风民俗却各有特色,真是应了"百里不同风,千里不同俗"那句话。

第二节 岁时节俗

岁时节日,主要是指与天时、物候的周期性转换相适应,在人们的社会生活中约定俗成的,具有某种风俗活动内容的特定时日。相对固定的节期、节期中有特定的民俗活动是其必不可少的两项基本要素。不同的岁时节日,有不同的民俗活动,且以年为周期,循环往复,周而复始,代代相传。

岁时节日的形成和发展,经历了一个漫长的历史过程。节期的选择、节日民俗活动的形成和发展,表现出自然规律对人类生活的制约及人对自然的适应和把握。传统的岁时节日,主要是农业文明的伴生物。它的最初形成和古代科学技术的产生有着密切的关系。特别是古代天文历法知识,直接促进了岁时节日民俗的形成。二十四节气是我国古代历法的重要组成部分,是我国古代农业社会安排生产生活的主要依据。一些节气如立春、清明、夏至、冬至等尤为突出,并从节气演变为传统的时令节日。

庐陵流传至今的许多岁时节日习俗,虽然和我国其他地方大同小异,但仍有一些不同的表现方式和较为明显的地域特色,呈现出欢乐祥和的情调,蕴含着明显的伦理观念和浓厚的人情味。

一、春节

农历正月初一是春节,俗称"过年"。对于每个中国人来说,春节绝对是一年当中最隆重、最热闹的传统节日。过年期间,人们在衣食住行等方面都有着不同于平常的习俗。同是过年,在大江南北,也不尽相同,许多地方都有着自己独特的春节习俗。

一进入农历十二月,庐陵人便开始为过年做准备了。一是自制各种年货,如腌制腊味、做好各种茶点等。二是开始购买过年要用的各种物品。从小年到除夕,春节序幕正式拉开。庐陵大部分地方是在农历十二月二十四过小年,个别地方是十二月二十三。庐陵过小年的风俗起源不晚于南宋,文天祥在他的诗文中有记载。过小年前,主妇要"扫尘"和"送灶神"。扫尘就是扫除一切污秽之物,干干净净辞旧迎新。庐陵民间十分注重送灶神。相传如果灶神不高兴,上天奏事时便尽说这家的不是,这家第二年便不得安宁。因此,小年这一天,家家都要敬灶神。送灶神就是家家户户用碟子装上茶叶、大米、红枣和油炸糯米粿等祭品放在灶上祭祀灶神,又称"糊司命",祈求灶神嘴巴甜,"上天奏善事,下地降吉祥"。过小年虽没有过大年那么隆重,但也会准备鸡鸭鱼肉,晚餐前先敬天地祖宗,然后一家亲人团圆聚餐。庐陵的许多商家以小年为"完牙"日,这一天要宴请店员,总结一年的经营情况,分发红包。如果店主自己坐上席,表示全部店员明年继续留用;如果店主请某位店员坐上席,并亲自为他斟酒,那就是告诉他已被解雇,要卷铺盖回家了。吉安境内至今还流传着从小年到除夕的时间安排谚语:"二十四扫屋,二十五做豆腐,二十六杀猪,二十七洗衣服,二十八熬甜糊,二十九擦酒壶,三十日贴桃符。"

农历十二月三十除夕日,庐陵人叫"大年三十",这便是过大年了。这一天活动很多,全家忙碌。把里里外外打扫干净后,贴门神,贴春联。门神一般是唐太宗手下两位大将秦叔宝、尉迟敬德的画像。古时候,大户人家请画工在大门上彩绘秦叔宝、尉迟敬德的像,漆上透明的漆,能保存几十年之久。也有的人家贴红纸,上写吉利语,唤作"春联",以代替门神。春联俗称对子,贴在厅堂里和前后大门外,内容是表达辞旧迎新的喜悦和来年吉祥的祝福。如果某家庭年前遭遇丧事,春联内容则改为"守孝三年易满,思亲百世难忘"等,且不贴红纸春联;死者是男性,贴蓝纸联;死者为女性,贴黄纸联。没有遭遇丧事的正常人家,除门户外,其他地方也会贴上吉祥语。比如厨房碗柜上贴"五味调和",楼梯上贴"步步登高",鸡笼上贴"金鸡报喜",猪圈、牛栏贴"六畜兴旺",房门上贴"福"字,农具上贴"五谷丰登"或"风调雨顺",总之,屋内屋外,吉语满眼。有的人家将松柏枝等插在大门边,取"节节升高""吉利长寿"之意;有的人家在前后门挂两片青菜(当地又称大菜)叶子,取"发大财"的谐音。这些风俗至今仍然在吉安广为流传。

敬神祭祖是大年三十的一项重要活动,一般会在家中厅堂下方增设一方桌做香案,在上、下厅香案上的香炉中各点上 3 炷香,烛台上插 1 对红烛。女主人将鸡、猪肉、鱼、豆腐、斋饭等放在木托盘中,举盘作揖;男主人跪拜,先敬拜天地及菩萨神仙,最后到宗祠祭拜列祖列宗。敬神祭祖完毕,便准备团圆饭。团圆饭又叫年夜饭,是一年之中最隆重、最丰盛的一顿晚餐。在这合家团聚欢庆的日子里,在外地不能回家过年的亲人,家人也会为他摆一副碗筷。年夜饭的菜肴一般有寓意,如红烧鸡寓"大吉大利",红烧鱼寓"年年有余"。年夜饭要有剩余,也寓"年年有余"。以前,在农村,出嫁的女儿一般不回家吃年夜饭;在城里,有的女儿一家会回娘家吃年夜饭,但晚上不在娘家住宿。现在,不少城镇家庭改在酒店或餐馆吃团圆饭,省去了劳碌。

年夜饭一般吃得比较早,饭后要洗涮用具,打扫卫生,把所有的垃圾倒掉。庐陵人认为大年初一不宜倒垃圾,为的是守护一年的财运。而后,家人相继洗澡更衣,长辈给小辈压岁钱。入夜后,守岁是一项重要的活动。家家户户在厅堂前边的火塘里架上劈柴,加点新砍的松柏枝,烧旺一炉火守岁。厅堂点亮长明灯,这叫"金炉不熄千年火,玉盏长明万岁灯"。一家人围坐在火塘边,喝茶,吃茶点,听长辈讲些好好做人、珍惜光阴的故事。古时候,大家庭在守岁时,除了家长训话外,儿孙还要背诵家训。有些地方,三十晚上会在灶中烧樟木柴,锅中盛满水,通宵不熄火,叫"焖岁"。

夜半时分,男主人点香烛,放鞭炮封"财门"。正月初一凌晨,男主人先起来放长鞭炮开"财门",接着朝日出方向走几步,口中念着"出行大吉,四方得利",祈望一年事业有成,招财进宝。开"财门"后,全家吃新年饭。正月初一的新年饭由男主人操持,庐陵城乡无一例外。女人劳累了一年,正月初一可以不下厨。初一早上一般是吃素,通常必备4个菜:芋头,寓家有余财;芹菜,寓勤俭发家;豆腐,寓家庭富裕;青菜(大菜),寓新年发大财。饭后,晚辈先在家里给长辈拜年。然后穿戴一新的村人们先后出门给村里长辈拜年,平辈见面则要互相恭贺新禧。

有些地方,男丁新年饭后在宗祠集合,共用酒菜。酒菜由去年生子、娶媳,初一要上谱的人家送到祠堂,请大家享用,以示同喜。有的地方全村大小在祠堂聚会,各家皆备酒菜、茶点,团拜聚餐,共度新春佳节(图8-1)。庐陵大部分地区有新年打龙灯、舞狮灯的风俗,有的村庄有迎神喊船的习俗。家族之间打龙灯的目的性很强,名义上是同姓家族之间的互相问候和祝福,走家串户,很有喜庆的气氛,但实际上是借此名义祭拜祖宗,进行所谓的踩界活动,即舞着龙灯,穿行在本族所拥有的山水田塘地界,有向异族示威的意思。因此,此俗往往会引起村与村、族与族之间的争斗,甚至械斗。这种情况,据文献记载,南宋时已有,明清时愈演愈烈,常常发生大规模斗殴。

图8-1　添丁上灯宴　李梦星摄

从正月初二开始,庐陵人主要是出家门去给亲戚朋友拜年。吉安有句俗语是:"初一崽,初二郎,初三、初四野姑丈。"意思是初一在本村拜年,初二女婿去丈人家拜年,初三、初四向其他亲戚拜年。准备出龙灯的村子,龙灯、狮灯开始演练,然后走村串户拜家门,贺喜庆。当地有一句俗话:"拜年拜到初七八,跪在地上没人答;拜年拜到初八九,有了萝卜没了酒。"意思是拜年要趁早,拜到初七、初八便告结束。

二、元宵节

正月十五为元宵节,又因元宵节的主要活动是放烟花、张灯赏灯,故又称"灯节"。千百年来,元宵节之俗变化不大。元宵节燃放灯火之俗始于汉武帝祭祀太乙神,因有历代官府大力提倡,遂在民间盛行。"只许州官放火,不许百姓点灯"的典故就与元宵放焰火有关。

正月十五闹元宵,元宵节突出一个"闹"字。这天晚上,庐陵各地农村家家户户在前后门外、屋内各处,点燃蜡烛或油灯,在村头巷尾点燃有油的松柴,叫"散灯"。除散灯外,吉安还有玩灯的习俗:制作丝绸或彩纸外罩的花灯、方灯、圆灯、走马灯,挂在各处,既美观又亮堂;给儿童扎龙头灯、兔子灯、孔明灯等。人们还在灯笼的外罩上写上或贴上各类谜语供人猜测,俗称"猜灯谜""打灯虎"。庐陵的灯彩在江西非常出名,有"吉安的灯彩九江的歌,赣南的采茶抚州的傩"的说法。可以说,灯彩是庐陵民俗中最具魅力的活动之一,只要有十数户的村落,就有闹灯的活动。

元宵节的节令食品是汤圆。庐陵的汤圆,馅心多用白糖、芝麻、桂花糖、猪油混合,在木盆中撒糯米粉,将馅蘸水后放盆中沾上粉,重复多次制成。周必大有一首《元宵煮浮圆子前辈似未尝赋此坐间成四韵》诗:"今夕知何夕,团圆事事同。汤官寻旧味,灶婢诧新功。星灿乌云里,珠浮浊水中。岁时编杂咏,附此说家风。"可知在南宋初年,庐陵就盛行吃汤圆之俗。

今吉安市青原区富水河畔、天玉河东一带,吉安县禾河沿岸,泰和、吉水一些地方有"下元宵"的习俗(图8-2)。从农历正月十六到二月初一为当地民俗节"下元宵"的日子。下元宵与"送神喊船"的习俗相似。"送神喊船"在江西流传了上千年,宋代以后成为一种重要的节庆活动,在庐陵大部分地方流行,一般从腊月小年开始,到正月十六结束,目的是驱邪保平安。"送神喊船"有一些封建迷信的仪式,故在土地革命战争时期被禁止。近年来,有的地方如吉安市青原区渼陂、富田的一些村子在摒弃仪式中封建糟粕的基础上,逐渐恢复这种习俗。

图8-2 下元宵盛况 张昱煜摄

举行下元宵活动的地方,家家户户有走亲访友的习俗,并且以客多为荣。比如渼陂古村在二月初一下元宵,古街上、巷道里、家门口,处处张灯结彩,热闹非凡。最吸引人的是浩大的送神活动。人们汇聚在总祠永慕堂前的场地上,只听祠堂里擂鼓三声,鞭炮齐鸣,唢呐高奏,接着村中长者手提灯笼,引出面面旗幡,表演队伍鱼贯而出:有提花篮的,有摇彩船的,有舞蚌壳的,有舞狮头的,有扮演成亦庄亦谐传统故事人物的,规模最大的是见首难见尾的龙灯,最引人注目的是彩擎(图8-3)。壮观的送神队伍穿街过巷,鞭炮不断,鼓

图8-3 渼陂彩擎 李梦星摄

乐喧天。到了江边,人们把纸扎的旗、伞、神像堆在一起烧毁,送神活动即告结束。渼陂一年一度的下元宵,吸引了方圆几十里的乡亲,人山人海。

三、清明节

清明节是我国古老的传统节日之一,一般在公历 4 月 5 日前后、农历三月上旬。清明节自古便是春祭的活动节日,在庐陵民间是祭扫祖坟(俗称"挂纸""挂青")的重要日子。直到今天,清明祭祖之俗仍十分流行。祭祖一般有三种情况:一是全族去开基祖坟地祭拜,二是房支内的祭祀,三是曾祖以下的祭拜。祭扫时,先铲除坟上的荆棘杂草,把纸钱散压在坟上,在坟前敬飨鸡、猪、鱼,烧纸钱,燃香烛,放鞭炮,奠酒。清明节期间,庐陵不少地方有做艾米粿的风俗。庐陵地区盛产艾叶,清明节前,艾叶肥嫩,煮后取汁,与糯米粉相拌做成米粿。艾米粿蒸熟后,香气沁人,常食健脾胃。此外,清明时节,草长莺飞,春光明媚,外出踏青,很是惬意。此踏青习俗自古流传至今。

四、端午节

农历五月初五为端午节,又叫"端阳节",是民间夏季的传统大节。从端午节的习俗内容来看,端午节的起源与驱邪、除毒、避瘟、止恶等观念紧密相关。庐陵的习俗是人们在节前采好野艾、菖蒲,包好粽子,等等。家家门窗插上野艾、菖蒲,称"艾旗蒲剑",用以驱邪。早餐要吃"五子",叫"五子登科"。这"五子"分别是粽子、包子、鸡子(蛋)、蒜子、油粿子。当地还作兴吃田螺,据说可保整个夏天不生疮毒。新中国成立以前,庐陵每家每户在端午节前必备雄黄酒,成年人少量饮用,小孩则涂抹于额头、肚脐。此外,在端午节当天,小孩会在胸前佩挂彩色丝线织成的各种形状的小香包,里面装上鸡子(蛋)等吃食。有的农家还在端午节这天挖车前草,晒干收藏做药,用雄黄酒浸蒜子储存,此药酒有消毒的功效。端午节下午,全家会用野艾等中草药煎汤沐浴,将干艾叶点燃熏男人肚皮,为消化不良的儿童点爬山虎。喝雄黄酒、熏肚皮和点爬山虎之俗今不流行。

靠近江河的村镇,有划龙舟、赛龙舟的习俗,敲锣打鼓,十分热闹。宋代吉州城就有竞渡习俗。刘辰翁在《酹江月》小序中记载:"五日和尹存吾,时北人竞鹭洲渡。"词云:"棹歌齐发,江云暮,吹得湘愁成雨。"词人借宋亡后的端午竞渡活动场面,寄托对故国的哀思。

五、中元节

农历七月十五为中元节,俗称"鬼节"。旧时,庐陵各地普遍有烧包祭祖的风俗。是日，大凡宗祠、家祠均要清扫干净，神龛前摆上各色祭品，焚香鸣炮，全族老少汇聚一起，由族长带领进行团祭。团祭完毕，全族人集体聚餐。现在一般是在祖宗牌位前备三牲酒礼，祭祀一番。下午，家家要烧纸包、纸箱笼，寄托对先人的哀思。纸包、纸箱笼里有用金银纸扎的宝锭、现洋、衣服、家具、装饰品等，现在还有纸扎的存折、钞票、电器等。纸包、纸箱笼有固定的书写格式，内容包括祖先姓名，安葬地址，烧包、箱的子孙名字等。烧包时，还要抛撒一些斋饭在地上，有安抚、超度孤魂野鬼的意思。庐陵地区一般固定在七月十五这一天过中元节，也有一些家族根据祖上习俗，将中元节定在七月十六至三十日。所以，七月后半个月里，庐陵各地每天都有烧包的活动。

凡是民俗节日，就与饮食文化分不开。中元节，庐陵人主要是吃麻糍。彼时，收割已近尾声，有了收成，可以尝新。麻糍的主要原料是糯米。具体做法是，先将糯米蒸熟，然后放入陶缸或木桶中，用棍棒挤压，直至不见颗粒状而成糊状为止。由于糯米黏性大，因此糯块可以做成粿子状或饼状，撒上豆粉、辣椒粉、食糖，味道十分可口。这也是庐陵中元节的一大特色。

六、中秋节

农历八月十五为中秋节。八月为秋季第二个月，所以这一天也称"仲秋节"。又因这一天月亮特别圆，月色特别明，所以中秋节又称"月夕""月节"。中秋节的起源，与古代秋祀、拜月神习俗有关。如今，拜月神的观念与礼数虽然已经淡化，但赏月、吃月饼一直是全国各地共有的传统习俗。中秋节也是一个象征团圆的传统佳节。在庐陵，不少山区农村还保留了传统的拜月神习俗。中秋之夜，皓月当空，设供桌于庭院，摆上月饼、柚子、枣子、花生、米粿等，点上红烛，插一把线香，先鸣炮祭月，然后全家团聚赏月，尽享天伦之乐。

庐陵许多地方在中秋节晚上有烧瓦塔（烧塔）的习俗（图 8-4）。成年人在空地上用残损的砖及瓦片叠架起一座下大上尖、外圆内空的"宝塔"。待到明月升空，用稻草、茅柴做燃料，在塔内烧火，熊熊火舌从瓦片的空隙中喷出。待瓦片烧至通红时，又撒谷糠、喷陈醋、浇烧酒。不多时，谷糠填满空隙，陈醋散发浓香，烧酒燃起蓝色的火焰。儿童们围着"宝塔"唱着"烧塔烧得红，养猪三百五；烧塔烧得白，养猪没尾巴"的儿歌给大人们烧塔助兴，直到夜深大家才渐渐散去。

传说庐陵烧瓦塔的习俗始于元末。元统治者为防民众反抗，限制使用利器，

图8-4 中秋烧塔 罗传纲摄

规定5户合用一把柴刀,3户共有一把菜刀,不准三五成群交谈。压迫越重,反抗越激烈,庐陵民众便在中秋节前互赠月饼,月饼中夹纸条,约定中秋之夜举火为号,发动起义。后来考虑到直接点火易被发觉,起义军便让孩子用瓦片垒塔、烧塔,以烧塔燃起的火光为信号。此后,这一具有反抗压迫意识的活动便成了庐陵中秋节的一种风俗。

今永新、安福、宁冈等地的农村,中秋节晚上还有放火灯的习俗。火灯又叫"孔明灯",用篾丝或细铁丝扎框架,外面糊上较薄的白纸,灯顶为锥形,灯身为圆柱形。灯的底部放置吸了油的草纸或旧篾缆一类的燃料,点燃后,燃料产生的热气立即把一盏盏灯送上高空,抬头看去,孔明灯像星星一样明亮。

七、重阳节

农历九月初九是重阳节。在《易经》中,九为阳数,九月初九是两阳相重,所以称"重阳"。古时候,重阳节是士大夫、读书人的节日,他们于此日携壶饮酒,登高赋诗。如今的重阳节活动的两大主题是登高和敬老。2012年全国人大常委会修订通过的《中华人民共和国老年人权益保障法》规定,每年农历九月初九为老年节。

在庐陵民间,相传农历九月初九是九皇菩萨(斗姆)的生日,故又叫"九皇节",举行的活动则叫"忏九皇"。旧时,庐陵民间有吃九皇斋的习俗,从九月初一至初九,一律素食,还必须用米粿供奉九皇菩萨,祈祷消灾赐福。节前,家家户户要像过年一样大扫除。"忏九皇"活动于20世纪50年代初被禁止，但吉安不少地方至今还保留着九月初九吃素的习俗。九月初九已是丰收的季节，相传这天蒸出来的糯米酒味道醇美，不易变质，因此庐陵很多地方会蒸"重阳酒"。另外，大人会给孩子做"重阳糕"，期望他们步步高升。

第三节　人生礼俗

人生礼仪是指人在一生中几个重要阶段所经历的不同的仪式和礼节，主要包括诞生礼仪、成年礼仪、结婚礼仪和丧葬礼仪。此外，标志着进入重要年龄阶段的祝寿仪式和一年一度的生日庆贺活动，也可视为人生礼仪的重要内容。与人生不同阶段的礼仪相伴的，是许多一般和独特的风俗，它们共同构成了人生礼俗。

每一个人之所以经历人生礼仪，其原因不但是他本人年龄和生理变化，而且是在他生命过程的不同阶段，生育、家庭、宗族等社会制度对他的地位规定和角色认可，是一定文化规范对他进行人格塑造的要求。因此，人生礼仪是将个体生命加以社会化的程序规范和阶段性标志。人生礼仪通常与社会组织、信仰、生产与生活经验等多方面的民俗文化交织在一起，体现了不同社会和不同民俗文化类型中的生命周期观和生命价值观。

庐陵地处内陆，环境相对闭塞，受传统思想观念影响更为明显。特别是以耕读为本的思想是古代庐陵的社会主流，人们对人生礼仪的遵循有着十分浓厚的传统。即便在今天，吉安与人生礼仪有关的乡风民俗还是那么循规蹈矩，嫁娶、孕育、满月、百日、上学、寿诞、丧葬，一如旧式，尽管仪式或过程早已不遵循过去的要求，但礼仪中的每一项都还保留着。比如送满月，外婆还是认认真真地为外孙准备鞋、帽、衣服；孩子外婆来了，夫家要由长辈作陪，做满月酒。与其说这是人生礼仪习俗的传承，不如说是生命过程中文化精神的延续。

一、婚嫁礼俗

关于婚嫁习俗，我国古代有"六礼"之说，即纳采、问名、纳吉、纳征、请期、亲迎。实际上，我国不同地区、不同民族的婚姻形态多种多样，贯穿于婚姻过程中的礼仪习俗也是花样百出，烦琐且复杂。

婚嫁习俗属人生礼仪习俗，婚姻是人一生中的大事，自古就有一套固定的礼仪。《仪礼·士昏礼》记载了"六礼"的详细过程。"昏礼下达，纳采用雁。"纳采就是男方请媒人到女方家提亲。若女方家同意议婚，则男方正式向女方求婚。正式求婚时须携活雁为礼，使人纳其采择之意。"宾执雁，请问名。"问名是男方托媒人询问女方的姓名和"八字"，男方家则通过占卜测定吉凶。如果男女"八字"相合，则进行下一步。纳吉就是把占卜合婚的好消息告知女方，也是以雁为礼——后世多以金银首饰等物为礼，相当于现在的定亲。纳征，即男方将聘礼送往女方家，又称大聘、过大礼。古代纳征多以鸟兽为礼，上古时聘礼须用全鹿，后世代之以鹿皮。请期就是男方家选定结婚日期后，备礼去女方家，请求同意结婚的日期。现在民间俗称"通日子""送日头"。亲迎就是迎娶新娘。其方式、礼节各不相同，一般是男方亲往女方家迎亲。回到男方家后，新郎、新娘共鼎而食，再将一瓠瓜剖为两半，夫妇各执其一，斟酒而饮，谓之"合卺"——这也是后世交杯酒的源起。这一过程，是婚俗文化中最富民俗色彩的事项之一。

庐陵的婚嫁礼俗与我国其他地方传统的婚嫁礼俗差别不大，但也有自己的一些特色和细节，主要有请媒议亲、定亲、行聘、通期、出嫁、迎亲、合卺、闹房、回门、满月等仪式和程序。

议亲俗称说亲，是婚嫁的第一步。男大当婚，女大当嫁。在古时候，一般情况下，儿女到了十三四岁，父母就要为他们议亲了。议亲的关键人物是媒人，凡依"父母之命，媒妁之言"结为夫妻的，称"明媒正娶"。吉安的一些偏远山村，现在还有请媒人的习俗。

议亲的第一步是"出八字"。经媒人牵线，由女方先出具用红纸书写的女孩出生的农历年月日及时辰，让媒人交给男方。男方将女孩的"八字"放在上厅的神案上，并请算命先生"合八字"。若"八字"不合，则退回"八字"给女方，婚事作罢；若"八字"相合，双方中意，便由女方开具礼单，男方回礼单，双方可以讨价还价，由媒人牵线搭桥。议亲时，有些地方还讲究门当户对，同姓不婚。在年龄方面，庐陵曾有"宁可男大七，不可女大一"的说法。

议亲过后就正式定亲。男方家备"三茶"（茶饼、油煎米粿之类的东西）送到女方家，女方家随即将其分送给邻里，叫"飨众"。收了"三茶"的村里人家，要备"嫁娘礼"。之后是"看人家"，又称"看屋宇"，即女方家属和亲友会去男方家，实则为探家产、相女婿，一般去十余人，多的有二三十人。男方必须以茶水、点心、正餐(俗称"一炮三响")来盛宴款待。女孩与男方亲友长辈见面时要行跪礼,男方长辈要给红包。女方来"看人家"者,男方都要"打发"赠礼一份,一般是送女孩父母衣料,送其他人毛巾和鸡蛋。若女方满意,就算正式定亲。庐陵民间把婚姻与茶联系在一起,也是一种民俗文化。人们认为,茶籽的生命力强,随撒随生,有多子多福的美好寓意。元、明、清时期,茶礼已成为庐陵地区婚姻的代名词,有的地方称定亲为"吃茶",称彩礼为"茶礼"。庐陵有句俗语:"好女不吃两家茶。"意思就是,吃了定亲茶,一般就不能悔婚,否则就会遭到道德的谴责。

行聘,又称"过礼",多放在"看人家"的第二天进行。男方家按照礼单所列礼物或礼金的半数给女方家,礼品上要贴红纸,并盖上柏树枝,象征"子孙发达""万年长青"。古时候,未婚婿在行聘时要向女方父母行跪拜礼,女方父母则给予红包。女方要回赠男方衣帽鞋袜,象征"顶天立地"。男方参与行聘活动的人,女方同样要"打发",一般是赠送毛巾和鸡蛋。

通期又称"起媒""通日子"。男方家择定吉日后,用红纸写好帖子,送往女方家,通告选定的娶亲日子。女方若无异议,完婚的日子就定妥。随后,男方将剩下的聘礼送往女方家,以备完婚。日子选定以后,女方准备出嫁,男方准备迎亲。

女方出嫁的前一天,男方要给女方家送"上脑担"(音译),就是送出嫁姑娘的化妆用品和拜堂用品,如披纱(婚纱)、胭脂、水粉等,还有扎嫁妆的红绳,辞嫁用的香烛爆竹,给祠堂的报堂礼,给礼生和裁缝等工匠的利是(红包)。出嫁当天凌晨,新嫁娘要鸣爆"开面",就是请人用棉线绞去嫁娘脸上的毫毛并化妆。接着,裁缝师傅捆好被子并祝赞。然后在母亲的引领下,新嫁娘拜别父母、兄嫂、亲戚等。

出嫁前一天的晚餐为女方正席,颇为丰盛,称"嫁娘酒"。晚饭后,嫁娘坐轿先到宗祠拜别祖宗,再依次到旁系亲属大伯、叔叔、堂叔伯兄弟等家中拜别,称"辞嫁"。晚间要哭嫁,母亲、姐妹等要围着新娘放声大哭一场。

哭嫁是庐陵嫁女习俗中的一项重要内容。哭嫁一般从新娘出嫁的前一个月开始,有的甚至前三个月就已揭开了哭嫁的序幕。不过,开始时都是断断续续进行的,可以自由地哭。亲族乡邻前来送礼看望,谁来就哭谁,作为道谢之礼节。出嫁的前一天晚上到第二天上轿时,哭嫁达到高潮。这段时间的哭唱必须按着传统礼仪进行,不能乱哭。谁不会哭,就会被别人嘲笑甚至歧视。

哭唱的内容主要有"哭爹娘""哭哥嫂""哭姐妹""哭媒人""哭上轿"等。歌词既有代代相传的,也有新娘和"陪哭"的姐妹们即兴创作的。内容主要是感谢父母的养育之恩和哥嫂弟妹的关怀之情,泣诉少女时代快乐生活即将逝去的悲伤以及新生活来临前的迷茫与不安。这里摘录一段吉安县的哭嫁歌:

哭嫁歌

女:姆妈老娘,有女莫嫁出门郎。出门郎,吊了端阳吊重阳。

娘:崽呀肉呀,出门郎,长衣长裤穿得长。

女:姆妈老娘,有女莫嫁作田郎。作田郎,泥手泥脚泥上床。

娘:我咯女呀细思量,作田郎,三餐白饭吃得长。

女:姆妈老娘,有女莫嫁打铁郎。打铁郎,天天在外住祠堂。

娘:我咯女呀要端详,打铁郎,高屋大厦住得长。

女:姆妈老娘,有女莫嫁木匠郎。木匠郎,刨花木屑满身脏。

娘:女儿说话欠思量,木匠郎,家具打得好漂亮。

女:姆妈老娘,有女应许读书郎。明日身登龙虎榜,凤冠霞帔好荣光。

娘:丈夫荣华妻虽好,就怕他把你遗忘。

…………

娘:今日做了人家媳,勤俭两字心中装。每日天光早早起,快快梳洗下厨房。照顾丈夫和公婆,勤劳致富万年长。

出嫁要有嫁妆,庐陵旧时的传统是:有钱人家赠钱嫁女,中等人家将钱嫁女,贫穷人家卖儿卖女。意思是,有钱人家陪送的嫁妆超过男方给的礼金,叫赠钱嫁女;中等人家将男方给的礼金置办陪嫁,不添补;贫穷人家陪嫁少于男方礼金,好比卖儿卖女。但不管怎样,再穷的人家也会为女儿准备一些被席、衣箱、日用品作为嫁妆。

迎亲前一天夜晚,男方家要敲锣打鼓祭轿,俗称"暖房"。迎亲日,媒人带队迎亲,称"带轿"。新郎随队亲迎,由4人抬着花轿,吹唢呐、打锣鼓去女方家迎亲(图8-5)。旧时,庐陵盛行迎亲对对子的风俗。迎亲的花轿到了女方村中,便在花轿前贴上一副空白对联,目的是让男方炫耀一下文气,顺便看看女方的文气如何。一般是男方出上联,下联由女方来对,要求对仗工整。对联由男女双方各自的礼生负责书写,称为"花轿对",内容大多是传统喜联,也有改编或新

图8－5　花轿迎亲　李梦星摄

编的。如果男方出的上联古奥高雅，下联不易对，女方的礼生则可向主人多索取酬金。如果对得不好，会丢女方家的面子，叫"跌鼓"。为了维护家族荣誉，答对不能出现任何闪失。新娘家办喜事前，须请一位饱学的先生来为主持婚礼仪式，书写喜帖、喜联等。

对完对子后，男方家礼节齐全，女方家鸣爆接轿入宗祠，招待男方家迎亲客人。嫁娘由娘家福好命好的长辈抱进祠堂，跨过三花灯，入轿坐定。所谓命好福好的人，是指上有两老、配偶健在、儿孙满堂的人。新娘上轿后，女方家派亲人送亲。迎亲队伍吹吹打打，簇拥着花轿返回男方家。

按礼俗，花轿进门，先有礼赞人手执大红公鸡，奠酒三杯以辟邪，然后唱接轿彩文歌。花轿先接进男方家宗祠。一男童执烛引新郎、新娘至祠堂。新郎、新娘并立，礼生司仪，举行拜祖仪式。拜完，新娘由命好福好的男方亲属抱回男方家中，在厅堂上跨过三花灯。接着，新郎、新娘"一拜天地，二拜高堂，夫妻对拜"，新郎揭开新娘面纱。礼生唱诗："关关雎鸠，在河之洲。窈窕淑女，君子好逑。"礼毕，新郎、新娘在厅堂上按亲疏次序拜亲戚，受拜者要赠"拜钱"。拜完，新郎、新娘入洞房一起吃"鸡头米饭"。

新郎、新娘入洞房一起吃"鸡头米饭"，这一环节谓之合卺。合卺本来是古代结婚仪式之一。《礼记·昏义》曰："合卺而酳。"孔颖达疏："以一瓠分为二瓢谓之卺，婿之与妇各执一片以酳，故云合卺而酳。"酳，用酒漱口。庐陵民间基本保留了这一古老的传统习俗，仍称合卺，意义也相近。这一天的晚餐为男方正餐,叫"收亲酒",尊舅父坐首席。

婚日当晚,厅堂里灯火辉煌,鼓乐齐鸣,村里人前来闹新房。新娘站在厅中央,接受祝赞。庐陵的习俗是,新娘进婆家门的三天之内,族中人不分长幼,可以对新娘嬉闹,叫"三日无大小"。具体是:无论老人或小孩,皆可手拿蜡烛,向新娘祝赞,赞一句,新娘就要跪一次,也可以对新娘说笑话,这样一直闹到深夜才罢休。虽然有些地方的"闹洞房"不太文雅,但是民间普遍认为闹得越放肆,就意味着新婚夫妇日后的生活越红火。目前,此类习俗中糟粕的部分逐渐被大众摒弃。

新婚第三天(有的地方是第二天)有一个回门的仪式。女方家派人送竹椅、火炉和香油去男家,俗称"送油",取"安家"之意,并迎新婚夫妻回娘家。回门是一件大事,即便贫穷人家也会在回门时争个面子,让女儿坐上轿子回门。新娘的轿由娘家备,新郎的轿由自家备。回门不要求同时,一般是新娘先出发,新郎随后。新婚夫妇回到娘家后,也要跪拜天地、祖宗,并接受盛宴款待。新婚夫妇当日便返回,有礼物"打发"。

婚嫁的最后一道程序是满月,是女方父母及亲戚一大帮人到男方家来吃"满月酒",寓意"花好月圆""乾坤定矣"。至此,整个婚嫁礼俗才圆满结束,完美谢幕。

二、寿诞礼俗

寿诞礼仪是生日时举行的人生礼仪,也意味着人的一生要经历好多次。不过,这些在生日时举行的礼仪因年龄的不同而有所差别。虽然这些礼仪的中心意义都在于庆贺健康长寿,但年轻人一般不叫"做寿",而称"过生日"。庐陵民俗认为,小孩子、年轻人做寿是不妥的,会折寿。只有到了50岁的年龄,才能做寿。庐陵许多地方会举行登堂仪式。仪式由族长主持,选择腊月某吉日,这一年满49岁的男性一起进入宗祠,向祖宗祭拜,谓之登堂大吉。登堂者在祠堂神案前焚香燃烛、叩拜祖宗、鸣炮,然后是其他人向祖宗敬拜。

庐陵民谚云:"三十、四十无人得知,五十、六十打锣通知。"寿庆通常从50岁开始,50岁为"大庆",60岁以上为"上寿",两老同寿为"双寿"。儿女们在寿辰日要给父母做寿。又有"做七不做八"之说,80岁寿辰多延至下年补做,俗称"补寿""添寿",也有提前一年庆寿的。凡成年人寿庆,男子"做九不做十",不计足龄;女子则"做足不做零";有的地方是男女皆"贺九不贺十"。旧俗还因百岁嫌满,满招损,故不贺百岁寿。旧时大办寿庆的,多是富裕且有社会地位的家庭,贫穷人家做不起寿。现在生活水平提高了,寻常百姓家儿女为父母做寿非常普遍,只不过礼仪形式简单些罢了。

庐陵传统的做寿习俗有讲究。庆寿之家要提前为寿翁蒸制米粉或面粉做的"寿桃",寿越高,"桃"越大,分送给亲族好友,同时告知为家中某老人几十寿庆之喜。祝寿以女婿女儿为主,儿子媳妇协助帮忙。做寿当日(生日),儿子、媳妇要置办酒席,下午请亲友吃"寿酒"。富有的女儿、女婿请人题写寿匾,题写的内容都是祝福语,如福如东海、寿比南山。寿诞结束后,家人将匾额悬挂在宗祠里,也有挂在家里的。

庐陵以前的有钱人家还流行为寿翁做寿屏(图8-6)。先请地方大儒或有名望的官员写寿序。凡请人写寿序,撰写人一定要落款,以示家庭荣幸。寿屏大多摆放在大厅的神案上,因此,寿屏几乎是大户人家大厅中一件重要的装饰品。寿屏制作精致,用金粉书写序文。直至今天,吉安民间的大厅里,还有不少清末、民国时期留下来的寿屏。凡名人所撰的寿序,要收进该氏族的族谱中。

图8-6　寿屏　黄桃红摄

做寿女儿为父母添置新衣、新鞋,还要送寿包、寿面,意为添福添寿。寿面留给自家吃;寿包则分送给邻居,至少2个,多则8个,吉安叫"餱众"。亲友来时,主人家按例要放一挂鞭炮,亲友则为寿翁送上寿幛、寿联等。

吃寿酒前,要举行拜寿仪式。一般将家中厅堂设为寿堂,正上方悬挂寿星画像或一个大"寿"字。长香案上,中间置福、禄、寿三星瓷像,两边是烛台,还有寿面、寿桃、寿糕及各色礼品;两边板壁上挂亲友送的寿幛、寿联;大门两边贴寿联。红烛高照、喜气温馨的厅堂正中,摆两把红漆靠椅,右边的椅子坐祖父或父亲,左边的椅子坐祖母或母亲;若丧偶,则只设一椅。司仪高唱:"祝寿仪式开始!鸣爆!起乐!"儿孙们便长幼有序地给寿星跪下叩首拜寿,说一些吉祥词、祝福话。族人、亲友也拱手祝福。

祝寿完毕,寿宴开始。旧时老人做寿,先以鸡蛋、茶点和长寿面招待客人。庐陵有不少地方会请全村、全族吃寿面,对因事未到的客人还送寿面上门。吃寿酒,寿星本人一般不在正堂入座,而是找几个年龄相仿的老者作陪,在里屋另开一席。菜肴多多益善,取多福多寿之意。寿宴过后,做寿人家要给亲友回礼,多为寿饼。寿翁本人或由儿孙代表,向年高辈尊的亲族贺客登门致谢,俗称"回拜"。富有人家还会请戏班演戏,大多唱喜庆戏文,如《打金枝》《九锡宫》等。如今此俗仍在吉安乡村流行。

第四节 庐陵灯彩

江西境内有"赣南的采茶九江的歌,吉安的灯彩抚州的傩"的俗谚。吉安(庐陵)灯彩久负盛名,是广泛流行于群众间的一种自娱自乐的表演形式,也是民间"闹元宵"的主要娱乐活动。唐宋以来,万安就有元宵玩灯的风俗。同治版《万安县志》记载:"元宵……夜间,群执歌本,曼声唱之。"民国版《吉安县志》也记载:"元宵向有灯节名,然古人所记鳌山诸灯彩不见于邑,惟龙灯盛行。龙首为最丽,尾次之,厥身长短不等。短者舞以七九人,长者舞以数十人。舞之时夭矫如生,有能者献珠于前,迎合之巧,珠几几为龙吞。佐以狮灯、鱼灯,观益类焉,而未也。更择童男女之美者,扮风仪亭、雷峰塔、弄玉跨凤、麻姑晋爵、天女散花诸故事……惟扮渔翁、蚌精者自行。别有武士数十,踏六七尺木脚随于后,仪仗之盛,绵亘里余。所过商户,燃爆竹迎之,隆隆之声,不绝于耳。"

吉安灯彩遍布全市城镇乡村,尤以吉水、万安、遂川、泰和、吉安等县为甚,在源远流长的赣文化中占有十分重要的地位,是江西省非物质文化遗产保护的重点项目。

灯彩的来源与民间祭祀有着必然的联系。吉安灯彩中的任何一种灯彩,都是在民间祭祀过程中形成的,是祭祀活动的产物。随着文明的推进,祭祀的痕迹越来越淡化,但这种娱乐形式却得以保留和传承。

一、泰和虾蚣灯

虾蚣灯出自泰和县螺溪镇舍溪村一带,距今已有约 500 年的历史。据初步考证,明正德年间,舍溪村有个名叫胡尧时的人,在云南做官,回乡时途经四川某地,看过当地表演虾蚣灯,印象极为深刻。回家后,他就命人做了一只,并教村里人表演。由于舍溪村一带湖塘清水长流,盛产鱼虾,当地居民素有捕鱼捞虾换钱的习惯,对虾十分喜爱,因此后来逢年过节,舍溪村村民便欢聚一堂,舞虾蚣灯来庆祝丰收,企盼来年幸福美满。虾蚣灯便以其独有的民间特色艺术代代相传。关于制作和表演虾蚣灯,舍溪村人起初秉承"传男不传女,传内不传外"的原则,后来渐渐放开,今天螺溪镇的爵誉等村也有流传。

虾蚣灯精巧别致,集剪纸、扎作、雕刻、绘画、裱糊等手工艺于一体,造型优美的大虾蚣本身就是富有特色的民间手工艺品。如今,人们还给灯彩配置了适宜的灯光。夜晚舞虾蚣灯,两只大虾蚣在黑夜中发出迷人的光彩,在配有灯光的荷花映衬下,整个画面独特新颖、曼妙瑰美,具有良好的观赏价值(图 8 - 7)。

图 8 - 7 虾蚣灯表演 高珊摄

虾蚣灯于每年正月初三起灯,十六日团灯。外出表演时,不像舞龙进堂入室以恭贺吉庆而收取红包,虾蚣灯表演只娱人,不收礼。

二、遂川五龙下海灯

遂川原名龙泉,其龙泉之名源于"二龙戏于武陵泷,遂成泉道"的传说,民间一直有"二龙戏珠"灯彩。而五龙下海灯是由遂川珠田乡(今珠田镇)民间艺人邹氏在明弘治年间根据太子斩蛇寻亲的神话故事改编而成的,至今已有500多年的历史。故事中,太子只身上路寻找父母,途中与五条凶猛的巨蟒展开殊死搏斗,连斩五蟒,最终与父母团聚。全场表演通过紧密衔接、变化多端的"五龙出场""双龙进水""五龙分水""双龙搓珠""一变花""高车滴水""四面花""二变花""对角线""麻雀钻杆笼""三变花""团龙"等12个花节套路,再现了故事中太子不畏险阻、勇斩五蟒的情景(图8-8)。

图8-8 五龙下海灯表演 朱路华摄

三、万安麒麟狮象灯

麒麟狮象灯是万安县的民间灯彩,流传于今万安县涧田、武术、宝山乡,兴国县的永丰镇,赣县区田村镇等地方。麒麟狮象灯是由纸糊篾扎成麒麟、狮子、象等形象的灯具(图8-9),分别由四人各执一灯进行表演。

相传唐朝时,有一年万安上乡河东一带久旱无雨,民不聊生。为了求得风调雨顺,山民们祈求麒麟、狮子、大象帮助他们。万安自古有"麒麟坐屋顶——压邪;狮子守大门——繁荣;大象进家门——富贵"的说法。于是,山民们在屋顶中央放一只石麒麟,曰"麒麟为王";在祠堂门两侧安放石狮子,曰"狮为卫";

图8-9　麒麟狮象灯　吴先华摄

在屋顶两角安上两只石象,曰"象为伍"。巧的是,第二年当地风调雨顺,五谷丰登,六畜兴旺。此后,山民们就用竹篾扎制了麒麟、狮、象形状的彩灯挂在厅堂或擎着在屋场舞玩,以表达自己的美好愿望。

麒麟狮象灯表演也有一套传统程序,即出灯、敬神、表演、收灯、送灯。

出灯。麒麟狮象灯道具要在春节前做好,在谁家做,就按麒麟、红狮、黄狮(或绿狮)、白象的顺序一字排开供放在谁家厅堂上。待正月初一吃过早饭,点烛敬香,供奉三牲后,艺人持灯,锣鼓先起乐,随后喇叭奏起,爆竹响起,按照麒麟、狮、象的顺序舞灯。舞一场后出门,奏乐从开始至象灯出门后结束,整个过程庄严肃穆。

敬神。敬神在正月初一出灯之后,在祠堂举行。祠堂内外燃烛、焚香、鸣爆竹相迎,艺人们持灯奏乐,神情肃穆,按太平灯、麒麟、红狮、黄狮、白象的顺序进入祠堂,入内后一字排开赞词敬神。敬神后,灯彩十字形排开,即太平灯站两侧,麒麟在上,红狮在左,黄狮在右,白象在下,跳"四门大开",意为给大家带来四方财宝;随后至天坛(天井)跳朝坛,意为天地相通,请神祈福;后至上厅跳缠柱(分单缠柱和双缠柱),意为缠住幸福;最后,狮子将绣球,麒麟将玉皇大帝的玉书,白象将观音菩萨的净瓶赐给人间。礼毕按进场顺序奏乐、鸣爆竹出场。

表演。表演是入户登堂恭贺。进出场顺序和仪式与敬神基本相同,通常先在本村后去外村舞灯。以前入户登堂恭贺无须发送拜帖,村民们看见灯彩来了就燃放爆竹以示愿意接灯,谁家先放爆竹就先去谁家。如今会先发拜帖,收到回执后再如约前往。表演时间为正月初一至十五的白天、晚上。

收灯。正月初一至正月十四每天收灯均需奏乐将麒麟、狮、象按顺序一字排开,摆放回扎灯人家中的上案头。正月十五夜里收灯除奏乐外还需点烛敬香,供奉三牲,作揖谢神,并将灯上的各种装饰纸撕下焚烧升天,意为送各神上天。

四、万安股子灯

股子灯是万安县流行最广,深受群众欢迎,且具有独特风格的灯彩之一。它源于万安县上乡河西的柏岩乡(今夏造镇)。据传,从前万安曾流行过一种黄瓜病,死人死畜甚多。百姓无奈,请来道士,道士说是黄瓜精作祟,让百姓在当年春节期间以禾草扎成灯舞之,并摆"天下太平"等字祈祷新年大吉大利。百姓依此行事,这年果然太平无事,因此给此灯取名为"太平灯"。自此,当地年年耍太平灯,并很快遍及全县。后来,柏岩乡艺人结合山区特点,以太平灯为基础,吸取龙灯、鲤鱼灯的优点创造了这种独有的灯彩。因这种灯分成单独的一股股,故取名"股子灯"。

股子灯历来有灯会,其活动由灯会组织。传统的活动一般是春节前夕集中艺人扎制股子灯,扎制完成后到当地的社官庙前焚香、燃烛、鸣爆、烧纸、拜神、祝赞词、杀公鸡,将鸡血点于龙眼、龙头、龙尾后,现场表演一套股子灯。

股子灯也有登堂入户恭贺表演。灯队根据村里水的流向,逆水而上依次到各家各户进行恭贺表演。有的村有要求,则要先到该村的祠堂表演一套。如主人家客厅较大则会登堂,客厅小则在主人的院子里表演。

春节闹灯只闹到元宵夜即结束,正月十六吃过早饭,灯队即来到本村的"水口上"(河边)焚香、烧纸、燃烛、鸣爆、敬三牲、奏乐,然后表演一套股子灯,再向东、南、西、北祭拜后将灯焚烧。

股子灯的股数不定,有五、七、九、十二、十六、十九股不等,另有一到四只灯笼。穿花时灯笼站在场外,摆字时如笔画不够就凑上去添笔加点。

舞股子灯共分高山滴水、对子上水、篱笆花、穿龙门、斗龙穿花(图8－10)五大花节,每个花节都有一个小故事。每打完一个花节就摆一个字,以前多摆"天下太平""上上大吉",如今摆"人寿年丰""振兴中华"较多。以前股子灯扎成后要举行喷香开光仪式,今已废止。

图 8-10　股子灯表演斗龙穿花　罗钢摄

股子灯如龙灯,善扭摆,回旋缠绕,且能分能合,随心所欲;又如鲤鱼灯,灵活多变,但气势更大,又能摆字;比太平灯更美观,更绚丽多姿。股子灯一般在春节期间表演,由男子舞玩,可根据不同需要组织大小队伍进行表演,十分灵活。伴奏音乐选用万安民间小调,伴以铿锵的打击乐,节奏明快,情绪热烈。

五、新圩箍俚龙

箍俚龙起源于吉安市青原区新圩镇栗溪村,因其灯体由 1000 多只篾箍连缀而成,故名。箍俚龙产生至今约有 600 年历史。据栗溪《胡氏族谱》记载,该村始建于元大德年间,村前有一座祖山,称"龙形",盛产毛竹。山上有一口活泉,叫"珠源"。村民们把龙形山和珠源水奉为神明。箍俚龙就是在人们对龙图腾的崇拜和每年的春祭活动中产生的,以祈新年风调雨顺、五谷丰登、国泰民安。

箍俚龙在农历二月初一下元宵节表演,村民在表演之前便要筹备扎龙。农历二月初一午后,人们把扎好的龙带到龙形山上"请水""发龙"。在香烟缭绕中,人们祭祀天地、龙王、祖宗,接着锣鼓大作、鞭炮齐鸣,在欢快的唢呐声中,双龙腾跃,疾驰进村,在祠堂里伴柱起舞,一直持续到午夜。第二天,箍俚龙便到各家各户去表演,表演完人们会将龙灯彩纸撕下,对天焚化,来年重新糊彩帔,谓之"年年新龙(兴隆)"。

"箍俚龙"的制作十分精巧,整个龙灯总长 24 米以上。龙头、龙身、龙尾贯穿一气,看似没有分节。龙体脊背上饰有龙筋,龙身至龙尾层层叠叠贴上黄色和红色的鳞片,数以万计,由工匠们一片片扎制而成。表演时,一般10人参加,其中2人轮换打龙头。整个表演过程分巡场、咬尾、单穿花、双穿花、摆字、绕柱、盘王7个花节。箍俚龙的行进、穿花、盘柱、咬尾蠕行、身首翻转,酷似巨蟒,气势非凡。箍俚龙摆字的难度系数较大,但表演者总能在你不经意间通过变换队形来完成。表演最后一个花节"盘王"时,整个龙身盘结成立体螺旋状,犹如歇息的巨蟒,蔚为壮观(图8-11)。也正因如此,当地人亦称箍俚龙为"蛇龙"。

图8-11　箍俚龙表演造型"盘王"　廖黎明摄

六、吉水鳌鱼灯

鳌鱼灯是吉水县盘谷镇谷村的传统灯彩,当地流传有"盘谷一千烟(户),代代鳌仔灯"的说法。谷村是全国有名的进士村,出了许多人才,而"鳌"恰有独占鳌头之意,与谷村相称。据传,明末李自成攻破北京城,兵部尚书、谷村人李邦华在崇祯皇帝自缢后,为表忠心,也自缢于皇帝脚下。清朝皇帝为笼络人心,赐李邦华家眷带一批灯彩回归故里。这批灯彩分座灯和行灯,座灯有鳌山、龙船、秋千架、故事人物灯等,行灯有龙灯、狮灯、鳌鱼灯、花灯等。因制作耗资太大,后来其他灯渐渐失传,只有鳌鱼灯代代相传,至今不衰。

鳌鱼灯由麒麟、鳌鱼、狮子、黄龙四品组成,每品各2节,共8节。舞者8人,在鳌头师傅的带领下,翩翩起舞(图8－12)。花节有团龙、会圈、踏"之"字、踏四门、打龙、举龙、步桩、传龙等。其中,"步桩"一节饶有风趣:鳌头师傅站在一个矮桩上,举鳌头回首,表现出傲慢倔强的神情,耍灯时配上打击乐和唢呐,在奔放热烈的音乐中,舞动的鳌鱼灯千姿百态,阳刚勇武,看得人瞠目结舌,赞叹不已。当地有句谚语:"看了谷村灯,连夜出生庚(嫁女订婚的生辰八字)。"当地人将鳌鱼灯的出灯时刻,视为吉时良辰,认为此期间适合订婚、造屋、出游等。

图8－12　鳌鱼灯表演　陈俊鸣摄

七、吉水长龙灯

长龙灯起源于吉水县盘谷镇上曾家村,由九节布龙发展而来。长龙灯以"长"著称,龙头、龙身、龙尾共333节,近千米长,几百人参与舞耍,表演要求协调性高,注重队形变换。其造型优美、规模宏大、气势磅礴,为我国同类灯彩中所罕见。

据传,吉水长龙灯形成于明朝万历年间。嘉靖二年(1523),曾存仁考中进士,村民闹九节龙灯,到他家祝贺,赞曰:"龙灯到华堂,老爷上金榜。"嘉靖三十八年(1559),曾存仁的儿子曾同亨又考中进士,村民特别高兴,制作了2个九节龙灯,到他家祝贺,赞曰:"双龙到华堂,父子上金榜。"万历五年(1577),曾同亨的胞弟曾乾亨考中进士,村民更加高兴,自发制作30节龙灯,大搞庆贺,这便是吉水长龙灯的雏形。后来凡有喜庆大典,龙就增加节次,逐步演变成如今的333

节长龙。"333"这个数字在当地也有"一门三进士""父子三进士"的特殊寓意。

长龙灯由龙头、龙身、龙尾三部分组成。龙头重 30 千克,由竹篾彩纸(布)制成;龙身以竹篾制成鸡笼状,每节间距 2 米,以黄布相系;龙尾与龙头相配,但较龙头轻巧灵活。龙身以金色为基调,舞者着一色的灰蓝色服装,轮廓清晰,色调和谐。

舞长龙常见的花节有进场、踩四向(四方吉利)、会圈、蹿四向(跳龙门)、会圆、大团圆等。其表演注重队形变换,以各种气势恢宏的造型取胜,如巨龙漫游、卧龙戏珠、老龙盘柱、龙潜龙门等。表演时,另有 10 支吹打乐队伴奏,乐器有锣、鼓、钹、唢呐等(图 8 - 13)。

图 8 - 13 壮观的吉水长龙灯 陈俊鸣摄

八、固江鲤鱼灯

吉安县是闻名省内外的民间灯彩艺术之乡,流传于该县固江镇棚下村的鲤鱼灯是最优秀、真正原生态的民间灯彩之一。据传,鲤鱼灯起源于赣南地区,至今已有近千年的历史。后来,部分兴国县移民迁居吉安县固江镇棚下村,将鲤鱼灯也带到了棚下,并在原有基础上加工发展,演变成了吉安鲤鱼灯。

固江镇棚下村位于吉安县县城西北角 22 千米处,南依赣江支流泸水河,北距固江镇二三百米。历史上,鲤鱼灯在维系泸水河沿岸从赣南迁来的各村之间的友好亲情关系、促进他们与当地人交往等方面,做出过积极有益的贡献。

鲤鱼灯表演由一只外表坚毅、内心慈爱的鳌鱼,九只活泼灵敏的金丝鲤鱼和一只天真淘气的小虾组成,宣扬它们亲密团结、互助友爱的精神。它们彼此咬着尾巴前进,为的是要到达幸福美好的目的地——龙门。在前进途中,它们有时迷失方向,有时遭遇敌人乌贼的侵犯,但在鳌鱼的带领下,它们勇敢拼搏,一往无前,终于在漆黑的夜晚找到了光明。整个表演由 16 个动作构成:鳌鱼进场、鲤鱼出洞、单拆篾塔、双拆篾塔、斜拆篾塔、双斜拆篾塔、三盏球、漂带、上水翻潭、劈柴、寻食、跳龙门、穿龙门、积塔、团龙、咬尾。鲤鱼灯的主题思想积极向上,艺术形象生动优美,设计者抓住水的特征和鱼、虾的生活特性,非常细腻地创编了绚丽多姿的舞蹈动作,只见鱼儿时而来回游动,时而上下翻滚,一会儿是嬉戏虾鱼,一会儿是鱼跃虾腾,构成了一幅欢快、灵动的画面,把生活真实和艺术创造融为一体,给人以赏心悦目的艺术享受。

鲤鱼灯表演所用彩灯由竹篾、纱布等材料制成,先用竹篾编扎好外形框架,然后用纱布或皮纸糊壳,再通体层层叠叠贴上片片鱼鳞,内点蜡烛(现改为安装电池,用灯泡照明)。鲤鱼灯形体小巧,头尾活动。表演时,舞灯人穿统一服装,用脚尖走碎步,只见"鲤鱼"轻盈游动,栩栩如生,同时伴以民间唢呐和打击乐,气氛十分热烈(图 8 – 14)。

图 8 – 14　鲤鱼灯表演

　　中华人民共和国成立后,吉安固江鲤鱼灯曾多次参加全省和全国民间音乐舞蹈会演,并荣获包括华东地区一等奖、江西省一等奖在内的多项奖励。20世纪50年代,固江鲤鱼灯赴京演出,受到了国家领导人的亲切接见。当时的中央文工团也学演了鲤鱼灯,并出访莫斯科参加第六届世界青年联欢节。改革开放以来,固江鲤鱼灯更是经常参加吉安当地的各种典礼仪式及宣传展示活动,深受民众欢迎喜爱,其影响遍及海内外,是中华民族非物质文化遗产中的杰出代表。